黔南民族师范学院出版基金资助出版

·黔南民族师范学院学术文库·

京族经济发展与文化变迁

JINGZU
JINGJI FAZHAN YU WENHUA BIANQIAN

李军明/著

華中科技大學出版社
http://www.hustp.com

图书在版编目(CIP)数据

京族经济发展与文化变迁/李军明著. —武汉：华中科技大学出版社，2017.6

(黔南民族师范学院学术文库)

ISBN 978-7-5680-2937-7

Ⅰ.①京… Ⅱ.①李… Ⅲ.①京族-民族经济-经济发展-研究-中国②京族-民族文化-文化史-中国 Ⅳ.①K288.2

中国版本图书馆 CIP 数据核字(2017)第 126894 号

京族经济发展与文化变迁 李军明 著

Jingzu Jingji Fazhan yu Wenhua Bianqian

策划编辑：牧 心

责任编辑：苏克超

装帧设计：孙雅丽

责任校对：张 琳

责任监印：周治超

出版发行：华中科技大学出版社(中国·武汉) 电话：(027)81321913

武汉市东湖新技术开发区华工科技园 邮编：430223

录 排：华中科技大学惠友文印中心

印 刷：武汉华工鑫宏印务有限公司

开 本：710mm×1000mm 1/16

印 张：15.75 插页：1

字 数：275 千字

版 次：2017 年 6 月第 1 版第 1 次印刷

定 价：56.00 元

本书若有印装质量问题，请向出版社营销中心调换

全国免费服务热线：400-6679-118 竭诚为您服务

版权所有 侵权必究

目　　录

绪　　论

一、问题提出和研究意义

（一）问题提出

2013年夏，在中南民族大学博士研究生创新基金的资助下，笔者到广西边境考察了广西的边境贸易，京族三岛是调查点之一。调查发现京族不仅有哈节等富有民族特色的文化，而且京族也普遍比广西边境其他少数民族富裕，大部分京族人都住法式小洋楼，很多京族人还购买了小汽车。万尾已经不是传统的小渔村，和城镇相差无几。经访谈得知，京族人过去很贫穷，在20世纪80年代后才变得富裕起来。很多学者研究发现，经济发展往往导致传统文化的破坏，引起严重的文化冲突或生态危机。那么，在经济发展背景下，京族文化发生了哪些变迁？这些变迁的本质是什么？怎样保护和传承京族传统文化？这些是急需解决的问题。

（二）研究意义

1. 有利于京族文化的保护和传承

目前，京族的经济已经获得了巨大发展，京族人民的生活水平显著提高，京族对富裕的生活感到无比自豪。为了进一步提高京族人民的生活水平，东兴地方政府仍在不遗余力地发展京族三岛的经济，目前已经制定并公示了《东兴京岛风景名胜区万尾金滩景区详细规划(2013—2020)》，京族人民也在期盼经济的快速发展，相信不久的将来，京族的经济将继续保持快速发展的势头，京族人民的收入将进一步提高。京族经济发展对传统文化会产生什么影响？这迫切需要给予明确的答案。研究1980年以来京族经济发展与文化变迁的关系，有利于制定合适的政策措施，在京族经济快速发展的同时，促进京族文化更好地得到保护、传承和发展。研究的结论对于经济发展背景下如何保护和传承其他民族优秀传统文化也具有重要的借鉴意义。

2. 有利于宣传我国民族政策，展示我国良好的国际形象

京族是跨国民族，我国京族的先民最早从越南迁来，与越南主体民族Kinh是同源的。京族三岛与越南隔海相望，是“东兴国家重点开发开放试验区”5个子区域之一——“国际经贸区”的重要组成部分，是对外开放的窗口，透过该窗口也可以对外展示我国的民族政策。“经济发展水平”与“民族传统文化保护和传承效果”是衡量我国民族政策的两个重要方面。研究经济发展中文化变迁的原因，解决经济发展与文化保护和传承的矛盾，使经济与文化相互促进，有利于促进边疆地区的稳定、和谐发展，凸显我国民族政策的优越性，展示我国良好的国际形象。

二、相关研究述评

（一）关于经济发展与文化变迁的研究

1. 旅游与文化变迁的相关研究

旅游与文化变迁的研究是一个热点，归纳起来，现有的研究主要有以下三个方面。

一是研究旅游对传统文化的影响。大多数学者都认为经济发展会引起文化变迁，但学者们的观点并不相同。一种观点认为旅游对传统文化有消极的影响。王健认为：“旅游使民族和宗教节日及活动变成了舞台化表演，精美的传统工艺美术品蜕变为粗制滥造的旅游购物品，伪文化泛滥，居民核心价值观发生改变，接待地道德准则被破坏。”①安颖认为，存在“民族文化的同化和式微、民族文化旅游资源开发的商业化和庸俗化、民众价值观的退化和遗失等现象”②。另一种观点认为旅游对民族传统文化的保护和传承也有积极的作用。田敏认为，“旅游对民族文化会带来有利和不利的影响，这是客观的，必须采取合理的措施正确处理”③，“经济与文化之间没有对立的本质属性，通过努力，民族旅游完全可以做到兴利除弊，实现民族社区经济与文化的同步发展，从而实现经济与文化的双赢”④。他从贵州、湖北两省选取了三个不同开发模式的民族旅游村寨进行调查研究，发现“文化开发是民族村寨旅游开发的本质要求，旅游开发利大于弊，社区参与、适度开发、

① 王健．旅游接待地社会文化保护问题新论[J]．旅游学刊，2009(9)．

② 安颖．试论民族文化保护与民族文化旅游可持续发展[J]．黑龙江民族丛刊，2006(3)．

③ 田敏．民族社区社会文化变迁的旅游效应再认识[J]．中南民族大学学报（人文社会科学版），2003(5)．

④ 高婕，田敏．民族旅游的困惑与选择——中国民族旅游与少数民族传统文化保护能否双赢的思考[J]．西南民族大学学报（人文社科版），2009(6)．

因地制宜选择合适的开发模式，能够实现民族文化开发与保护良性互动”①，他认为“文化空间与旅游开发存在相辅相成的关系”②。段超研究发现“少数民族村寨建设保护了少数民族传统民居和民俗文化，生态环境得到保护，但是同时也存在一些问题”③。

二是研究旅游引起文化变迁的动力和途径。刘超祥通过对德夯村的调查研究发现，“旅游开发引起人口流动，不同文化人群的相互接触，先是一些村民个人受他者影响在某些方面发生改变，进而才是村寨文化整体性的变迁”④。朱沁夫认为：“旅游引入一种新的生产方式，导致旅游目的地的技术进步和工艺发展，同时，人们又运用新的设施、设备，运用新的生产方式进行生产，从文化内部导致文化变迁。旅游作为一种社会活动、文化活动带来的文化入侵，对旅游目的地的社会、文化产生冲击，从外部导致旅游目的地文化变迁。”⑤吕宛青以丽江市的旅游为例，研究发现“旅游的外致性影响因素、内致性影响因素、诱致性影响因素、强制性影响因素的共同作用促进了文化变迁”⑥。薛熙明，叶文“以滇西北三个民族社区为案例，对当地在旅游发展过程中呈现出的不同的生态文化变迁形态进行了比较性解读，研究发现，位处旅游地生命周期的不同阶段、面对不同的客源市场，以及不同的文化借用方式，是导致各社区生态文化变迁形态迥异的主要原因”⑦。窦开龙探讨了在旅游发展的影响下文化变迁的各种现象，并提出了相应的保护对策。⑧ 把多勋等认为“旅游者的凝视是民族地区文化变迁的原动力”⑨。

---

① 田敏，撒露莎，邓小艳．民族旅游开发与民族村寨文化保护及传承比较研究——基于贵州、湖北两省三个民族旅游村寨的田野调查[J]．广西民族大学学报（哲学社会科学版），2012(5).

② 邓小艳，田敏．困惑与选择：文化空间的旅游化生存实践探析[J]．资源开发与市场，2014(5).

③ 段超．保护和发展少数民族特色村寨的思考[J]．中南民族大学学报（人文社会科学版），2011(5).

④ 刘超祥．民族旅游村寨的人口移动与文化变迁[D]．北京：中央民族大学，2012.

⑤ 朱沁夫．旅游与旅游目的地文化变迁[J]．旅游学刊，2013(11).

⑥ 吕宛青．基于旅游产业视角的文化变迁主源构成及其解读——以纳西族集聚地丽江市为例[J]．思想战线，2008(6).

⑦ 薛熙明、叶文．旅游影响下滇西北民族社区传统生态文化变迁机制研究[J]．贵州民族研究，2011(5).

⑧ 窦开龙．旅游开发中西部边疆民族文化变迁与保护的人类学透析[J]．宁夏大学学报（人文社会科学版），2008(1).

⑨ 把多勋、王俊、兰海．旅游凝视与民族地区文化变迁[J]．江西财经大学学报，2009(2).

三是研究在旅游发展中保护和传承民族文化的对策。杨振之提出了以“前台、帷幕、后台”①为主的旅游开发与文化保护的新模式。王健研究发现旅游对旅游接待地的文化产生了严重的冲击，他认为：“防守、封闭、隔绝无法真正保护文化，应当开放式保护开发，制定文化保护和文化提升战略，制定和颁布相关法律和政策，建立相关的执行和协调机构，应充分发挥社区居民在旅游接待地社会文化保护和文化提升方面的作用，应重视在旅游接待地社会文化保护和提升方面的国际合作。”②

2. 关于现代化与文化变迁的研究

张凤喜从生产方式、城镇化与人口流动等因素出发，探讨了现代化对民族文化的深刻影响。他认为“文化保护与现代化相互促进，相互制约”③。王林研究发现经济转型使传统民族文化出现了诸多文化变迁，主张“挖掘、加工、整合、转换传统民族文化，构建当地新型的民族旅游文化景观体系”④。熊黎明认为“现代化进程必然引发民族文化变迁”，主张通过“营造有利于现代化建设的文化环境，以促进文化的保护和发展”⑤。张虎生等认为，可以“从民族化与地方化来实施现代化，不能自我封闭，也不能急于求成”⑥。王延明研究发现，现代化使传统文化出现了诸多变迁，他认为“这种传统文化的变迁实为更高层次的民族自我意识的觉醒”⑦。刘伦文研究发现，现代化使土家族文化各方面都出现了变迁，他认为“变迁并不是传统文化及其内涵的全部丧失，而是传统因素和现代因素互渗、整合和文化建构”⑧。

3. 关于城镇化与文化变迁的研究

蒋彬研究发现“城镇化进程必然导致社会文化的变迁，即传统文化走向现代

---

① 杨振之. 前台、帷幕、后台——民族文化保护与旅游开发的新模式探索[J]. 民族研究，2006(2).

② 王健. 旅游接待地社会文化保护问题新论[J]. 旅游学刊，2009(9).

③ 张凤喜. 论人口较少民族的文化现代化选择[D]. 北京：中央民族大学，2013.

④ 王林. 传统经济转型背景下民族村寨的文化变迁及景观建构——以湖南省河路口镇为例[J]. 旅游研究，2014(2).

⑤ 熊黎明. 现代化进程中的云南民族文化变迁[J]. 云南行政学院学报，2006(1).

⑥ 张虎生，陈映婕. 反思西藏社会现代化中的文化变迁[J]. 西藏大学学报（社会科学版），2010(4).

⑦ 王延明. 现代化冲击下的西北地区回族传统文化变迁[J]. 西北师大学报（社会科学版），2010(1).

⑧ 刘伦文. 现代化背景下土家族社会文化变迁——景阳河社区调查[J]. 湖北民族学院学报（哲学社会科学版），2003(5).

化的历程，城镇化是社会文化变迁的动力，城镇化水平的高低规定和制约了社会文化变迁的性质与方向，同时，社会文化变迁反过来影响城镇化的速度和质量”①。马伊研究认为“城镇化破坏了民族文化生存的土壤，城镇化使民族文化的内涵消失，降低了民族文化自觉意识，使民族文化发生了变迁”②。麦麦提明·赛麦提研究认为“经济体制改革，市场经济的建立，应当建立在相应文化观念更新的基础上才能顺利完成”③。

（二）关于京族经济的研究

虽然京族的经济在20世纪末取得了巨大的成功，但2000年以前学者对京族经济的研究并不多见。项美珍④是较早研究京族经济的学者之一，1982年他在《解放前京族的社会经济和民族关系》中概括了京族的主要经济形式，他发现解放前京族的经济以渔业为主，兼营农业和盐业，其中渔业按生产方法又分为两大类，一类是以置放渔箔等定置渔具为主的浅海捕捞渔业，另一类是以使用拉网、鲨鱼网等流动渔具为主的浅海和深海捕捞并重的渔业。李甫春⑤归纳了改革开放后京族三岛的变化，他认为京族三岛的变化主要体现在八个方面，即收入提高、住房改善、家用设施现代化、饮食和服饰大变化、交通运输及通信现代化、教育卫生大发展、京族交往扩展、观念更新。他认为京族脱贫致富的基本经验有：抓住机遇发展边境贸易；发挥优势，培育新型支柱产业；加强基础设施建设，引进投资。程成研究了改革开放给京族带来的发展机遇，他发现“改革开放使京族人享受了国家沿海、沿边的优惠政策，还享受了少数民族优惠政策和广西壮族自治区211个特困乡镇优惠政策及东兴开发区的优惠政策”⑥，京族人正是在这些优惠政策下，充分

---

① 蒋彬. 四川藏区城镇化进程与社会文化变迁研究——以德格县更庆镇为个案[D]. 成都：四川大学，2003.

② 马伊. 城镇化进程中基诺族特懋克节的文化变迁[J]. 云南社会主义学院学报，2014(3).

③ 麦麦提明·赛麦提. 新疆农村城镇化进程与社会文化变迁研究[D]. 乌鲁木齐：新疆大学，2012.

④ 项美珍. 解放前京族的社会经济和民族关系[J]. 广西民族学院学报（社会科学版），1982(3).

⑤ 李甫春. 在改革开放中走向富裕的中国京族——对广西东兴市江平镇万尾、巫头、山心的考察[J]. 广西大学学报（哲学社会科学版），1999(1).

⑥ 程成. 80年代以来京族的从业取向[J]. 广西民族研究，1999(3).

利用自己的海洋资源、区位优势、自然景观和文化优势发展了渔业、边境贸易和旅游业。京族人主要从事捕捞业、边境贸易、养殖业、旅游服务业、海产品收购和加工业等行业，但是文化素质较高的京族人都外出工作了，留在三岛的京族人学历只在初中以下，这限制了京族地区经济的发展，而且对外开放给京族地区的生态环境造成了一定程度的破坏，带来了黄、赌、毒等坏风气，出现了民族优秀传统文化遭到破坏等问题。

2000年以后，研究京族经济的文献逐渐增多。杨清震发现："改革开放以来京族人的收入提高、消费结构升级、居住条件改善，人们的文化素质得到一定提高。京族以家庭分散经营的模式适应了当时的生产力水平，小康建设取得了明显的成效。但这种模式过于分散，竞争力弱，难以产业化经营，地区产业结构优化升级困难。随着生产力水平的发展，应当适时采取产业化、规模化经营，小康建设要以推进城镇化为主要载体，地方政府要为小康建设提供大力支持和优质服务。"①李澜研究了京族经济发展模式的转型，他发现，过去京族地区无论是以海洋捕捞经济为主的传统经济发展模式，还是以粮为纲为主的传统经济发展模式，都没能使京族摆脱经济的贫穷落后状态，但现代沿边开放经济发展模式使京族实现了整体富裕。他认为，京族经济转型的成功主要得益于民族主体地位的确立、科学的政策引导与支持、潜在的特色优势向现实的比较优势转化等条件，更得益于人的发展。② 杜树海研究了京族生产方式转型的历史过程，他认为"京族的生产方式经过了生态适应、以粮为纲、多元推动的转型动力及其发展阶段"③。杨军分析了京族经济模式变迁的历程，认为"认真落实党的民族政策、发挥优势走因地制宜之路、将特色优势转化为现实的比较优势、加强京族民族文化的挖掘保护与传承工作以促进旅游业的发展等，是实现京族经济模式成功转型的重要因素"④。陈鹏等研究了京族经济发展的历程，他们认为"政府政策的倾斜与扶持、就业观念的多元化、

① 杨清震，覃茂福.边境民族地区全面小康建设的模式选择——广西东兴京族三岛小康建设的调查研究[J].中南民族大学学报（人文社会科学版），2004(6).

② 李澜.人口较少民族经济发展模式转型研究——以广西壮族自治区京族经济发展模式为例[J].学术论坛，2007(5).

③ 杜树海.人口较少民族生产方式转型的模式研究——以环北部湾广西京族为例[J].黑龙江民族丛刊，2013(2).

④ 杨军.京族经济发展模式变迁及启示[J].桂海论丛，2009(1).

丰富的海洋资源、特殊的地理位置等是京族产业模式变化的重要因素”①。黎树式研究了京族地区经济现状，分析了现在的经济发展对京族生态经济的影响。②

（三）关于京族文化变迁的研究

1. 关于京族整体文化变迁及保护和传承的研究

2003年7月7—8日，万尾哈节期间，在万尾召开了一次“保护与开发京族文化资源”研讨会，程成为该会议写了一篇综述。与会专家学者认为，随着京族与汉族、壮族等的交往日益密切，会讲白话的人越来越多，而会讲京语的年轻人日趋减少，会识喃字的人更是屈指可数。“有形的京族民俗文化几乎看不到了，无形的文化也没有得到完整连贯的继承和发展”③。随着京族人的生活水平的提高，京族人已不太关注京族文化了，京族文化的保护和传承失去了群众基础。应当建立京族生态博物馆，由政府主导，开办京族文化培训班，以大力发展京族的文化产业等措施来保护和传承京族传统文化。

奉仰崇发现京族文化面临着危机，“有形的京族历史民俗文化几乎丧失，无形的京族民俗文化没有得到系统而连贯的继承和发展”④。其主要原因是“京族传统文化的精神生活调节功能和娱乐功能弱化”⑤。为保护京族文化，充分发挥政府的主导作用最为关键。要保持开放思想，让京族文化在保留原有文化特质的基础上吸收现代因素，利用旅游业来保护和开发京族民族文化，成立京族文化研究和开发机构。

李务起调查发现，京族文化消解严重。他认为造成这种现象的原因主要有四：“市场经济的进一步确立，大众文化、娱乐文化的兴起对京族文化进行了一系列的消解；随着现代化进程的加快，主流文化的渗透使京族文化的物质形态遭到了一定的破坏，并有力地影响了京族的生活方式、价值结构、语言、风俗习惯等；京族文化精神被各种现代创意所淹没，关心京族艺术的人少了，其文化的传承和保护成了一个较大的问题；市场经济带来了京族传统文化观念的变化和人文精神的

---

① 陈鹏，刘玉芳．京族人产业模式的变化及其对教育的诉求[J]．黑龙江民族丛刊，2010(1)．

② 黎树式．沿海边疆少数民族地区生态经济发展探析——以京族为例[J]．海洋经济，2012(6)．

③ 程成．80年代以来京族的从业取向[J]．广西民族研究，1999(3)．

④ 奉仰崇．促进京族文化与旅游协调发展[N]．中国旅游报，2003-12-17．

⑤ 奉仰崇．促进京族文化与旅游协调发展[N]．中国旅游报，2003-12-17．

起伏。”①

周建新、吕俊彪考察京族地区经济体制的转变及同时期京族文化的变迁，他据此认为“经济体制的转变引起了京族生计方式的变迁，进而引起京族文化的变迁，京族的传统文化反过来对京族的经济也产生了很大的影响”②。

史莎娜、杨小雄研究认为：“京岛很多耕地已经被改造成养殖水域，还有些耕地被废弃而转化成林草地；20世纪60年代的填海造田使京族京岛由岛屿变成半岛，这破坏了京族三岛的生态系统；京岛的开发破坏了当地生物的生存空间，导致大量生物灭绝，还造成了一定程度的环境破坏；过度捕捞、外来生物的引入使本地渔业资源遭到破坏，旅游开发使大量树林被砍伐；京族人对外交流日益频繁和外来人口的增加对京族传统文化造成严重冲击。应当合理规划、适度开发、建立京族传统文化保护机构、加强基础设施建设和人才培养……促进京族三岛的可持续发展。”③

胡绿俊、胡希军④认为，京族经济的发展对京族传统文化造成了巨大冲击，应该对京族传统文化实行保护性开发，以促进京族传统文化的传承。

郭世平、杨燕萍研究了京族的传统人生哲学，主张“正确利用京族宗教仪式这个课堂来弘扬京族传统文化”⑤。

陆滢认为：“京族口述历史档案主要包括京族历史口述档案、京族文艺口述档案、京族宗教口述档案、京族伦理道德口述档案。”她还认为：“京族传统文化的某些部分正在不断丧失、变异，传承工作后继乏人，传统的口耳相传的传承方式很容易造成信息的遗漏甚至失真，师徒传承和家庭传承关系使传承范围受到限制，民族文化记忆不断流失，应当强化相关部门保护京族文化的职责，加强宣传、支持力度。”⑥

王小龙研究了京族的非物质文化遗产及其传承人，他认为：“京族非物质文化

① 李务起.京族经济社会的转型与非物质文化遗产的保护——以广西东兴市万尾村为例[J].南宁师范高等专科学校学报，2006(4).

② 周建新，吕俊彪.传统文化与跨国民族的社会转型——以广西东兴市澫尾村京族为例[J].广西民族研究，2006(4).

③ 史莎娜，杨小雄.京族三岛开发中存在的问题及对策研究[J].大众科技，2011(1).

④ 胡绿俊，胡希军.京族文化生态旅游开发可持续发展研究[J].特区经济，2011(6).

⑤ 郭世平，杨燕萍.广西京族的传统人生哲学及其现代沉思[J].焦作大学学报，2011(4).

⑥ 陆滢.抢救保护京族口述历史档案的思考[J].兰台世界，2012(11).

遗产从总体看得到了较好的传承，入选非物质文化遗产名录的京族传统文化受到了京族人的重视而得到较好的保护和传承，但没有入选的则被忽视而没有被传承下来，传承人年纪普遍较大、传承人的收入相对较低等因素也制约了京族文化的传承。"①

栾靖认为周边强势文化的冲击、京族传统文化实用性功能的减弱、缺乏传承意识使京族传统文化传承内在动力不足，传承人出现断层现象，缺乏法律保护等。② 他主张通过增强传承主体的文化保护意识、兴建京族风情街、举办京族文化传承活动、建立京族少年宫、增加京族文化传承人的经费支持、组建京族艺术团等措施来保护和传承京族文化。

2003 年，马居里、陈家柳等用了近两个月的时间对山心村的京族进行了调查，撰写了《京族——广西东兴市山心村调查》。该书详细记述了山心村京族的人口、经济、社会政治、婚姻家庭、法律、民族风俗、教育、科教卫生、宗教等情况，是一部翔实的民族志著作。

吴满玉、冼少华等撰写了《当代中国的京族》③。该书用平实的语言详细记述了京族的社会、经济、文化等各方面的情况，作者还对如何实施国家民族政策、推进社会主义民主政治以及发展京族经济进行了深入探讨。

袁少芬于 2004 年出版了《民族文化与经济互动》④，京族的内容在第二章，名称为"京族海洋文化资源保护和开发研究"。作者调查了京族文化的变迁，主张开发利用京族文化资源，发展京族的经济，并在万尾村对京族文化的保护和传承、京族文化资源的开发进行了一些实验，取得了一定的效果。

2. 关于京族具体文化事项变迁的研究

1）关于哈节文化变迁及保护和传承的研究

有些学者认为京族的哈节文化深受中华文化的影响，融合了很多中华文化的元素，如刘建平、过伟、韦坚平、蓝武芳等。

刘建平发现不仅京族人信仰高山大王和点雀大王，而且周围的汉族人也信仰这两位神仙，山心村还信仰"本境土地神"。他认为"此神多系农耕民族保护村屯

① 王小龙. 京族非物质文化遗产及其传承人调查——兼谈我国非遗传承制度的改革和完善[J]. 四川省干部函授学院学报，2012(3).

② 栾靖. 中国京族文化的社会教育传承研究[D]. 南宁：广西大学，2013.

③ 吴满玉，冼少华. 当代中国的京族[M]. 南宁：广西人民出版社，2005.

④ 袁少芬. 民族文化与经济互动[M]. 北京：民族出版社，2004.

和田地的社神”①，京族哈节在历史发展中受到了周边民族的影响。京族人解放了思想，“去其糟粕，存其精华，逐渐摆脱了宗教祭祀礼仪的桎梏，调整和丰富了节日的内容与形式，加强了世俗性和娱乐性的成分，逐步从娱神走向了娱人”②。

蓝武芳调查发现，京族哈节“沿袭了一套以进献和奉祝祭文为主要内容的祭神仪式”。她据此认为京族的哈节“融合了大量以汉族为主的中华民族的元素，哈节表现出对儒家思想‘天人合一’天道观的兼收并蓄”。她认为：“每年的哈节促进了京族文化的活态传承；京族民间对京族古籍、歌曲、故事等的挖掘整理为京族文化的传承打下了基础；2006 年正式施行的《广西壮族自治区民族民间传统文化保护条例》为京族传统文化的保护和传承提供了法律保障；文化旅游促进了京族传统文化的保护和传承。”③

另外一些学者（如张兆和、谭岗凤等）认为，政府的介入破坏了京族传统文化。香港科技大学的张兆和教授发现政府广泛介入了 2009 年京族哈节，在非物质文化遗产名录中，京族文化被分类割裂，使得人们无法完整地认识京族特有文化形态，“民间宗教成为促进少数民族地区政治稳定和经济发展的媒介”④，影响了京族传统文化习俗的传承。

谭岗凤调查发现，政府介入了京族哈节，为吸引游客，哈节中增添了许多新的项目。她认为政府“对京族非物质文化遗产的保护对象界定不清晰、宣传不全面，对京族非物质文化遗产民间传承支持力度不够”⑤。2010 年“京族哈节晚会”举办地不在京族三岛，而在东兴市，该晚会没有京族的节目，也没有京族的演员。“京族美食节”期间真正售卖京族传统小吃的只有 4 家，很多号称是京族非物质文化遗产的商品来自越南或我国其他少数民族地区。她认为京族文化资源的商业开发能够扩大京族文化的影响力，增强京族群众的自豪感，但是对京族文化不合理的商业开发扭曲了京族文化。她提出了保护京族传统文化的原则，即真实性保护、整体性保护、传承性保护。

朱斯芸研究了旅游对京族哈节的影响。在旅游的影响下，京族哈节“表演性

---

① 刘建平.京族唱哈节初探[J].广西民族研究，1992(3).

② 刘建平.京族唱哈节初探[J].广西民族研究，1992(3).

③ 蓝武芳.海洋文化的重要非物质文化遗产——京族哈节的调查报告[J].民间文化论坛，2006(3).

④ 张兆和、傅海鸿.龙仙艳跨国族群意识与非物质文化遗产——广西中越边境京族文化边界的个案研究[M]//徐新建.文化遗产研究(第 1 辑).成都：巴蜀书社，2011.

⑤ 谭岗凤.京族非物质文化遗产保护若干法律问题研究[D].北京：中央民族大学，2011.

质增强、活动内容有所增减、参与哈节活动的群体逐渐增大、哈节活动的组织形式有所转变”①。她认为政府的介入、主流文化的影响是哈节文化变迁的动因。

吕俊彪发现政府过度参与哈节，使京族人“失去了哈节庆典的话语权、哈节庆典仪式失去了连贯性和完整性、哈节庆典过度商业化”，“只有当作为文化主体的当地人可以主导非物质文化遗产的发展方向的时候，这种非物质文化遗产的传承和保护，才有可能获得恒久的动力源泉”②。

陆俊菊、陈义才的观点与张兆和等的观点相反，他们认为：“以政府主导的形式举办首届京族哈节活动，把京族民间传统节日上升到政府主导层面，上升到旅游文化产业发展层面，进一步促进了哈节这个非物质文化遗产的保护和传承，推进了文化与旅游产业的相互协调发展。”③

黄安辉对京族哈节进行了详细研究，他列举了京族哈节的一些变迁，如参与人数增多、内容有所增减、组织形式转变、人们节日观念的变化等。他认为经济发展促进了京族与他人的交往，推动了京族传统文化的变迁，保护和传承民族文化“应该坚持走多媒体永久保存与活态保护两种方法并举的路子”④。

杜昌宏认为：“随着时代的变迁和社会的进步，京族人民的哈节内容也逐渐有了变化。”⑤

方潇认为，京族哈节发生了变迁，如参与人员的变化、活动内容和组织形式的变化、传统仪式中观念的变化等。⑥

廖国一、白爱萍探讨了哈节期间中越京族人之间的交往，他认为“通过哈节的相互往来，增进了中越京族边民的交流，更好地传承了京族的非物质文化遗产”⑦。

2）关于独弦琴文化变迁及保护和传承的研究

黄志豪发现独弦琴“琴体材料改变、琴弦材料改变、制作工艺改良、加装拾音器、拨弦器由小竹签改为拨片或直接佩戴指套直接弹奏、弦轴由外露改为隐式、琴

---

① 朱斯芸．民俗旅游影响下的少数民族节日庆典——以东兴市澫尾村京族哈节为例[J]．传承，2013(13)．

② 吕俊彪．从“与民同庆”到“还俗于民”——以京族哈节为例[J]．民族艺术，2013(6)．

③ 陆俊菊，陈义才．京族哈节：传承京族民俗　展现海洋文化[J]．当代广西，2008(17)．

④ 黄安辉．中国京族哈节研究[D]．北京：中央民族大学，2008．

⑤ 杜昌宏．歌声如潮的京族哈节[N]．人民政协报，2006-08-01．

⑥ 方潇．京族“哈节”仪式中文化与传播的同构解读[J]．大众文艺，2011(19)．

⑦ 廖国一，白爱萍．从哈节看北部湾京族的跨国交往[J]．西南民族大学学报（人文社会科学版），2011(5)．

体美化、加设指板及品位”①。他认为，为实现独弦琴技术的活态传承，应该“改变民间口传心授的传习形式，形成本地传承、学校传承、舞台传承、网络及音像制品传承等多样化的传承模式”②。

吉莉研究了独弦琴的改良和传播状况，她发现独弦琴得到了很好的保护和传承，传承的方式主要有“学校传承、艺人传承、独弦琴教材和音像资料传承”③，“独弦琴的改良，由父子相传和口耳相传转为以互联网为代表的多种媒体的传播，广泛吸收外来的优秀音乐文化，习琴人群改变等”④是京族独弦琴得到广泛传播的原因。

何政荣是对京族独弦琴研究较多的学者之一，她按外观把独弦琴分为自然型独弦琴和仿生型独弦琴两类。自然型独弦琴包括竹制圆管状独弦琴、木制半圆管状独弦琴、木制长箱状独弦琴三类。仿生型独弦琴包括李氏牛腿形独弦琴和龙首形独弦琴及陈氏节瓜形独弦琴、肖侯氏孔雀形独弦琴。⑤ 她详细描述了每类独弦琴的特点、制作人等。她发现京族独弦琴研制者存在知识结构失衡的矛盾，即制作人音乐专业技术知识和物理声学知识不均衡，这影响了研制者研制独弦琴的思维；此外，独弦琴本身存在可视性与共鸣性的矛盾。她还把京族独弦琴纳入京族哈节中去研究，她发现京族独弦琴演奏技艺传承方式主要以民间艺人、专业演奏者、个人传授为主，具有民间传播特征。受乐器物质文化和两国文化生活的影响，独弦琴在乐器改良、制作等方面，在两国间表现出的审美诉求上存在一定的差异，体现出了地域性的不同风格特点。⑥ 她还对京族独弦琴的源流进行了考察，她认为关于我国京族独弦琴的起源有“骠国传入、越南传入、起源中国本土”三种观点。她经过考证，认为独弦琴艺术“呈‘多国共存’状态，源流显现‘循环传播’的特征”⑦。

---

① 黄志豪. 独弦琴的形制与改良[J]. 艺术探索，2008(6).

② 黄志豪. 民间乐器多样性的保护与开发——谈京族独弦琴的“活态传承”[J]. 中国音乐，2009(3).

③ 吉莉，张龙. 论京族独弦琴的改良[J]. 歌海，2010(5).

④ 吉莉. 京族独弦琴传播现状调查与研究[J]. 艺术探索，2010(5).

⑤ 何政荣. 京族独弦琴形制研究[J]. 歌海，2011(2).

⑥ 何政荣. 时空·仪式·音声——中国京族“哈节”仪式音乐文化系列研究之一[J]. 中国音乐，2011(3).

⑦ 何政荣. 中国一弦琴与京族独弦琴源流考[J]. 广西师范大学学报(哲学社会科学版)，2013(6).

黄羽认为京族独弦琴是为满足京族人在农业、渔业空闲时的休闲需要而产生和发展的。现在从业方式变迁使京族人更加繁忙，他们没有时间来欣赏京族独弦琴音乐。京族独弦琴学习难度大的特点与京族快节奏的现代生活方式相冲突。京族人数少，流传范围有限，限制了京族独弦琴的传播，使京族独弦琴音乐文化面临传承危机。目前，京族独弦琴的传承方式主要有家庭传承、师徒传承、民俗传承、学校传承等几种模式。他认为，为保护和传承京族文化，应当“对已故前辈艺人的资料进行整理和保存，对在世独弦琴重要传人的录音、录像进行整理与保存，对乐器进行改良并加强科学研究，延续现有传承模式”①。

刘娣认为：“苏春发主要采用‘一对一教学’和‘集体教学’两种方式传承独弦琴技艺，根据学生性别、年龄、能力采用不同的教学方法。”她主张“在大学中开设专门的独弦琴的课程，促进京族独弦琴教学模式的规范化”②。

3）关于京族歌舞变迁及保护和传承的研究

叶峰认为，京族音乐文化具有明显的地域特色，发展京族音乐文化可以“提升当地的旅游品位、促进当地经济的发展”。他认为可以通过“将京族音乐文化打造成京族文化品牌、加强中越文化交流、在高校中宣传京族音乐文化”③等方式促进京族音乐文化的可持续发展。学校教育是传承京族音乐文化的最好的途径之一。

党宇娜研究了粤文化对京族民歌的影响，她发现“京语吸收了粤方言词语而且增加了 p、ph、tsh 等 4 个声母，京族民歌与粤文化有着共同的审美基础”。她认为“应该重视民间音乐的‘变体’，不应过度忧虑京族音乐的变化”④。

张小梅从音乐风格、歌词内涵、调式单列、节拍节奏等方面比较了京族民歌《过桥风吹》在中越的不同版本。她认为：“京族民歌《过桥风吹》经历了传承、传播、融合、变化的过程，传播方式主要有民间艺人传播、移民传播、个体传播和群体传播。既经历了纵向传播，也经历了横向传播。传播促进了音乐的变化、更新和发展，使民歌更好地延续和更好地创新。”⑤

陈丽琴把京族民歌纳入京族习俗中去研究，她认为京族民歌与京族习俗密不可分，“民歌的创作与展演充实和丰富了京族民俗的内容，京族的民俗活动是其民

① 黄羽．非物质文化遗产视域下京族独弦琴的保护与传承[J]．民族艺术研究，2013(6)．

② 刘娣．广西东兴京族独弦琴艺人的文化传承研究[D]．南宁：广西民族大学，2013．

③ 叶峰．对京族音乐文化可持续发展的设想[J]．民族音乐，2010(4)．

④ 党宇娜．粤文化圈下的广西京族民歌之发展[J]．大众文艺，2013(24)．

⑤ 张小梅．中越京族民歌《过桥风吹》比较研究[J]．艺术探索，2013(2)．

歌生长的沃土，推动了民歌艺术的传承与发展”①。

陈丽琴、李玢辛②研究了京族的民间文艺，认为京族多元、开放、兼容的民族文化是京族在积极吸收了汉、壮、侗等民族文化的基础上融合发展而成的。

韦慧梅研究了京族民间舞蹈的形成、特性，认为，为传承京族民间舞蹈，应当“把握民族特色与文化内核，按照京族传统文化的特性进行创作，融入原生态舞蹈元素，利用哈节进行保护与传承”③。

4）关于京语变迁及保护和传承的研究

韦家朝、韦盛年④调查了京族语言使用情况，发现京族小学生很早就接受了汉族语言，大部小学生在小学二年级时就已经学会了广西白话，小学三年级时已经掌握了普通话。

王小龙、何思源研究发现“京族文化常识在年轻一代中普及率不高，京语的使用出现隔阂和断层，一些京族特色文化因传承人的缺乏而面临失传”⑤。应该“明确‘京语教育是传承京族文化’的目标，实行以学校为主，学校、家庭和社区教育相结合的京语教育计划，普及通识型京语教育和发展研究型京语教育，培养更多能掌握京语的京族文化传承人”。

总之，有关学者对京族的文化变迁进行了多方面的研究，这为进一步研究京族的文化变迁提供了丰富的资料。但现有研究还存在很多不够完善的地方。

一是对经济发展与文化变迁关系的研究较少。虽然有些研究涉及经济发展与文化变迁，但数量比较少，研究还不够深入，没有深入揭示经济发展引起京族文化变迁的原因。

二是有些学者虽然提出了在经济发展背景下保护与传承京族传统文化的对策和措施，但是对于如何实施并没有深入分析，导致其建议难以具体实施。比如有些学者建议加强京族传统文化保护和传承的宣传力度，虽然有些道理，但是对于由谁宣传，怎样宣传，宣传的资金来源，宣传的效果及评价，宣传可能对京族传

① 陈丽琴．民俗传统：京族民歌传承的文化生态[J]．广西师范大学学报（哲学社会科学版），2014(2).

② 陈丽琴，李玢辛．论京族民间文艺的兼容性[J]．广西师范学院学报（哲学社会科学版），2014(6).

③ 韦慧梅．论京族民间舞蹈的传承与发展[J]．歌海，2011(6).

④ 韦家朝，韦盛年．京族语言使用与教育情况调查报告[J]．中央民族大学学报，2003(3).

⑤ 王小龙，何思源．京族文化传承的呼唤与京语教育的回应[J]．教育文化论坛，2011(5).

统文化带来的负面影响及应该采取的应对措施，等等，并没有深入分析，导致其建议难以付诸实践。

三是未能揭示经济发展与京族传统文化的保护和传承的关系。

有鉴于此，笔者以经济发展背景下京族文化的变迁为主题，梳理京族文化变迁的表现，分析京族文化变迁的特点和影响，探讨经济发展与京族文化变迁的关系，研究京族文化变迁的原因及经济发展与京族文化保护的关系，以便采取合适的措施，在经济发展过程中更好地保护和传承京族文化。

三、研究理论和研究方法

（一）文化变迁相关理论

“文化变迁就是指由于族群社会内部的发展或由于不同族群之间的接触而引起的一个民族文化系统，从内容到结构、模式、风格的变化”①。文化变迁是一种普遍现象，“变迁是不可避免的”，“变迁是所有制度和文化中一种永存的现象”②。任何民族的文化从诞生之日起都在不断地发生变化，既包括对传统文化的扬弃，又包括对外来文化的批判性吸收。

创新是引起文化变迁的重要因素。创新包括长期的变异、发现、发明、传播和借用。③ 长期的变异是文化变化由量变到质变的过程；发现是早已经存在，但是过去不为人所知，现在才被人知晓；发明是生产创造出了一种全新的事物。长期的变异、发现、发明产生于本民族文化内部，是由于文化内部因素引起的文化变迁。

文化是不断传播的，通过传播，不同文化相互接触、相互借用而使文化出现变迁。文化传播有扩展传播和迁移传播两种。扩展传播就是一种文化向周围不断扩散的现象，该文化的范围越来越广。这种传播使该文化的地理区域是连续的，原来的文化区成为新文化区的一部分。文化在传播中会发生改变，离文化中心越远的地方，文化的变化越大。扩展传播又可分为以下三种。①传染传播。它是指通过人与人之间的接触而实现文化传播的过程，即具有了某种文化的人在与他人的交往中将该种文化传播给他人。②等级传播。它是指一种文化现象在不同划

① 林耀华. 民族学通论[M]. 北京：中央民族大学出版社，1997：396.

② 伍兹. 文化变迁[M]. 何瑞福，译. 石家庄：河北人民出版社，1989：3.

③ 伍兹. 文化变迁[M]. 何瑞福，译. 石家庄：河北人民出版社，1989：23.

分标准的空间等级中，由高至低或者由低至高的传播过程。③刺激传播。它是指一种文化传入后，当地人吸收了该文化的思想，创造出一种新文化的现象。迁移传播是由于人的迁移，将文化从一个地方带到另一地，进而引起另一地文化变迁的过程。

“涵化是一种特殊的传播，它是在两个先前独立存在的文化进入持续的接触，并且其接触程度已强烈到足以引起一个或两个文化产生广泛变迁的时候发生的”①。涵化和借用是不同的，借用是主动的，涵化在很多情况下是被动的。借用是个别文化的变化，涵化是许多文化因素的变化。两个相互接触的文化，一个居于主动地位，另一个处于被动地位，通过涵化使处于被动地位的文化被涵化，也有两种文化各自都发生了变化，相互融合而产生了一种新的文化的情况。涵化可能出现替换、附加、融合、退化、创造、抗拒等几种结果。替换就是用新的文化特质或文化丛取代了原有的文化特质或文化丛来发挥相应的功能。附加是指新的文化特质附加于原来的文化特质。融合是指新旧文化都发生一定的变化，相互融合而生成一种新的文化体系。退化是指两种文化接触之后原有的文化被破坏了，而没有新的文化取代它来发挥相应的功能。创造是指涵化过程中产生出新的文化特质以满足变化的需要。抗拒是指拒绝接受变迁，采取反抗行动。文化变迁分为无意识变迁和有意识变迁两种，其中有意识变迁包括强制性变迁、指导性变迁、主动变迁。

马克思主义认为，生产力决定生产关系，生产关系对生产力有反作用。“生产力又称社会生产力，是人们在生产过程中征服自然、改造自然，并获得适合自己需要的物质资料的能力”②。生产力包括劳动力及其所使用的劳动工具。劳动者掌握的知识、经验或技能水平变化决定了劳动力的变化。劳动工具是人们在生产过程中用来直接对劳动对象进行加工的物件。随着经济和科学技术的发展，劳动工具不断发展变化。这决定了生产力不断变化。生产力始终是最活跃的力量，当生产力发展了，生产关系会发生相应的变化，文化就会发生变迁。

马克思主义认为，经济基础决定上层建筑。当经济基础发生变化时，上层建筑迟早会发生变化。当经济基础发生变化时，作为上层建筑的文化也会发生相应的变迁，以与经济基础相适应。

---

① 伍兹. 文化变迁[M]. 何瑞福，译. 石家庄：河北人民出版社，1989：46.

② 周又红. 政治经济学[M]. 杭州：浙江大学出版社，2004：64.

马克思主义哲学认为，内因是事物发展的内在原因，是第一位的，是事物发展的根据。外因是事物发展的外在条件。外因通过内因发生作用，促使事物发生变化。所以文化变迁不仅仅是外部条件变化的结果，而且与文化本身有着密切的联系。

旅游凝视理论是由厄里提出来的。厄里认为旅游与日常生活是反向的，人们旅游是追求与日常生活不一样的生活体验。电影、电视、文学作品、录音、录像等建构并维持起游客对旅游地的期待，游客到旅游地通过拍照等方式收集与期待相一致的符号，从而产生愉悦感。为了满足游客的这种期待，旅游地有意识地创建游客所期待的符号。“很多研究表明，在游客凝视下，旅游地居民有选择地改变自身行为，甚至改变族群文化，以迎合旅游凝视所折射出来的偏好”①。游客的凝视在文化变迁中发挥着重要的作用。

斯图尔德是文化生态理论的代表人物，他认为文化人类学的中心任务是发现文化发展的规律，并揭示文化发展的因果联系。他认为适应是文化变迁的主要过程。人类文化与生态环境是相互作用、互为因果的。每一种生态环境都会产生与之相适应的文化类型，相似的生态会产生相似的文化类型，有着类似的发展规律。不同的生态环境会产生不同的文化类型。由于世界上的生态环境是千差万别的，所以与之相适应的文化是多种多样的，发展的规律也是各不相同的。斯图尔德重视环境资源和工具、知识(技术)以及工作组织的研究，环境资源是基础，工具、知识(技术)是手段，工作组织将二者结合。文化生态学的“方法”包括：分析环境与开发及生产技术之间的相互关系；分析“行为”模式与开发技术之间的相互关系；分析“行为”模式影响其他文化因素的程度。

(二) 研究方法

1. 文献法

为了掌握京族的具体情况和京族研究的现状，对相关资料进行了收集、整理。这些资料主要有以下三类。一是有关当地基本情况如地理环境、气候状况、村庄、庙宇、坟墓、农田、鱼塘、商业区域等的分布和布局等资料，当地行政机构、民族分布、各民族人口、经济发展情况，经济发展规划等。这部分资料主要通过田野调查

① Bai Z. Ethnic identities under the tourist gaze[J]. Asian Ethnicity, 2007, 8(3): 245-259.

的方法，从当地民间收集整理或从当地政府如村委会、镇政府、京岛旅游度假区管理委员会等处获得。二是京族相关的史志资料，这部分资料主要从图书馆、有关的学术数据中获得。三是相关研究资料，包括相关学术研究论文、硕士论文、博士论文、京族研究学术会议论文集、研究专著等。

2. 参与观察法

为了获取京族文化的有关资料，笔者于2013—2015年多次到京族三岛，到京族博物馆和京族生态博物馆了解京族文化的历史实物资料，深入民间了解京族农业、养殖业、旅游业、边境贸易等生产和运作情况，现场参与京族的节庆活动、宗教仪式活动、京族文艺表演等活动，以及京族传统食物的制作过程、京族人生礼仪与仪式等。与京族人同吃、同住、同劳动，观察和了解京族的生产与生活。

3. 访谈法

观察法能够获得直观资料，但无法了解其背后的深层含义，所以在观察的时候，更多采用非结构性访谈法去了解各种仪式、现象等所表达的意义。对京族过去的历史资料，现在没有记录保存的，也多用访谈法去了解。

四、有关说明

（一）经济

古今中外关于“经济”的概念多种多样，含义各不相同，为避免引起混淆，本书采用林耀华对经济的定义：“所谓经济，就其广义来讲，是指人们为获得物质财富而实施的一切活动——采集、狩猎、捕鱼、农业、家庭副业、手工业、工业等。”①

（二）文化

文化的定义很多，文化有广义和狭义之分，本书采用广义的定义，即泰勒的定义：“从广义的人种论的意义上说，文化或文明是一个复杂的整体，它包括知识、信仰、艺术、道德、法律、风俗以及作为社会成员的人所具有的其他一切能力和习惯。”②

① 林耀华.民族学通论[M].北京：中央民族学院出版社，1990：373.

② 泰勒.原始文化[M].蔡江浓，译.杭州：浙江人民出版社，1988：1.

（三）文化变迁

文化变迁有很多定义，露易斯认为文化变迁是指“不论是一个民族内部发展的结果，还是两个具有不同生活方式的民族之间接触所引起的，在一个民族生活方式上发生的任何改变”①。马广海认为“文化变迁指的就是在技术、社会、政治、经济组织以及行为准则等方面所发生的变化过程”②。林耀华认为“所谓文化变迁就是指由于民族社会内部的发展或由于不同民族间的互相影响而引起的一个民族文化系统从内容到结构、模式、风格的变化”③。很多学者都采用了林耀华的概念，如李吉和④等。也有的认为文化变迁是指文化的根本性变化，微小的改变不是文化变迁。本书采用林耀华的文化变迁的概念，也就是指京族文化各个方面的变化，这包括京族传统文化形式和内容的增减、功能的变化以及新文化的产生等。

（四）田野调查过程

京族主要聚居于广西东兴市江平镇的万尾、巫头、山心三个岛屿上，京族三岛的京族文化最有代表性，因此主要选择京族三岛作为调查点。

江平镇也是京族活动比较频繁的场所，过去京族人从海边上岸，挑着刚捕获的鱼到江平镇的古街销售，再购回渔网、粮食等生产和生活物资，该古街一度被称为咸鱼街。现在京族的风吹饼也主要集中在江平镇生产和销售。京族服饰制作人樊文英的档口也在江平镇。所以根据需要，也到江平镇、红坎村等地进行了调查。

京族三岛中，万尾岛的京族人口最多。20 世纪 80 年代前，万尾京族最为贫穷，80 年代后，万尾京族变得非常富裕，现代化程度很高，即经济发展非常明显，为研究经济发展和文化变迁提供了很好的范例。万尾保留的京族传统文化也最为丰富，大部分京族非物质文化遗产传承人居住在万尾村，所以调查时又以万尾为调查重点。

为完成本研究，笔者到京族三岛进行了间断性的跟踪调查，调查共分四个阶段。

---

① 克莱德·M伍兹. 文化变迁[M]. 和瑞福，译. 石家庄：河北人民出版社，1989：46.

② 马广海. 文化人类学[M]. 济南：山东大学出版社，2003：398.

③ 林耀华. 民族学通论[M]. 北京：中央民族大学出版社，1997：396.

④ 李吉和. 古代少数民族迁徙与文化变迁[J]. 天水师范学院学报，2003(4)：49.

第一阶段，2013 年 7—8 月，主要调查了解京族的边境贸易等经济发展情况，初步了解京族文化的基本概况。

第二阶段，2014 年 7—8 月，对京族文化进行了初步的调查，掌握了京族文化的基本情况。

第三阶段，2015 年 1—2 月，对京族的文化变迁进行了有针对性的调查。

第四阶段，2015 年 7—8 月，进行了补充调查。

因字库中没有沥字，当地地标也有用万尾表示沥尾的，所以为方便起见，统一用万尾代替。

第一章　京族概况

第一节　京族的源流

京族是我国人口较少的民族之一，据调查，1952 年京族人口只有 2655 人①，2010 年总人口为 28199 人②。20 世纪 50 年代前，京族自称越族，越南人称之为唐人，汉族称他们为安南人。1958 年成立防城各族自治县时，京族人上报的该民族的名称为“京族”，再综合其风俗习惯、宗教信仰，上报国务院，获得批准，最终确定其族名为“京族”。

京族主要聚居于广西东兴市江平镇的万尾、巫头、山心等三个海岛上（见图 1-1），俗称“京族三岛”，简称“京岛”，另一些主要散居在江平镇及其所属的潭吉、红坎、恒望、寨头、米漏、瓦村等地③，与汉族交错杂居。

京族三岛历史上是北部湾上的三个岛屿，山心岛很早就已经与大陆相连，巫头岛、万尾岛在 20 世纪 60 年代以前是岛屿，70 年代填海造田，使巫头岛、万尾岛与大陆连接起来，成了半岛。填海造田形成了大片田地，新形成的土地产量很高，水稻亩产量达千斤④，京族的人均粮食产量大幅增加，基本解决了京族的温饱问题，京族的交通状况也得到很大改善。填海造田消除了海洋的阻隔，京族与周围的汉、壮等民族的交往开始密切起来。

万尾是京族三岛中最大的岛， 填海造田之前面积为 13.7 平方千米。新中国

---

① 广西壮族自治区编辑组，《中国少数民族社会历史调查资料丛刊》修订编辑委员会. 广西京族社会历史调查[M]. 北京：民族出版社，2009：62.

② 蔡果兰，徐世英. 中国各民族人口规模增长趋势的可持续发展[J]. 中国少数民族人口，2014(3)：1-9.

③ 《京族简史》编写组. 京族简史[M]. 北京：民族出版社，2008(10)：1.

④ 这是万尾一位 60 多岁的京族人的原话，与很多文献的记载有出入，或许是个别地块如此高产。

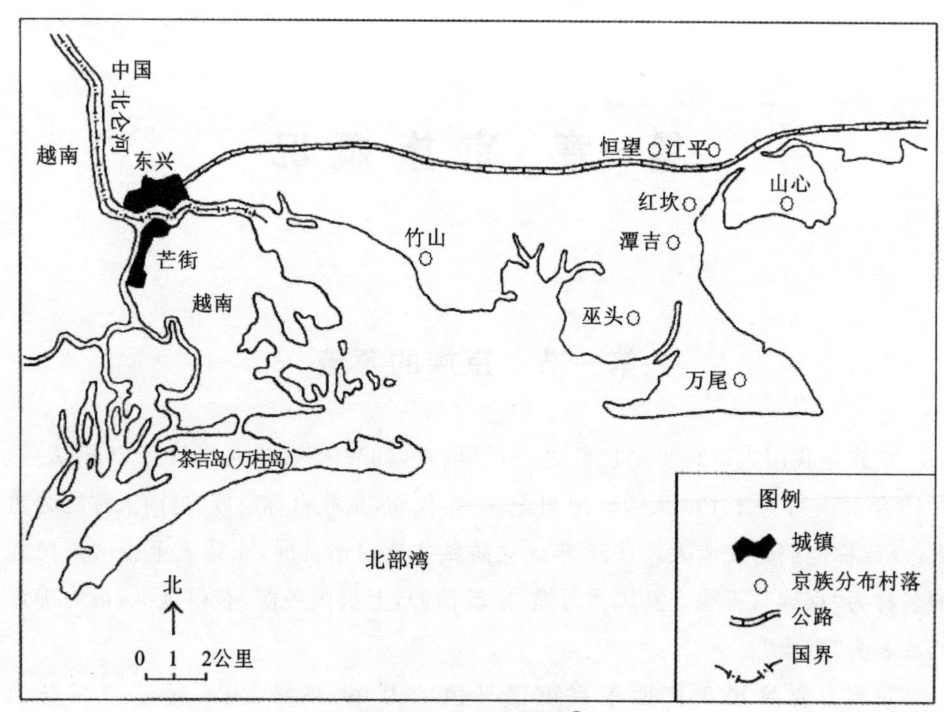

图 1-1 京族分布图①

成立前,万尾村称为福安村。巫头岛最小,只有 5.13 平方千米。

京族先人是从越南迁来的。据万尾《乡约》记载:"承先祖父洪顺三年,贯在涂山,漂流出到……立居乡邑,一社两村,各有亭祠。"在《京族史歌》中也有"年号洪顺三年间,先祖漂流到福安"的句子。洪顺是 16 世纪中叶越南封建王朝的年号。洪顺三年,相当于我国明朝正德六年,即 1511 年,由此可见京族先民迁来京族三岛的最早时间距今已经 500 多年了。也有人认为我国京族祖先最早居住于我国福建沿海一带,以海上捕鱼为生,因打鱼而四处漂泊,后来迁到越南涂山一带,1511 年追逐鱼群来到京族三岛。② 也有京族人根据其祖先祭文认为他们的祖先从甘肃陇西迁来。③

京族先人到达京族三岛后是怎样迁徙的?历史上没有明确记载,据万尾当地京族人讲,京族迁来时,最初居住于沿海一带,为了躲避海盗的侵袭,逐渐向岛内

① 张兆和.中越边界跨境交往与广西京族跨国身份认同[J].历史人类学学刊,2004(4):89-133.

② 喃字文化传承研究中心 WMZ 语。

③ 山心京族人 LSY 语。

迁徙，后来京族人又逐渐向潭吉、江平、竹山等地扩展。

自从1511年京族先人迁来京族三岛以后，陆续有人从越南各地迁来，然后逐渐融合成现在的京族。

万尾、巫头、山心三岛的京族人都认为其先人来自越南涂山。据万尾京族人讲，是京族人最先迁到万尾岛的。越南涂山一户黎姓渔民最先到达万尾岛，发现此处海里鱼类很多，于是将他的妻子及三个孩子接来，接着又回到涂山招来亲友。后来又有杜、吴、武、阮姓四户渔民追捕鱼群来到万尾，也在此定居下来，此后苏、梁等姓也迁了过来①，京族人口逐渐增多，居住于万尾岛的中间，形成村落，即现在的万尾中间村。后来汉族人也从附近迁来，京族就把万尾岛两端的土地卖给了汉族人，形成了万东自然村和万西自然村，位于万尾行政村的两头。在京族先人到达万尾岛之前，已经有人到过万尾岛。在万尾岛有两处遗迹，在京族先祖到达之前就已经存在。一处位于原万尾岛西北海边②，此为海涧城遗址，长约300米，宽约100米。另一处位于万尾岛西面海边，长约100米，宽约80米。据传海涧城是越南莫地大将军、白马将军和黄马中将三位叛军首领所建，这三位将军企图推翻越南黎朝政权，兵变失败后逃到万尾岛，黎朝军队追踪而至，三位将军寡不敌众，只好退入密林深处，死于岛中。1511年京族先祖到达万尾岛，发现海涧城遗址，并在上村、中村和下村所在地发现了三处蚁堆的土坟，京族先祖在万尾定居下来，在蚁堆处建土地庙，上村建的是白马大将军庙，中村建的是黄马中将庙，下村建的是莫文清大将军庙。

图1-2为京族迁徙图。

潭吉村京族各姓，分别来自东兴市江平，越南瑞溪、角白等地，最早的有二百多年的历史。③ 吴满玉、冼少华认为："京族主要从越南吉婆、清化迁来，距今约四百年。"④京族迁来之前，已有汉族居住于此，"开辟了大片盐田，从事渔、农、盐业"⑤。并已经形成汉族村落，京族迁来时只能居住于村庄的两头，从而形成了汉

---

① 广西壮族自治区编辑组，《中国少数民族社会历史调查资料丛刊》修订编辑委员会. 广西京族社会历史调查[M]. 北京：民族出版社，2009：3-4.

② 围海造田以后已经变成陆地。

③ 吴满玉，冼少华. 当代中国的京族[M]. 南宁：广西人民出版社，2005：3.

④ 吴满玉，冼少华. 当代中国的京族[M]. 南宁：广西人民出版社，2005：3.

⑤ 广西壮族自治区编辑组，《中国少数民族社会历史调查资料丛刊》修订编辑委员会. 广西京族社会历史调查[M]. 北京：民族出版社，2009：4.

图 1-2　京族迁徙图

族居住村中央，京族住在村两头的村庄布局。

“恒望的京族，主要是从河内等地迁来的，其中以黎、阮两姓来得最早。他们初到交东，后往贵明，与汉族人民居住在一起”①。吴满玉、冼少华认为：“恒望京族的祖先来自越南清化、宜安，距今有一百多年历史。最初来到中国东兴江平镇班埃村，居住了一年多，因谋生困难，才迁到恒望。恒望是京族迁来此地后所起的名字，意为内心希望这里是个好地方。”②

“红坎的京族，主要是从越南春花、宜安等地迁来的”③。“迁来已有近三百年的历史。在村中与汉族杂居，京族住中央，汉族住村两端”④。

香港中文大学的马木池研究认为，今天的京族三岛地区早在 18 世纪中叶以前就有人类居住，有很多汉族商人在附近沿岸一带往来经商，但是中国和越南都视其为化外之地，在此生活的居民是化外之民，到 19 世纪初才有居民到此开垦少量浮沙成田，到 1887 年中法划界，京族三岛才正式划归中国。⑤

① 广西壮族自治区编辑组，《中国少数民族社会历史调查资料丛刊》修订编辑委员会. 广西京族社会历史调查[M]. 北京：民族出版社，2009：4.

② 吴满玉，冼少华. 当代中国的京族[M]. 南宁：广西人民出版社，2005:4.

③ 吴满玉，冼少华. 当代中国的京族[M]. 南宁：广西人民出版社，2005:4.

④ 吴满玉，冼少华. 当代中国的京族[M]. 南宁：广西人民出版社，2005:4.

⑤ 马木池. 边缘族群的认同——十九世纪以来广西边境上的京族社区[J]. 历史人类学学刊，2014，12(1).

第二节　以海洋捕捞为主的传统经济

生存和安全是人类的共同需要，京族也不例外。生存就要消耗食物、衣物、住房等各种各样的物质资料，这就需要通过生产活动来获得，而生产需要相应的资源。新中国成立前，京族三岛交通不发达、信息闭塞，京族很难利用其他地方的资源，因此，京族只能利用周围的资源从事生产活动。历史上，京族三岛是海洋中的三个小岛，土地稀缺而且贫瘠、淡水不足，农作物产量很低，不能为京族人提供足够的物质资料，所以京族刚迁来时并没有从事农业活动。后来，京族从汉族处学会了农业技术，也开始从事农业活动。“迁到山心五代以后，才开始向邻近汉族学习种田”①。但是，京族的农业生产非常落后，“吃水靠天，等雨灌田”②。京族的农业产量很低，“水稻产量平均只有100斤左右”③，“仅够维持三四个月粮食”④。因此，京族不能仅仅依赖农业维持生存。京族三岛面对着茫茫大海，渔业资源丰富，“其中经济价值较高的鱼类有二百多种”⑤。靠山吃山，靠海吃海，当地的自然资源条件决定了京族必然以海洋捕捞为生，从而形成了以海洋捕捞为主，兼营农业、盐业、竹木加工等的传统经济格局。

一、京族的传统经济活动

（一）海洋捕捞

海洋捕捞是指需要进入海水中捕捞鱼虾的经济活动，包括浅海捕捞和深海捕捞。拉大网、塞网、做箔等属于浅海捕捞。捕捞鲨鱼等属于深海捕捞。京族的海洋捕捞只有高踐捕鱼（捕虾）等少数捕鱼活动只需要简单的工具，单个人操作，除此以外的捕鱼活动大多属于集体劳动。

1. 京族海洋捕捞的特点

受制于海洋环境的条件和落后的生产力水平，京族形成了自身的特点。

---

① 广西壮族自治区编辑组.广西京族社会历史调查[M].南宁：广西民族出版社，1987：6.
② 广西壮族自治区编辑组.广西京族社会历史调查[M].南宁：广西民族出版社，1987：6.
③ 广西壮族自治区编辑组.广西京族社会历史调查[M].南宁：广西民族出版社，1987：7.
④ 广西壮族自治区编辑组.广西京族社会历史调查[M].南宁：广西民族出版社，1987：7.
⑤ 广西壮族自治区编辑组.广西京族社会历史调查[M].南宁：广西民族出版社，1987：2.

1）投入高，需要共同投入资本

海洋渔业投入巨大，单个人无力投资，必须共同经营。海洋渔业的生产工具主要有渔船、渔网、鱼箔、箔地等。

过去，京族渔船虽然很简陋，但投入仍然是很大的。据调查，万尾地区渔民用于捕鱼的竹筏，长14尺、宽5尺，用14条大竹贯扎成，造竹筏的材料全部从防城、那梭运来，造价为40万元①左右，使用年限为1～2年②。渔船造价更贵。“载重4000斤左右的渔船需300万元才能造1只，2000斤以上的需200万元。新船用了五六年后才修整，旧船差不多每年修一次，修理费用一次50万元左右”③。新中国成立前，大多数京族人民比较贫困，很多人甚至不能解决温饱问题，根本无法负担造船费用。

渔网有拉网、塞网、鲨鱼网、鲎网等，其中拉网又称为拖网或曳网，有大网和小网两种，大网长400多米，高3米左右，网身由6张缯网织成，网眼小而密；小网长300多米，高2～3米，网身由4张缯网织成，网眼大而疏。塞网也称闸网或壅网，有疏网和密网两种，疏网网眼较疏，用青麻线织成；密网网眼较密，用黄麻线织成。塞网长约1500米，高3米左右。鲨鱼网是刺网的一种，网长七八十米，高1.2米，用麻织成，过去渔民常用卵圆形石块作为网坠。鲎网是专门用来捕鲎的渔网，鲎网长2000多米，高1米。因此，仅仅渔网一项，投入也是非常巨大的，不是一般的渔民能够负担的。

渔箔，是用木条和细竹构成的浅海滩涂捕捞设施，安放一所渔箔需要用掉1万～2万条大小木条，消耗数百支竹子和2000～3000条藤。箔地一般选择水流急的滩涂，每所渔箔占地大小不一，一般为几十至上百亩。

由此可见，海洋捕捞投入是十分巨大的，但是，新中国成立前，大部分京族人非常贫困，过着衣不蔽体、食不果腹的生活。据调查，“解放前万尾乡有85%以上的人，打了鱼换来粮食也不够吃，荒年更多，渔民经常断炊，只得捞海草、挖芭蕉头或扒螺蛳、捉螃蟹等充饥。京族人缝不起新衣，往往一套衣服穿了再穿，年年补

① 指第一套人民币。

② 广西壮族自治区编辑组.广西京族社会历史调查[M].南宁：广西民族出版社，1987：165.

③ 广西壮族自治区编辑组，《中国少数民族社会历史调查资料丛刊》修订编辑委员会.广西京族社会历史调查[M].北京：民族出版社，2009：145.

缀，破旧不堪，大多数渔民只有一套衣服”①。因此，单户渔民根本无力购买渔具，这就决定了渔民必须共同投资，共同占有，共同使用生产资料。

过去，京族人常常通过出股的方式共同购买渔网。具体的出股方式有两种：一是出钱，即每家各出一部分钱购买一张渔网，大家共同使用，如果渔网损坏了，大家再共同出资进行维修，这种方式比较简单；另一种方式是出网，即各家各出一部分网，然后拼凑成网，每人负责维修自己所出的那部分网。

箔地也常常是几户共同占有，大家轮流使用。正是基于大家的共同出资，每个人都必须依靠他人才能拥有海洋渔业的生产工具，也才能养家糊口。

2）强度大，需要协同配合

海洋渔业使用的基本上都是大型的渔具，需要的劳动力多，单个人无力完成，必须通过分工合作才能完成。

过去的渔船（竹筏）没有动力装置，基本上是靠人工划船，这样，一艘渔船至少需要一人掌橹、两人划船，还需要专门配备人员放网。

拉网作业需要的劳动力更多，作业时一般先由竹筏载着渔网出海，放网人员将网放入海中，网与海岸将海面围成一个半圆形，岸上的两组人员同时从网的两端将网从海中慢慢拉上岸。由于渔网比较笨重，大网一般需要30～40个劳动力，小网也需要20～30个劳动力。

塞网作业是利用海水潮涨潮落的规律进行的捕捞作业，其同样需要很多劳动力协同工作。作业前，首先选择好相应的海滩。作业时，所有人员分成三组，每组的工作又包括“号桩”、“插桩”（即在海滩上打桩）、“挂网”（即把网挂在打好的桩上）、“挑沙土”（就是用沙土将网脚压住）等工序。涨潮时，海中的鱼虾顺着潮水涌入设置好的塞网中觅食，当潮水涨到相对稳定时，此时涌上来的鱼虾最多，于是把网放下围成半圆形，当潮水退却时，这些鱼虾就被困于塞网中。

做箔工作量巨大，单个家庭无力完成。京族的箔地数量又是有限的，箔地一般为几户共同占有或村庄共同占有，不能保证每户都能做箔，因此，京族人是轮流做箔的，一般两年一轮换。轮到做箔的人家需要人手，没有轮到的渔民又无事可做，京族人于是创造了一种名为“低嗨”的合作方式，即没有轮到做箔的人家常常

① 广西壮族自治区编辑组，《中国少数民族社会历史调查资料丛刊》修订编辑委员会．广西京族社会历史调查[M]．北京：民族出版社，2009：156.

到箔地给轮到的人帮忙，分得渔产的15%～20%作为报酬。① 这种分配是合理的，因为做箔的人家虽然分配的收入较多，但这其中包含了箔地的租金及做箔所用到的各种材料的成本，而且承担了其中大部分的风险，如果扣除这些因素，做箔的人家分配的收入并不多。“低嗨”关系在京族地区非常普遍，在山心村，80%以上的家庭曾经与他人有过“低嗨”关系。这是一种互助活动，既能使做箔人家获得足够的劳动力，也能使没有轮到做箔的人家获得必要的生活资料。

由此可见，正是因为海洋捕捞工作具有需要多人协作的特殊性，所以京族人必须给予他人足够的信任，并通过合理的分工组织，才能完成海洋捕捞作业。京族人在长期、共同的生产活动中，信任、合作意识不断得到强化。

3）集体性，需要组织和管理

海洋捕捞需要资本合作和劳动合作，所以京族的海洋捕捞也是一种分工协作的有组织的经济活动。因为海上捕捞作业是一种集体劳动，常常由很多人形成互助组，这种组织常常是亲戚、兄弟、邻居自愿参加。邻居住得比较近，便于联系，出发时可以随时互相通知，同时出发，因此互助组常以邻居参加为主。

为了使集体劳动有序运行，提高效率，客观上需要计划、组织、指挥和协调。为此京族常常在互助组中选出一名经验丰富的人作为网头，其他人称为网丁。网头既参加共同劳动，也是管理者，他作为渔民的代表与出租渔网的网主谈判租网，签订租网契约。

京族渔民一般都会在船头设立“海公”和“海婆”神位，每次出海前首先到神位前焚香祷告，祈求渔业丰收和出海平安。在新年里，到海上祭拜海神之后才能出海捕鱼。这起着心理暗示的作用，能够使渔民保持心理平静，以便从容应对海上捕鱼作业过程中遇到的各种风险。海祭活动的程序与祭词并非人人都懂，因此，一般由网头主持海祭活动，指挥大家完成海祭活动的各个环节。

网头负责指挥捕鱼活动，如观察风向和鱼群活动，根据自己的经验指挥网丁在何时、何处下网、何时收网等等；网头还指挥大家分工洗晒渔网、修补渔网等。

网头的工作虽然非常重要，但他并没有特权，他同样参加劳动，捕捞的海产品大家平均分配。只有当捕捞到大鱼时，网头才会多分到一份。这实际上是一种激励机制，如果能够捕捞到大鱼，网头不仅能够多分到一份，而且网头的声誉也能提

① 《京族简史》编写组. 京族简史[M]. 北京：民族出版社，2008：26.

高，其在群体中的地位也会相应提高。这就会刺激网头不断总结捕鱼经验或向他人请教以掌握更多的捕鱼知识，网头也会更加努力观察风向、探察鱼群活动。因此，这一机制类似于现代企业对经理人的期权激励机制。

由此可见，京族海洋捕捞的生产活动具有集体劳动的特点，无论是生产资料的占有，还是具体的生产劳动，每个人只有与他人分工合作，才能完成捕捞工作，才能获得个人生活所必需的生活物资。因此，长期、共同的海洋捕捞作业，不断强化京族人的信任和分工合作意识，使这种思想深深印于京族人的脑海之中，形成了京族的习惯。京族人应对外部世界时，自然就会按照这种思维来思考，按照这种习惯来行动。

京族家庭虽然也消费一定的鱼虾，但消费量比较小，大部分用于出售，所以京族的海洋捕捞一开始就是为了交换而进行的，属于商品经济的范畴。但从目的来看，京族是用捕捞的鱼获来交换所需要的生活物资，是为了满足自己和家人需要的，不是为了赢利。从这方面来看，京族的海洋捕捞又具有自然经济的性质。

2. 京族传统海洋捕捞组织的特点和内部维持机制

1）京族传统海洋捕捞组织的特点

从生产的目的看，京族的传统海洋捕捞组织是以获取生活物资为目标的。不管是海上捕捞还是拉大网，都是高投资和高强度的，单个渔民无法完成，只有共同投资、相互合作才能完成。每个京族人只有通过提供自己的劳动，才能换回一份生活资料，才能养家糊口。所以京族的这种组织不是以获取利润为目的，而是以获取物质资料来满足家庭需要为目的。

从组织成员上看，共同海上捕捞和拉大网的，一般都是亲戚、朋友或关系不错的邻居，大家都非常熟悉，在组织中地位平等，只有分工的不同，没有地位的不同，大家是合伙关系，不存在雇佣关系。

从组织协调机制上看，主要是依靠信任、舆论来维持的。因为大家长期生活在一起，彼此完全熟悉，从人品、技能、体力等各个方面都互相了解，所以在这样的组织中，自动以每个人的能力和特长分工。就是基于这样的关系和了解，成员之间是完全相互信任的，每个人都有共同的责任和义务来完成任务。该组织虽然没有明文规定每个人的岗位、职责、义务及考核目标，但大家都有一个共同的默认规则。该规则是心照不宣的，如果某人违反了该规则，则会受到其他所有成员的鄙视。比如，按照某成员的能力应该能够完成的工作量，他却没有完成，大家就会鄙视该成员。如果长期无视这样的规则，该成员就会受到所有其他成员的排挤和孤立，甚至将其排除在该组织之外。京族社会范围比较小，大家都相互认识，是一个熟人社会，每个人的所作所为很快就会被全体成员所熟知。因此，违反默认规则的行为也会很快被所有京族人所熟知，该人就会受到所有京族人的排斥和孤立，就会失去获取物质资料的机会。因此，共同劳动的组织虽然没有明文规定考核、处罚措施，但是每个成员都必须努力完成自己所在岗位的职责，该组织就是通过这样的机制协调运行的。

从分配上看，共同劳动的成员既不是按劳动分配，也不是按生产要素分配，而是平均分配。马克思主义政治经济学认为，只有劳动才能创造价值，所以应当按照提供劳动的数量和质量进行分配。由于年龄、体力、岗位、经验的不同，参与共同捕捞的京族人所付出的劳动并不同。按马克思主义政治经济学，其收入分配应该也不相同，但京族人是平均分配。现代西方经济学认为，不仅劳动创造价值，其他生产要素同样创造价值。这是因为只有把各种生产要素组织起来，形成有机结合的整体，才能一起创造新的价值。单一的生产要素根本组织不起来生产，不可能创造价值，所以应该按生产要素进行分配。工人提供了劳动，应当得到工资；资本所有者提供了资本，应当获得利息。显然，京族的这种平均分配既不是按马克思主义政治经济学所进行的按劳分配，也不是按西方经济学所进行的按生产要素进行分配，在过去物质资料极度贫乏的情况下，这种分配使所有京族人都能获得必需的物质生活资料，有利于整个京族群体的生存和发展。

因此，京族的合作捕捞组织虽然是集体劳动，但不具有现代企业的生产组织的特征，还是一种传统的组织形式。

2）京族海洋捕捞的内部维持机制

每个成员的素质并不相同，有的经验丰富，比如网头，有的身强力壮，有的则经验不足、能力有限，但他们获取的收益是相同的。按西方经济学的观点，这种情况下格雷欣法则就会发生作用，为寻求更高的收入，素质高的成员就会退出该组织，剩下的就是素质和能力低的成员。但这些成员的能力也不是完全一样的，素质较高的成员于是也退出了该组织。这样，该组织就会分崩瓦解，合作捕捞就不会存在。但是，京族的这种合作捕捞方式不仅存在，而且是京族的主要生产经营方式。那么，该组织形式是如何维持的呢？实际上，虽然素质和能力较高的成员与能力较低的成员获得一样的收入，但基于所有成员的相互了解，大家对能力高的人的贡献是熟知的，因此，能力高的成员就能获得其他成员的尊敬，他就能在他所处的群体中享有较高威望，地位上升，这弥补了素质高的成员在物质利益上的损失。另外，素质高的成员在合作捕捞中的贡献大，但其家庭可能对群体的贡献不足，需要群体中其他成员的帮助，因此，素质高的成员的利益损失在其他方面得到了补偿。从时间上看，虽然现在其能力较高，而刚加入该组织的年轻人的能力较弱，但从长期来看，能力高的人会逐渐变老，能力逐渐丧失，从而变成能力低的人，而那些年轻人则逐渐成长为素质和能力较高的人。这样，虽然自己在能力高时利益受到了损失，但在能力变低时，自己能够从平均分配中获益。再者，如果能力高时为获取更多收益而离开该捕捞组织，就会遭到整个群体的鄙视，其他的捕捞组织也不会接纳他，他就会处于无事可做的状态，当然更不会有收入。正是基于这样的熟人社会的机制，维持着传统的合作捕捞的经济形式。从这些特点上看，这种社会整合方式属于互惠。

（二）杂海作业

杂海作业不需要进入海中，主要在沙滩上从事渔业活动，包括挖沙虫、耙螺等。

1. 挖沙虫

挖沙虫是京族人杂海作业的一种劳动形式，一般由妇女来完成。沙虫属腔肠类动物，其貌不扬，但沙虫肉质脆嫩、味道鲜美、营养丰富，沙虫中含有丰富的钙、镁、铜、锰等微量元素，粗蛋白含量为24.35％，粗脂肪含量为2.23％，总糖含量为4.91％，水分含量为88.91％，粗蛋白质含量明显高于粗脂肪含量和总糖含量，属高蛋白、低脂、低糖型水产资源。① 沙虫体呈长筒形，很像一根肠子，素有“海滩香肠”的美誉。沙虫还具有很好的药用价值，沙虫味甘、咸，性寒，入脾、胃经，有清肺、滋阴、降火的功效，主治骨蒸潮热、阴虚盗汗、肺痨咳嗽、胸闷痰多等症，其功效与冬虫夏草极为相似。② 沙虫生活在沿海滩涂一带沙泥底质的海域，沙虫喜食沙滩中的有机物质和以吞食沙粒为主，含沙量在70％左右、沙质比较疏松的沿海滩涂最适合其生长、繁殖。万尾东面海滩，潮涨一片水，潮落一片滩，沙质疏松平坦，

① 朱银玲，李思东，周俊，李江明．沙虫中营养元素和常规营养成分分析[J]．化学世界，2012(5)．

② 王祥初．沙虫功同冬虫夏草[J]．药膳食疗，2003(4)．

非常适合沙虫栖息和繁衍。京族三岛出产的沙虫个大肉厚、品质上乘，深受消费者欢迎，因此挖沙虫一直是京族人的一种传统杂海作业方式。万尾沙泥底质的海域生活着许许多多的沙虫，它们涨潮时从沙中钻出，在海中做蛇状游泳，退潮时又钻进沙中，在沙滩上形成一个个小洞。京族人在长期的劳动中，不断总结经验，他们能够根据海滩的位置、海滩中沙的含量、洞口的形状、洞口周围的纹理、洞中的水量等情况迅速判断洞中是否有沙虫，形成了京族人独特的挖沙虫诀窍。京族妇女讲，挖沙虫一是要会看，如果洞里有一定的水分、洞口边缘比较明显、洞口周围纹理比较清晰，一般就有沙虫，否则就表明沙虫已经钻出，随着海水游到其他地方去了；二是脚步要轻，沙虫生活在沙子里，能够感受到人的脚步所引起的震动，受到惊扰，它就会在沙子里钻到离洞口较远的地方；三是动作要快，发现沙虫洞，要迅速挖下去，挖时沙虫锹离洞口不能太近，否则就容易挖断沙虫，沙虫就不值钱了，也不能太远，否则一锹下去没挖出来，沙虫受到惊扰就逃走了。挖沙虫的工具有直的沙虫锹和弯的类似锄头的铁质工具。新中国成立前，京族没有专门从事铁器加工的，沙虫锹及其他铁质工具都是在周边购买的。传统上，京族男人一般下海捕鱼，挖沙虫则是妇女的工作，但是，一些没有渔船、渔网等生产工具的贫苦男性渔民，为了生活有时也去挖沙虫。男人没有耐心，掌握不了挖沙虫的技巧，如果像妇女一样操作，往往挖不到沙虫。不过男性力气大，用沙虫锹把海滩成片挖开，沙虫也就无法逃走了。挖沙虫活动使沙滩变得更加松软，使海滩更有利于沙虫的生长、繁殖。

2. 耙螺

京族三岛周围的海滩上盛产文蛤。文蛤也称车螺，是软体动物，属于海产经济贝类。文蛤系蛤中上品，其肉质鲜美，营养丰富，素有“天下第一鲜”的美称。文蛤还具有极高的药用价值，这引起国外研究者的高度关注，其药用价值和保健功能已在中医药领域得到应用。研究人员发现，文蛤提取物具有抗肿瘤①、降糖②、降血脂③、抗突变和抗衰老④等功效。京族地区车螺资源丰富，涨潮时车螺随着海

① 陈汉源，丛笑倩，张昂，等. 文蛤抽提物的抗癌研究[J]. 肿瘤防治研究，1980(4).

② 刘洪斌. 海洋生物活性物质与糖尿病防治[J]. 宁波大学学报，1998(4).

③ 徐秀兰，李泰明，张传儒. 文蛤水解液降糖及降脂作用的实验研究[J]. 中国生化药物杂志，1999(6).

④ 罗运满，吴冬明，倪大石. 文蛤肉的药理作用[J]. 中国海洋药物，1996(2).

水涌上来，退潮时就停留在海滩上。京族人很早就开始了耙螺生产劳动，这是京族杂海渔捞方式的重要组成部分，耙螺人总是追逐着潮水，随潮水而移动，潮涨而退，潮落而作。早晨，海水退潮了，形成一大片海滩，京族妇女戴着圆形尖顶的葵笠，脸上遮着一块手绢，只露出两只眼睛，带着螺耙走向海滩。耙螺时，身体稍倾，使螺耙与沙滩形成一定的角度，随机调节，使螺耙的头部进入沙滩合适的深度，慢慢地向后退行，螺耙于是在沙滩上留下一行行类似车辙的痕迹。耙螺工作简单，只需要一把螺耙、一个小桶就可进行，因此，在京族地区，这项工作常常由妇女、儿童来做。

杂海作业使用的工具简单，不需要大型的工具，需要的资金少，劳动强度不大，也没有什么风险，这决定了杂海作业是独立劳动。但杂海作业的产量低，收入有限，男人一般不从事此类工作，多由妇女、儿童从事此类活动。杂海作业是在沙滩上用工具翻动沙子的作业，远远望去好像农民耕田，所以人们也称之为耕海。杂海作业所获取的沙虫、车螺等产品主要用于出售，所以杂海作业也具有商品经济属性。

（三）其他经济活动

1. 海洋捕捞延伸出的经济形式

1）制鱼汁

鱼汁也称鲶汁，是京族人最具民族特色的食品之一。一般而言，男人多出海打鱼，妇女则在家里处理鱼获。京族妇女常常把鱼拿到江平、壮族山区甚至越南去销售，换取粮食、生产工具等。由于销售范围很小，过去周围的群众也很贫穷，因此对海产品消费少。在捕捞旺季，很多鱼获尤其是小鱼卖不出去。而在过去又没有冷库等保鲜设施、设备，京族人在腌制小鱼以便储存时，发现小鱼在腌制过程中会产生一种独特的汁液，这种汁液香气扑鼻、味道鲜美，于是一种独特的调味品——鱼汁诞生了。后来，鱼汁逐渐成为京族人最喜爱的一种调味品。京族人常说："千汁万汁，不如京家的鲶汁。"鱼汁甚至进入京族地区的很多民间故事中，如《黄帝吃金汁》等。京族一般在每年的农历三月至六月鱼汛来临、捕鱼数量很多时开始做鱼汁。先取一个洁净的大瓦缸，在缸底部凿一个小孔，把一个小竹管或胶筒嵌在小孔上，再用塞子把小竹管或胶筒塞住，在大瓦缸底部铺上稻草和沙包，用来过滤，把洗干净的小鱼逐层铺入缸中，每层之间都撒上盐，一般鱼与盐的比例为3∶2，当缸铺满时，在上面放一块大石头将其压平，最后把缸口加盖密封。一般经过 5～7 天，拔出塞子，就会有红色的汁液流出。这是头汁，质量最好，过去一般都用于出售。然后把已经冷却的盐开水加入缸中，继续密封腌制，滤出的汁液称之为二漏汁，质量也很不错。然后继续腌制，最后流出的汁液称为三漏汁，质量最差。腌制后剩下的残渣含有丰富的磷钾等元素，是质量很好的肥料。

2）销售鱼获

京族主要以海洋捕捞为生，农田少，农业技术水平低，没有什么灌溉设施和设备，农业产量极低，根本不可能满足京族人的饮食需要，京族需要从外部购买大米等粮食。京族常常能够捕捉到很多的鱼，尤其是鱼汛时，捕的鱼更多，京族人不可能完全消费，于是常常将捕捞的鱼、虾等海产品拿出来销售，换取粮食、生产工具等，京族人自古就开始进行商品交易。商品交易相对较为轻松，常常由妇女或老人来进行。江平镇是距离京族地区最近的圩镇，江平镇就成为京族销售海产品和购买粮食等的主要场所。以山心村为例，每年约有半数以上的鱼产品在江平镇出售，约有半数以上的粮食由江平镇买进。① 江平镇上的某些街道因京族人数众多，销售各种海产品而闻名，正是因为如此，人们甚至用与京族有关的特征来命名该街道。例如，人们称江平墟上的泰康街②为“安南街”、“咸鱼街”③。除京族外，京族渔民还把海产品运到北海、钦州、防城、东兴等地销售。由于距离越南很近，京族人也经常到越南销售鱼产品，其中以运到越南芒街出售的最多。每年农历八月开始，几乎天天都有二三十人甚至上百人挑着鱼产品到芒街去卖。除此之外，海防、夏该、潭夏、康海以及河内等地也是山心鱼汁销售的重要地点，每年销量达 60000 多斤。④

京族人还经常深入大山之中，把海产品销售给山里的壮族、汉族等村民。新中国成立前，京族、壮族村民都比较贫困，京族渔民需要粮食，但是无钱购买，只有捕捞的海产品。山区壮族、汉族等村民需要补充蛋白质以改善生活，恢复劳动力，也无钱购买，但拥有田里出产的粮食，即京族、壮族、汉族等村民都拥有对方所需要的物品，但没有货币作为中介进行交换。既然如此，双方常常采用以物易物的方式进行交易，即京族人用海产品交换壮族、汉族等村民的粮食等，这一方面解决

---

① 《京族简史》编写组. 京族简史[M]. 北京：民族出版社，2008：32.

② 江平镇老街现为红旗路的南边街道部分，原“泰康路”和“居仁路”在“文革”时合称红旗路，一直沿用至今。参见江平镇悬挂的老街路牌介绍。

③ 《京族简史》编写组. 京族简史[M]. 北京：民族出版社，2008：32.

④ 广西壮族自治区编辑组，《中国少数民族社会历史调查资料丛刊》修订编辑委员会. 广西京族社会历史调查[M]. 北京：民族出版社，2009：17.

了无钱进行交易的困难，而且还避免了中间商的剥削，对双方来说都是有利的。去山里卖鱼的以妇女、儿童为主，但在当时，山路狭窄，灌木、杂草丛生，常常有野兽出没，而且还有可能遭到坏人的抢劫等危险，京族妇女、儿童根本无法应对这样的风险。那么京族妇女是如何应对的呢？京族妇女发挥了其传统观念，知道单打独斗是不行的，应该通过分工合作，各自发挥所长，共同应对困难。京族妇女又找谁合作呢？京族妇女知道，当地人对当地的地形熟悉，在当地拥有住房及各种生产生活用具和丰富的社会网络，这正是京族妇女最需要但又最缺乏的。于是，京族妇女决定与当地人建立合作关系。根据传统观念，合作应该建立在信任的基础上，京族传统上的合作是建立在血缘或亲朋的基础上的，自然地，京族妇女也想到了这种关系。但京族妇女与本地人不是同一个民族，无血缘关系，为摆脱该困难，京族妇女采用认亲戚的方式。她如果认为某位当地人值得交往，她就会向这位当地人表达认亲戚的想法，如果这位当地人恰巧认为这位京族妇女的品性等各方面也很不错，于是双方就建立起一种非血缘的亲戚关系。虽然没有血缘，但二者的亲密关系丝毫不亚于有血缘的亲戚。双方经常相互走动，完成亲戚间常见的礼仪活动。如一方家庭有人结婚时，另一方要前去祝贺，有人生病了要前去看望等。这样，就给双方的合作奠定了信任的基础，这样的信任不是通过金钱能够买到的，而是通过社会文化观念进行规范和约束的。如果某一方违反了亲戚的信任，不给予对方以帮助，就违反了当地的文化观念，会受到所有人的鄙视，其在该社会中的声誉、地位也会在无形中下降。因此，亲戚关系建立起来之后，双方之间的信任关系就是绝对稳定的。这样，京族妇女就可以在山中获得其亲戚的保护，其他人就不敢欺负该妇女。京族妇女能够利用亲戚的社会网络销售海产品，当然，基于亲情的关系，京族妇女销售给亲戚相关人员的海产品不会出现质量问题，价格也优惠得多。因为是直接销售给山中村民，没有经过中间商的盘剥，换回的粮食也比在集市中要多。京族妇女还会赠送给亲戚一定的海产品作为礼物，亲戚会向其提供食物，提供房间供其暂时休息，以及用于暂时储存海产品和换回的粮食等。当然，当该亲戚遇到困难时，京族妇女也会向其提供相应的帮助。因此，京族的“认亲戚”形成了其传统文化的一部分，这是京族人与他人建立起信任合作关系的重要手段，形成了京族自身独特的一种思维，是其分析、解决问题的一种传统思路。

京族的渔业生产，本身就是捕捞—加工（晒鱼干、腌制鱼汁等）—销售一体的过程，它与传统农业的自给自足，收获的粮食主要满足自己需要不同。京族人只消费所捕捞的海产品的极小一部分，绝大部分都要销售出去，即捕捞的海产品从一开始就是用来销售的。按马克思主义政治经济学的观点，这些海产品就是商品。因此，京族的捕捞作业具有商品生产和商品销售的特征，京族人从这一生产过程中，自然掌握了商品生产和销售的一些知识和规律，这也为以后的发展打下了基础。

这两种经济形式都是传统海洋捕捞经济形式的延伸，海洋捕捞的鱼虾除了留下一部分供自己消费以外，其余的都要用于出售，以便获得货币，购买自己所需要的各种生产、生活用品。鱼虾的销售直接是海洋捕捞经济形式的延伸，如果鱼虾销售不掉，就无法获得资金购买粮食等生活用品，就无法实现劳动力的再生产。没有资金进行渔船、渔网等生产资料的修理和更新，也就无法实现固定资产的更新，这样，海洋捕捞经济形式也会深受影响，所以鱼获的销售是直接为海洋捕捞经济形式服务的。京族人认为鱼获的销售不能创造新的财富，还要消耗人力，是不重要的，而出海捕鱼能够直接增加财富，所以是很重要的。因此，京族男子更愿意出海捕鱼，鱼获的销售主要由妇女完成。但是不可能每次都将鱼销售完，总会或多或少留下一些，尤其是小鱼更难以完全销售。为了不至于浪费，京族人想方设法将小鱼储存起来，其中一种方式就是将小鱼腌制，于是产生了制作鱼汁的经济形式。鱼汁最初是自己消费，后来鱼汁制作得过多，自己消费不完，才拿到市场上销售。不过，这种生产和销售行为并不是为了获取利润主动进行的，而是鱼获销售不完被迫进行的，所以它只是传统海洋捕捞经济形式的延伸。另外，为便于储藏，京族还将捕捞的鱼虾腌制、晒干，制成鱼干，主要用于将来食用，食用不完的也常在市场上销售。因为鱼干重量轻、便于携带，也不容易变质，所以鱼干常被带到较远的地方销售。

2. 自给自足的经济活动

1）农业生产

京族传统上就是从事海洋捕捞作业，不会种田。后来，随着与其他民族的互动交往，京族人与汉族、壮族等的交往日益密切，有些人还成了好朋友，京族与汉族之间通过通婚也具有亲戚关系。基于这样的朋友、亲戚关系，京族和汉族相互调节自己的文化，以便交往。这样，汉族开始注意并学习京族的捕鱼知识，京族也开始学习汉族的农业种植技术，双方也开始相互教对方相关的知识。京族人比较善于学习，京族人逐渐从汉族人那里学会了农业种植技术。据说，迁居到山心的京族人居住了五代以后，才向邻近汉族学会了种田技术。

京族的田地分水田、旱田、坡地3种，其中旱田最多，坡地次之，水田较少。这是因为京族三岛是冲积形成的岛屿，新中国成立前四面环海，地势低洼，盐碱化严重，沙质土壤、水分很快就会渗透到地下，不容易保存水分。京族三岛还缺少河流等，不易获得灌溉水源，不适合种植水稻。

京族的农作物主要有水稻、番薯、芋头、玉米、花生、豆类等。京族主要是以一家一户为单位进行农业生产，以夫妻合作生产为主，京族男子利用出海捕鱼的间隙回家进行耕种、收割等农业活动。但在农忙季节，京族人常常顾此失彼，出海捕鱼就顾不了农业生产，做农活又不能出海捕鱼。为解决这样的矛盾，传统上，京族人长期以来保持着农忙互助的习惯，即当某个家庭比较忙时，其他较为空闲的家庭就会主动去帮忙，这就实现了劳动力的余缺调剂，使农业和渔业都能获得较好的照顾，对所有京族人都是有利的。这既是京族传统信任合作意识的体现，又进一步强化了京族人的信任、合作意识。

京族的农业虽然是向邻近地区的汉族、壮族等学习的，但具有自身独有的特点，基本上是粗放农业。京族人没有积肥的习惯。过去，京族人一般不施肥，水稻极少中耕除草，基本上没有农业水利设施、设备，靠天吃饭。又由于京族土地以沙土为主，水分会很快渗透到地下，干旱比较严重，也很少进行杀虫、灭虫作业，病虫害比较严重，土壤盐分又比较大。因此，京族地区的农业产量很低。据调查，京族水稻平均产量每亩只有 100 斤左右，新中国成立前夕，京族三岛的粮食总产量只有 335700 斤左右①，只能满足京族群众三四个月的消费需要，京族只好用捕捞的鱼等海产品与邻近地区交换粮食。有些没有渔业生产工具的群众经常断炊，只好吃野菜、海草、芭蕉头渡过难关。京族人的农业生产，虽然产量低，但都是无公害生产，是真正的绿色生产，粮食都是无公害食品。

2）养蚕

京族所在的地方气候温暖湿润，很适合蚕的生长。京族人很早就学会了养蚕，新中国成立前，京族三岛中养蚕最多的是万尾岛，有五分之一的家庭养蚕，每家当年养蚕十簸箕左右，每簸箕能产蚕茧三两，一家一年收获的蚕茧能织成十丈丝布。② 京族养蚕不是为了销售获利，而是为了家庭穿衣的需要。京族人养蚕所得的蚕丝除很少一部分用于出售外，其他的全部用于家用。京族人虽然养蚕历史悠久，但是养蚕始终只是京族人的一种家庭副业，不是专门的职业。京族人利用

---

① 广西壮族自治区编辑组，《中国少数民族社会历史调查资料丛刊》修订编辑委员会.广西京族社会历史调查[M].北京：民族出版社，2009：17.

② 韩肇明.京族[M].北京：民族出版社，1993：24.

闲暇时间，通过养蚕获得蚕丝，用于织布，满足家庭成员穿衣的需要，这部分工作常由京族的妇女来完成。

农业生产和养蚕这两种经济形式都是对传统海洋捕捞经济的补充，目的都是利用现成的资源，获取一定的物质资料，满足家庭生产、生活的需要，虽然也会将一些产品带到市场上销售以换取一些现金，但主要的目的不是获取利润，而是满足家庭成员的需要，即都不是为了销售获利而进行的生产活动，不具有商品经济性质，仍然是自给自足的经济形式。

3. 具有商品经济性质的经济活动

1）竹木加工

新中国成立前，京族三岛已经出现了竹木加工业。竹木加工业所使用的工具比较简单，以家庭作坊为主，生产的产品多数是小件物品。竹制品主要有鱼篓、筐、墨鱼笼、簸箕等日常生活所需要的小件物品。木制品主要有椅子、木桶、木床、碗柜、到寺庙祭祀用的小木船等。新中国成立前，京族的很多房屋还是木质结构，京族人建房时常常把木工请去。据统计，新中国成立前万尾岛共有竹工 5 人，木匠 8 人。① 京族较大的竹木产品是京族渔民出海捕鱼用的竹排和木船。新中国成立前，京族专门制作竹排和木船的人很少，只是在农闲时节才制作。虽然竹木加工人数少，工具简单，但它从一开始就是为了销售获利为目的，生产的产品也不是为了满足自己需要，而是为了出售，所以竹木加工是具有商品经济性质的经济形式。

2）盐业生产

新中国成立前，京族已经学会了盐业生产。盐业生产分为晒生盐和煮熟盐两种方式。晒生盐的工序简单，就是通过水车等工具把海水引进盐田，通过海水的自然蒸发，剩下的就是食盐。煮熟盐的方法较为复杂，一般经过晒沙、过滤、煮盐三道工序。晒沙就是通过平整沙子，用耙子将沙子扒成畦，以增大与阳光的接触面积。等沙子晒成白色，这道工序就完成了。因为沙子是海水浸泡过的，所以晒过的沙子里含有一定的盐分。第二步就是用晒过的沙子过滤海水，这样能把海水中的杂物、泥土等过滤掉，还能把沙子中所含的盐分溶解在海水中，增加海水中盐的浓度。新中国成立前，京族没有密度计测量海水中盐的浓度，京族人发明了一

① 广西壮族自治区编辑组，《中国少数民族社会历史调查资料丛刊》修订编辑委员会．广西京族社会历史调查[M]．北京：民族出版社，2009：8.

个简单的土方法。京族地区生长着一种被称为鲁古簕的带刺的草本植物，京族人把此种植物放入过滤后的海水中。若鲁古簕浮起，就表明海水中盐的浓度还很高，需要继续过滤；如果鲁古簕沉了下去，就表明海水中盐的浓度已经很低了，不需要过滤了。过滤后的海水再用火煮，蒸发掉水分，盐就制成了。一般过滤过的海水出盐量能达到20%左右。京族家庭虽然也需要盐，但所消费的盐占所生产盐的比例很小，大部分盐都是用来出售的。京族生产盐，其目的并不是为了家庭生活需要，而是为了销售获利，因此京族的盐业生产是具有商品经济性质的经济形式。

3）首饰加工业

新中国成立前，京族三岛也有一些人从事首饰加工，但只是偶尔、零星出现。一般是在农闲季节才开始进行首饰加工，首饰加工业在京族经济中始终不占据主要地位。

二、京族传统生产资料与劳动相结合的方式

渔业生产的风险性比较高，京族渔民又是小生产者，抗风险能力有限。新中国成立前，当遇到天灾或人祸时收入不能满足生存的需求，京族渔民只能出售土地、渔具或借高利贷生存。这样，一部分京族渔民就会丧失生产资料，而地主和资本家则积聚大量资本。这就会出现两极分化，地主和资本家有资本，但劳动力不足；而普通渔民有劳动力，但资本不足，无法购买渔网等生产资料。如果二者不合作，将会同时出现资本闲置和普通渔民因缺乏生产资料无法生产的怪现象。在长期、共同的生产和生活中，不同阶级之间，创造了灵活多样的合作形式，实现了生产资料与劳动相结合的方式。

（一）渔箔出租

在新中国成立前，土地等生产资料属于私人所有，可以自由买卖。一些贫苦渔民因经济困难或其他原因，将自己所拥有的箔地出售，而地主等则通过购买等手段拥有大量箔地。山心京族主要以做箔为主，所以这种情况更为严重。新中国成立前，山心村共有箔地70多所，其中20所属于5户地主所有，平均每户占有4所，其他的40多所由140多户贫苦渔民占有，平均每4户占有1所①，这样，生产资料与劳动就出现了分离。京族通过渔箔出租，实现了生产资料与劳动力的重新

① 广东少数民族社会历史调查组京族分组.京族的渔业生产[J].民族研究，1959(7).

结合。在出租渔箔时,双方一般是先签订契约,并请人作证。在民国时期,承租渔箔要先立租契,并上缴60元光洋,往后,每隔3年换一次租契。因为做一次箔需要消耗大量的木条、竹子和藤,投入巨大,一处箔的寿命大约为2年,所以租期不能很短,一般以2年为基准,期限常为2年的倍数,即有2年、4年、6年、8年等几种,其中以2年最流行。贫苦渔民缺乏货币资金,因此租金不是以货币支付,而是以实物支付。谷物因具有普遍适用性,所以常用谷物支付租金。具体的租金数量因渔箔的等级和期限而不同,为期2年的一等箔,一般每年收取租金120斗谷①,二等箔为80斗谷,三等箔为50斗谷,四等箔为20斗谷。②

设箔地的租金为 C,则承租者和出租者的收入分别如图1-3,图1-4所示,横轴表示做箔所获得的收入,纵轴表示净收入。

图1-5中,当承租者做箔所获得的收入为斜向上的直线,表示承租者的收入③随着鱼获收入的增加而增加。当鱼获收入等于租金 C 时,承租者的收入为0,这是一个盈亏临界点。鱼获收入低于 C,则做箔所获得的收入不能收回租金;当鱼获收入高于 C,则做箔所获得的收入能够收回租金,并有剩余,而且鱼获收入越高,承租者的净收入就越多。

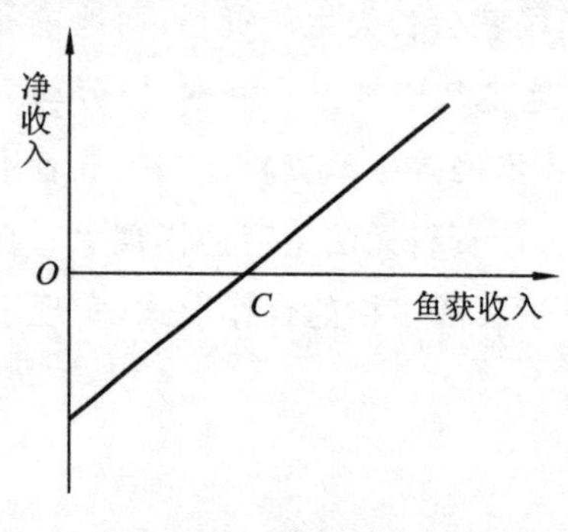

图1-3 承租渔箔者的收入

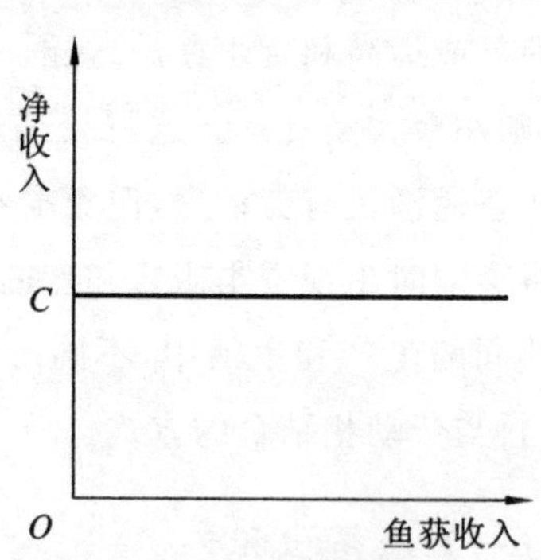

图1-4 出租渔箔者的收入

图1-6中,出租者的收入不随鱼获收入的变化而变化,它始终是一条平等于横轴的直线。因此,出租者不承担风险,风险完全由承租者承担,但当鱼获收入较多

① 按京族地区惯例,每斗相当于20斤。

② 广西壮族自治区编辑组,《中国少数民族社会历史调查资料丛刊》修订编辑委员会.广西京族社会历史调查[M].北京:民族出版社,2009:13.

③ 这部分收入包括做箔的材料成本及劳动力成本,如果不考虑此成本,则收入曲线应该向右平移。

时，承租者能够获得更多的收入。因此，拥有箔地者如果预期未来做箔收入较低时，就倾向于将鱼箔出租；预期未来做箔收入很高时，则会雇佣渔工做箔。

因为箔地少，在山心，平均每两户才占有一处箔地，租期又长，村民竞相租用箔地，所以又出现了"租空"现象。京族人称之为"买海水"，也就是预租，即承租者预先支付租金，获取某箔地一定期限后的租赁权，只有到一定期限后才能在承租的箔地做箔。这实际上是一种远期交易。也有转租的情况，即承租人租赁某处箔地后，因为突然变故，没有能力做箔，他可以把箔地转租给其他人。

京族地区还有使用渔箔的另外一种方式，即投标使用渔箔，这种方式在巫头最为盛行。由"翁村"商讨后确定每所渔箔的起码投标价额，如甲箔的投标起码价额为 50 元，乙箔为 40 元，丙箔为 30 元等，然后进行投标。凡是投标在 50 元以上的最高价额者，即可获得甲箔的使用权（即做箔）；投标在 40 元以上的最高价额者，即获乙箔的使用权；投标在 30 元以上的最高价额者，即获丙箔的使用权。使用权一般为期 2 年，期满后另行投标使用。① 经验越丰富，生产效率越高的京族渔民，他预期做箔所获得的收入越高，所以他越可能出高价。因此，鱼箔投标这种方式，能够把鱼箔分配给最有经验、生产效率最高的渔民使用，这就实现了箔地这种稀缺资源的最优化配置。出租全村箔地所获得的租金分配给村中所有村民或用于全体村民的公共需要，投标出租，也实现了全体村民利益的最大化。

由此可见，京族的鱼箔出租，不仅实现了生产资料与劳动力的结合，而且具有现代企业经营的诸多特征，体现了京族现代企业经营意识的萌芽。

（二）渔网的出租和发贷

1. 渔网出租

新中国成立前，京族贫苦渔民收入低，甚至不能解决温饱问题，无法通过资金积累购买渔网。地主或资本家有资金购买渔网，但其常常没有足够的劳动力。贫苦渔民因没有渔网而不能出海捕鱼，地主则因没有足够的劳动力而使资金闲置，这造成了生产资料和劳动力的分离，造成生产资料和劳动力的闲置与浪费。于是，京族人创造了生产资料和劳动力相结合的方式，即地主或资本家通过购买渔网而成为网主，普通渔民通过承租渔网而成为网丁。

渔网出租有其自身独有的特点。一是集体租网。由于渔网很大，需要多人共

---

① 广西壮族自治区编辑组，《中国少数民族社会历史调查资料丛刊》修订编辑委员会. 广西京族社会历史调查[M]. 北京：民族出版社，2009：15.

同劳动，因此租网的不是单个的渔民，而是好几户渔民共同承租一张渔网。这几户渔民首先推选一个经验丰富的网头，网头代表网丁与网主谈判，签订租赁契约。二是租金为实物租金，即以捕获的海产品进行支付，这就避免了贫苦渔民因缺乏资金而不能支付租金的情况。三是风险共担。租金是不固定的，一般为捕获量的一半，因此风险由双方共同分担。

因为捕捞的数量直接关系到租金的多少，承租人经验越丰富，捕捞的海产品可能就越多，意味着租金也越多，所以网主对承租人的捕鱼经验非常看重。经验越丰富，网主越愿意出租渔网，而不愿意把渔网出租给经验不足的渔民。出租渔网时网主要对承租人的经验进行识别，由于渔民众多，网主不可能识别所有渔民的经验，只能识别有限的、比较出名的渔民的经验。因此，普通渔民要租网时，通常要推选一名经验丰富、在当地捕鱼方面比较有名气的渔民作为网头，由其作为代表出面租网。正因为如此，网头虽然没有什么特权，却深受普通渔民敬重。渔民自愿接受网头的指挥、调度，从而有条不紊地完成整个捕捞作业。但是，网主与网丁之间存在着严重的信息不对称，租赁前，为了能够租到渔网和获得优惠的租网条件，渔民有可能夸大自己的捕鱼经验。租赁后，渔民有可能隐瞒捕鱼的数量。为了避免出现这种情况，租网契约中常常还包含限制性条款，即如果捕鱼量低于一定数值，网主有权把渔网出售给承租人或收回渔网。比如，新中国成立前，山心村的高世集等几个农户共同租赁黄援翠的渔网一张，由于各种原因，高世集等人捕捞的鱼数量很少，这对于网主很不利，于是黄援翠终止租赁而要求把渔网出售给他们。但高世集等人非常贫穷，无力购买，于是黄援翠收回渔网，另行租赁。①租网契约中还包含收回条款，即如果承租人不按期支付租金，则网主有权收回渔网。由于京族地区不大，新中国成立前京族人口也不多，网主更少，消息传播很快，一旦被收回渔网，网丁不仅暂时不能再捕鱼，而且很快就会被其他网主知道，从而被列入黑名单，无法再租赁渔网。比如，1935 年，王裕和将一张渔网出租给山心村渔民张世兴，但张世兴没有按期支付租金，于是王裕和收回渔网。这样，张世兴就没有渔网捕鱼，其他网主也不愿意把渔网出租给他，于是他长期处于失业状态。

如果把在一起捕鱼的京族渔民看成企业，网头就是该企业的管理者和法人代表，则渔网出租类似现代企业的投融资业务。该企业是一家以海洋捕鱼为主营业务的生产性企业，该企业有盈利机会，即可以到海洋捕捞，但缺乏资本扩大投资，

① 广西壮族自治区编辑组，《中国少数民族社会历史调查资料丛刊》修订编辑委员会. 广西京族社会历史调查[M]. 北京：民族出版社，2009：14.

即无钱购买渔网，于是急需向外融资。网主有资本即渔网，需要投资以获取利润，因此他要物色投资对象并对其进行评估，然后选择盈利能力强的企业进行投资，即向经验丰富的渔民出租渔网，从而购买该企业50%的股份，收益共享、风险共担，而且以投入的资本为限承担有限责任，即网主承担的最大损失为渔网。为了避免信息不对称引起的逆向选择和道德风险，双方签订有撤资条款，即如果盈利水平低于某一水平，投资方有权撤资，并将信用不佳的企业列入黑名单。由此可见，京族的这种经营形式具有现代企业的投融资运作的特点。

2. 渔网发贷

新中国成立前，京族渔民与地主或资本家的另外一种合作方式就是渔网发贷。贫苦渔民无钱购置渔网，但会织网，而地主和资本家有钱，但没有渔网。于是，二者又形成了另外一种合作形式，即地主或资本家出钱购买麻，渔民将麻织成渔网，渔网归渔民使用。这样，二者就形成了网主和网丁的关系。捕捞的鱼要按比例分成，这一比例一般为四六分成，即网主得捕获量的60%，网丁得捕获量的40%，网丁还要在三年时间内归还所有麻款，并要把鱼专门卖给网主，不得卖给他人。有些学者认为这种情况下渔网的所有权属于网主①，笔者认为这种认识可能有误，首先，租赁现成的渔网，只需要分给网主50%的捕捞量；这种方式只能得到麻，还要付出大量的劳动将麻织成渔网，却要将60%的捕捞量支付给网主，除此以外还要定期支付麻款，并要把鱼专门卖给网主，条件明显要苛刻得多。既然如此，网丁为何不租赁现成的渔网呢？这实际上是一种借贷关系，即网丁向网主借款买麻织网，借款期限是三年，这三年时间里分给网主的鱼就是借款的利息，这样，已经还本付息了，网就应该归网丁所有。最后，契约规定："在三年内网丁要付还麻款，否则网烂后，不得另外租网捕鱼。"②由此可见，即使网丁在三年内没有付清麻款，网主也无权收回渔网，这也说明渔网的所有权属于网丁。因此，这种方式中，渔网的所有权最可能是属于网丁，不过在三年时间内，如果网丁没有达到契约规定的条件，网主可能有权收回渔网。而三年之后，尤其是付完麻款后，渔网应该完全归网丁所有，而且网主只在三年时间内有权按比例分得捕捞的鱼。由于时间久远，同时文献记载非常少，具体情况如何，仍需继续考证。不管实际情况如何，这

① 广西壮族自治区编辑组，《中国少数民族社会历史调查资料丛刊》修订编辑委员会．广西京族社会历史调查[M]．北京：民族出版社，2009：14.

② 广西壮族自治区编辑组，《中国少数民族社会历史调查资料丛刊》修订编辑委员会．广西京族社会历史调查[M]．北京：民族出版社，2009：14.

都是二者之间合作的一种方式，而且是京族创造的一种独特的投融资行为，因为要还本付息，因此类似于借贷，同时又按一定的比例分享收益，又类似于股权投资，还具有补偿贸易①的形式。由此可见，京族人并非像传统中国农民那样只会埋头种地或捕鱼，而对商业和金融一窍不通，而是根据实际情况创造了多种多样的经营和管理方式，很多方面类似现代企业或金融机构的运作。

（三）雇渔工

租用箔地需要预先支付租金，有的甚至还需要等待很多年才能做箔，因此，只有具备一定经济实力的人家才能租赁。因为网主按比例分享捕捞的海产品，所以网主只愿意将渔网出租给有经验的渔民，那些没有经验且不能找到网头的人也不能租赁到渔网。对于很多京族人，尤其是年轻人来说，一方面缺乏出海捕鱼的经验，另一方面也缺乏足够的资金，他们中的很多人又没有渔网或箔地，没有生产资料，只好选择去做渔工。地主、富农拥有大量箔地、渔网等渔业生产资料，正好缺乏劳动力，他们也需要向外雇佣一定数量的渔工，于是二者通过雇渔工这种形式将生产资料与劳动力结合起来。渔工分长工和短工，其中长工所占比例最大，长工长年住在雇主家里，由雇主提供食宿，工资以年计。长工的劳动完全归雇主所有，必须按照雇主的指派参加各种劳动，如做箔、出海捕鱼、渔网的洗晒和修补等生产劳动，在空闲时间还要按雇主的要求为雇主完成担谷、砍柴、舂米、烧饭、饲养家禽家畜等各种家务劳动。京族长工的工作虽然很辛苦，但工资并不高。一般情况下，其年工资为16元光洋加上两套粗布衣服，对渔工的剥削非常严重。既然如此，渔工为什么不拒绝呢？首先，这是因为当时的劳动生产率很低，在扣除所有的成本之后，网主所得也不多。据广东少数民族历史调查组调查，山心一富农雇佣渔工，一个渔工每年至少创造价值150元，渔工得60多元，渔主得80多元。② 但是这80元中包含了渔工一年的食宿费用，各种生产工具的折旧费用，以及各种可能的风险损失。扣除这些费用之后，实际上也所剩不多了。其次，当时的生产资料比较少，大量的京族人失去了劳动资料，被迫成为渔工，渔工之间的激烈竞争，

① 补偿贸易是发展中国家早期普遍采用的一种方式，因为发展中国家在早期缺乏外资，无力购买发达国家的机器设备，但劳动力丰富，于是发展中国家通过赊购形式购买发达国家的机器设备，用该设备生产的产品偿还机器设备的价款，是融资和贸易相结合的一种形式。

② 广西壮族自治区编辑组，《中国少数民族社会历史调查资料丛刊》修订编辑委员会.广西京族社会历史调查[M].北京：民族出版社，2009：14.

导致渔工的报酬下降。再者，对于失去生产资料的渔民来说，如果他不能被网主雇佣，就可能衣食无着，陷入饥寒交迫的境地；而对于网主来说，即使没有雇佣到渔工，导致渔网等生产资料没有使用，也不过是损失了一点金钱而已，对其日常生活影响不大。这样，在双方的谈判中，网主当然占据绝对的优势地位，导致渔工的收入不高。最后，渔工与网主的关系不仅仅是简单的雇佣与被雇佣的关系，网主还对渔工提供各种保护，避免受到各方面的侵害。例如，渔工遇到意外情况急需用钱时，网主可以向其提供一定的贷款；渔工缺粮时，网主可以暂时借给其一些粮食。虽然可能收取利息，而且很可能是高利贷，但能借到，就能暂时渡过难关。如果没有这种关系，即使快饿死，也可能求告无门，这时网主提供的是一种特殊的金融服务，既具有金融服务的功能，又具有一定的社会保障功能。网主还帮渔民主持公道、调解纠纷等，如调解京族内部成员之间的矛盾、纠纷，京族与汉族的纠纷等。为了获得雇主的保护，渔工只好廉价出卖自己的劳动。为了获得这种关系，渔工甚至要在各种特殊的日子向雇主送礼，这是一种交换关系，雇主向渔工提供了保护，渔工没什么可用来交换，于是臣服于雇主，接受雇主的差遣，并通过送礼这种仪式进行表达。送礼只是一种象征符号，渔工向雇主送礼表明其已经臣服于雇主，雇主接受礼物表明雇主愿意接受这种请求，于是建立起一种支配和服从的关系。如果雇主不愿意接受礼物，则意味着雇主不愿意接受这种请求，不愿意为其提供保护。因此，虽然雇主给予的工资很低，但能够提供其他渠道无法获得的服务，为了获得这种服务，雇工宁愿接受较低的工资。这也说明当时所提供的社会服务不足，如果雇工遇到问题时，能够及时获得有关部门的服务，迅速解决问题，那么，长工与雇主的依附关系就将大大削弱。短工一般拥有一定的生产资料，平时住在自己家里，只有在因季节性因素导致雇主暂时需要大量雇工时才去雇主家里帮工，忙时雇佣，闲时解雇，时间不定，一般只负责特定的生产劳动，工资支付期间较短。京族中做渔工的非常普遍，京族大部分人都有做渔工的经历，年轻人更是如此。新中国成立前，京族 18 至 25 岁的青年人几乎人人做过渔工。[①] 过去还有很多渔工远走他乡到越南去做船工。地主等对渔工的剥削非常严重，但在当时的历史条件下，做渔工一方面能够实现生产资料与劳动力的结合，有利于生产的发展。另一方面，渔工在劳动中也逐渐学会了一些生产技能，总结了相关经验，为

① 广西壮族自治区编辑组，《中国少数民族社会历史调查资料丛刊》修订编辑委员会. 广西京族社会历史调查[M]. 北京：民族出版社，2009：14.

以后的生产打下了基础。更为重要的是，渔工在劳动中要不断与其他渔工分工合作，不断处理与雇主的关系，开阔了眼界，逐渐形成了分工合作意识和开放意识。

（四）雇盐工

新中国成立前，京族也从事盐业生产。京族最初到达京族三岛时并不会生产食盐，只是后来在与汉族的交往中，逐渐学会了生产食盐。盐业生产分晒生盐和煮熟盐两种。新中国成立前，京族的盐业生产的组织形式有两种：一种是以家庭为单位的个体生产，这种形式的盐田为家庭所有，劳动力主要是家庭成员，生产工具简陋、生产工序简单，盐的产量很低；另一种是地主雇佣盐工的生产形式，这种形式下，盐田归地主所有，生产资料与劳动力是分离的，是通过地主雇佣盐工的形式把二者结合起来的，盐工有包工和短工两种。

包工是指地主把盐业生产的所有活动全部委托给盐工来完成，所有收入按比例分成。根据不同盐田食盐生产的工作强度和生产时间不同，分成比例各不相同。产量越高、工作强度越小、工作时间越短的盐田，盐工分成比例就越低，相反则越高。盐工与地主的分成比例有二八分、三七分、四六分三种形式，即盐工分别获得总收入的20％、30％和40％。这种分配方式，使盐工的收入与产量挂钩，能够有效地激励盐工通过努力提高食盐的产量，类似现代企业的期权激励。

短工是为了完成盐业生产中某些工序复杂、劳动量大的工作任务而临时雇佣的，短工需要自己做饭，自备工具，工作时间较短，按日计算工资。

京族当地地主盐业生产的包工经营，与现代企业的外包经营非常类似。在现代社会，当企业在某个业务方面效率不高，导致自己的经营成本高于其他企业时，企业常常把这块业务委托给其他企业来完成，自己只专注于具有竞争优势的业务的经营，这样有利于提高效率、降低成本。外包在现代企业非常普遍。京族地主当时的盐业生产也有多种生产经营形式可供选择，可以通过雇工进行生产，但地主要对整个生产活动进行计划、控制和调节。当在这些方面不具有优势，导致生产效率很低、成本很高时，地主就把盐业生产全部委托给雇工。通过这种方式，不仅仅实现了劳动力与生产资料的结合，还使盐工在生产中不断处理与其他盐工及地主的关系，以便提高效率、增加收入。在这一过程中，盐工必然要养成分工合作意识。通过这种方式，地主和盐工还创造了现代企业的组织形式。虽然还处于非常低级的阶段，但盐工仍然能够由此获得一些现代企业的组织思想。当然，在当时的历史条件下，由于生产资料私有制和封建剥削思想的存在，地主对盐工的剥削也是很严重的。

在封建社会，由于生产资料私有制，有些劳动者会由于种种原因而破产，只好出售生产资料，没有了生产资料，劳动力就与生产资料相分离了。京族不但实现了生产资料与劳动力的重新结合，而且在很多方面已经具有了现代企业的影子。在共同的劳动中，京族人逐渐领悟到这样的道理：每个人都具有优势和不足，只有通过分工，各自发挥优势，在此基础上共同合作，才能充分利用对方的长处，弥补自己的不足，提高效率，共同获得发展。这种思想在长期的合作中不断强化，逐渐内化于京族的思想意识中，对于京族整体来说，这是一种集体意识，是京族文化的一部分，形成一种共有的规则和价值标准。如果京族的某成员的行为偏离该规则，就会被其他成员鄙视，该成员在京族中的社会地位无形中会下降。对于京族的每个人来说，互助、分工与合作思想已经内化于其思想意识中，其行动也是在该思想指导下的下意识的自觉行动。京族人在合作中，不仅开阔了眼界，而且学会了如何与他人打交道，这为其后来的发展准备了前提条件。

京族传统的经济形态是适应当时自然和社会环境的结果。从资源方面看，当时京族拥有的资源主要有海洋、土地、淡水资源等。海洋无边无际，生长着各种各样的鱼类。土地面积有限，盐碱化严重，非常贫瘠，京族三岛的淡水资源也非常缺乏，这些决定了京族农业的产量十分有限，远远无法满足京族人的需要。从技能看，京族人迁来之前就是以捕鱼为生，拥有捕鱼、修补渔船、渔网等的技术，但不会耕种农业。从社会因素看，当时也不具有外出经商或打工的社会条件。所有这些因素决定了京族的经济必须以海洋渔业为主，京族的生产组织形式又是当时条件下最有效的经济组织形式。

第三节　与经济相适应的传统文化

经济基础决定上层建筑，以海洋捕捞为主的经济决定了京族的传统文化必然与海洋有关，京族产生了独具特色的、具有浓郁海洋气息的文化。

一、海洋捕捞的特点决定了京族语言的独特性

（一）语言

京族在不同时间陆续从越南的不同地方迁来，在迁来之前，京族已经形成了

自己的语言，只不过是各自地方的方言。迁来之后，京族共同出海捕鱼，在长期的生产和生活中，不同地方的方言逐渐融合。京语与汉语在语序结构上有差别，在词汇上也有较大的差别。

案例：京语

时间：2015年1月。访谈对象：万尾米粉店老板，男，京族，37岁

"小时候妈妈教我京语，我常到外婆家玩，外婆也教我京语。现在我能够听得懂京语，但说得不好，需要想一想才能说出来，这是因为京语和汉语不一样，它的顺序是反过来的。比如汉语的'猪肉'，京语的顺序就是'肉猪'；'石匠'，京语的顺序就是'匠石'。说京语太麻烦，所以我平时不说京语。"

京族以海洋捕捞为主，但京族不能仅仅消费鱼虾，还需要众多的生产和生活物资，所以京族常常销售鱼获，再买回粮食、蔬菜、肉类等生活物资以及农具等生产物资，这就决定了京族必须与附近以农业为生的汉族、壮族交流。附近的汉族、壮族以汉语（白话）为通用语言，所以京族吸收了很多汉语（白话）词汇，融入他们的语言中，并借鉴了汉语的语法结构，逐渐融合成京语。"京语吸收了某些汉语虚词，产生了一些与汉语相类似的语法现象"①。

（二）文字

京族有自己的文字"喃字"，也称"字喃"，即南国文字的意思，主要用于京族"师傅"经书的写作，平时运用得不多。所以也有学者认为京族没有文字："京族没有文字。京族人民自古至今都使用汉字。"②

喃字是借用汉字创造的一种文字，一般是用两个汉字构造成的，一个汉字表示意思，另一个汉字表示京语的读音。

案例：喃字的构成

时间：2015年1月。访谈对象：WMZ，男，京族，42岁。地点：万尾

"我们京族有自己的语言——京语，但没有文字，为了记载，就用汉字来表示它的意思，再用另一个汉字在旁边注音，就像小学生学汉字在旁边注拼音一样，这样就形成了喃字。"

---

① 王连清.京语和越南语虚词的比较[J].民族语文，1983(6).

② 欧阳觉亚，程方，喻翠容.京语简志[M].北京：民族出版社，1984：5.

二、与经济活动相适应的衣食住行

（一）服饰

京族喜欢以丝绸为原料制作衣物，“富有人家衣服多用丝绸、香云纱”①。丝绸原料主要来源于自家养蚕。新中国成立前，大多数京族人非常贫穷，无钱购买丝绸，即使自家养蚕，也常常将蚕丝销售，换回粮食等生活物资，所以只能以棉、麻为原料来制作衣物。京族喜欢丝绸衣物是与京族的生产活动相适应的。丝绸光滑柔顺，不容易沾上沙子，因此，穿上丝绸做的衣服，不会因为衣服沾上了沙子而在海风吹拂下磨伤皮肤。丝绸的原料为蚕丝，蚕丝为植物蛋白，多孔，京族劳动中产生的热量及汗水可以通过蚕丝中的孔隙迅速散发出去，使人感到凉爽、舒适。蚕丝所具有的特殊的生物蛋白能够吸收紫外线，减轻紫外线对皮肤的伤害。蚕丝在潮湿的环境下能够吸收水分，在干燥的环境释放水分，从而使皮肤保持一定的湿度。丝绸的这些特性非常适合京族地区炎热的气候及海上捕鱼和杂海作业活动。

京族妇女在日常生活中，常将头发沿正中分为左右两部分，这两部分在后面结成发辫，再用黑布条缠着，然后将发辫从左向右盘在头顶，形如砧板，所以人们称之为“砧板髻”。京族妇女喜欢戴葵笠。葵笠是圆锥形的，用葵树叶编成。京族妇女的这种装束是与杂海作业相适应的。京族妇女常常在海滩上挖沙虫、扒螺等。夏季，京族三岛气候炎热，沙滩上除了沙子，空空如也，没有任何遮挡的东西，炽热的阳光将沙子烤得发烫，在沙滩上劳动就更热了。将发辫盘于头顶，一方面可以散热；另一方面，在没有戴葵笠的时候，盘于头顶的发辫能够阻挡阳光直晒头皮；海风很大，将头发盘起可以防止海风吹散头发，有利于劳动；葵笠能够阻挡阳光直晒头顶和面部，能够减轻灼热的阳光对头部和面部皮肤的损害；葵笠圆锥形的顶部可以减少对海风的阻力，让海风顺利通过，葵笠就不容易脱落；京族三岛又在海边，多雨，戴葵笠能防雨，葵笠圆锥形的顶部也更容易让雨水落地。

京族的衣服多为红褐色。京族主要在海上或海边劳作，夏季，阳光强烈，没有任何遮挡阳光的设施，深色的衣服能够阻挡紫外线，减轻灼热的阳光对皮肤的伤

---

① 广西壮族自治区编辑组，《中国少数民族社会历史调查资料丛刊》修订编辑委员会. 广西京族社会历史调查[M]. 北京：民族出版社，2009：41.

害。即使现在，捕鱼的京族人仍然穿较深色的衣物。冬季，深色的衣服能够吸收阳光，便于保暖。京族的裤子非常宽阔，便于在海边工作时挽起裤脚，也便于散热。

京族传统上以赤脚为主，很少穿鞋，“多跣足”①，无论贫富，都是如此，只有晚上洗完脚后或不出海捕鱼时才穿一下木屐。京族老年人经常穿一种拖鞋，是用棕树皮做的，京族人称之为“棕屐”。京族不穿鞋的习俗与京族的生产、生活活动有关。过去，京族主要以海洋捕捞为生，经常与水接触，如果穿鞋，很快就会被海水浸湿，还不如光脚舒服。海滩上全是沙子，房屋前后也是沙质土壤，如果穿鞋，沙子很容易进入鞋里，很快就会把脚磨坏。京族所在的地区夏季炎热、冬季温暖，夏季光脚或穿木屐更容易散热，冬季也不冷。京族以海洋捕捞为主，很少种植棉麻等作物，没有材料制鞋。在过去，京族的生产力还很落后，卖鱼换得的粮食难以解决温饱问题，也无钱买材料制鞋或买鞋。因此京族人宁愿不穿鞋，在需要穿鞋时，也只穿容易倒出沙子的木屐。

总之，京族的服饰，无论从材料、颜色、样式来看，都是与京族海洋捕捞的经济活动相适应的，也与京族当时较低的生产力水平相适应的。

（二）饮食

20 世纪 60 年代以前，京族的日常饮食以稀粥为主，一般将杂粮如玉米、红薯、芋头等切成小块与大米一起煮成稀粥。山心、巫头一般每天三餐，万尾一般一日两餐。“万尾做拉网的每天吃两餐，上午十一点左右吃一餐，到晚上入黑以后拉完网才吃晚餐”②。京族的饮食习俗是由京族的生产活动决定的。京族生产力低下，捕的鱼不多，换回的粮食不多，不够食用，所以常常吃稀粥，以节省粮食。京族三岛夏季气候炎热，捕鱼消耗大量体力，还要顶着炎炎烈日，捕鱼归来，饥渴难耐，干饭吃不下，而稀粥正合适。万尾京族之所以吃两餐，一方面是因为新中国成立前万尾土地主要以沙地为主，最贫瘠，农作物产量很低；另一方面是因为万尾京族早晨起来要赶紧去拉大网，从准备、放网、拉网、收网到分拣好鱼获需要很长时间，在十一点左右才可能休息，所以万尾京族只能在上午十一点左右吃第一餐，吃完

① 广西壮族自治区编辑组，《中国少数民族社会历史调查资料丛刊》修订编辑委员会. 广西京族社会历史调查[M]. 北京：民族出版社，2009:41.

② 广西壮族自治区编辑组，《中国少数民族社会历史调查资料丛刊》修订编辑委员会. 广西京族社会历史调查[M]. 北京：民族出版社，2009:109.

后再去拉网，直到天黑才吃第二餐。京族也种植红薯、玉米、芋头等农作物，农产品不用于销售，主要供家庭食用，所以京族常常将杂粮与大米一起煮成粥食用。

京族人喜食糖粥和汤水，如糯米糖粥、红薯糖汤、糖汤粉丝、绿豆糖水等都是京族人所喜欢的。在节日时常煮糯米糖粥，祭祀祖先和神灵时，糯米糖粥也是不可缺少的；京族人热情好客，为表示对客人的尊敬，也要拿出自己最喜欢的糖粥招待客人。京族顶着烈日捕鱼，大汗淋漓，体力消耗极大，喝糖粥更易消暑解渴，能及时补充体液，还能快速补充一定的营养物质，使体力快速恢复。京族以海洋捕捞为生，经常接触海水，海水又咸又苦，京族人为了生活，不得不天天忍受这种味道，而甜食与此相反，京族人当然喜欢甜食了。京族人在海上捕捞，而捕捞不仅要时时忍受海水咸苦的味道，而且非常辛苦，只有不劳动了，才可能吃上甜食。因此，吃上了甜食就意味着不再劳动，甜食就有了“不再辛苦”的寓意，京族人食用甜食寄予着“生活美好、不再辛苦”的愿望。在遇到狂风等恶劣天气时，海浪常常掀翻小渔船，京族渔民落入海中，被迫喝一些苦涩的海水，甚至丧命，而吃上甜食意味着不再喝咸苦海水，没有遇上坏天气，因此甜食又象征着平安、顺利。于是，京族人就用甜食象征“幸福、美好”，用甜食招待客人，也是祝愿客人幸福、美好，事业顺利。

京族人常常用猪肉、鸡肉、鱼肉以及糯米饭等祭祀祖先和神灵。猪、鸡以粮食为食，京族缺少粮食，所以京族养猪、鸡的并不多。即使有些人养，也是为了用于出售以换取粮食，所以京族人并不能经常吃到猪肉和鸡肉。京族人虽然以海洋捕鱼为生，但是，大鱼价格较高，又容易出售，京族人要把大鱼拿到市场上销售，换取粮食。因此，京族人并不能经常吃得到大鱼，而是经常吃一些卖不掉的小鱼、小虾。糯米饭也不是京族人经常能够吃到的。京族人把自己想要消费但还没有能力消费的食品用来祭祀祖先或神灵，一是为了表达对祖先或神灵的尊敬，希望祖先或神灵能够保佑，让京族人也能经常享用这些食品；二是祭祀后，供奉的食品分给家人享用，京族人认为吃过供奉给祖先或神灵的食物，就能得到祖先或神灵的保佑，这样也使得京族人在祭祀之日吃到平时不容易吃到的食品，增加营养，有利于劳动力的恢复。

京族人的特色食品有风吹饼、米壹丝、鱼汁、糍粑等。

京族风吹饼又称“冰喇”，有草帽那么大，基本呈圆形，薄得像纸，风就能吹走，所以称之为风吹饼。风吹饼又叫月亮饼，有一个美丽的传说：

很久之前，一阵风把月亮吹落芝麻地，芝麻撒在月亮上，化作一只月亮饼，哈妹用炭火烤大饼，烤出月亮芝麻香，嫦娥闻香到京岛，一口吃了九箩筐，从此京岛加工复制月亮饼日夜忙。①

也有的说吃风吹饼时用炭火烤，为增强火力常用扇子吹风，风越大饼烤得越好，所以称之为风吹饼。

风吹饼的基本做法是，选优质大米用热水浸泡一个小时左右，然后用小石磨磨成粉浆，盛入容器之中。再取一容器放入黑芝麻，加入粉浆，调成黑芝麻浆。锅内放入笼屉，笼屉上铺一块细棉布，用木材烧火将锅加热，用勺子盛入一些粉浆倒在细棉布上，旋转勺子，粉浆就在棉布上形成一圆形薄膜，而且随着勺子的旋转，粉膜就越来越大。再用勺子盛一些黑芝麻浆倒在粉膜上，同样旋转勺子，黑芝麻浆就均匀地覆盖在粉膜的表层。蒸熟以后拿到太阳下晒干，这样风吹饼就做成了。吃的时候用火烤一下，使其膨酥，味道香脆爽口，令人回味无穷。

京族米粉是京族人非常喜欢的一种干粉丝，其做法与风吹饼类似，只是不加黑芝麻，将已经蒸熟的粉膜晾晒到一定程度后用刀切成细丝，然后再晒干。吃的时候拌上虾仁、蟹肉、沙虫干等煮成“糕丝海味汤”，嫩滑可口，味道鲜美，京族人特别喜欢吃。

京族人的另一种特色食品是白糍粑，用糯米粉制成，中间包裹糖心，吃时可根据喜好蒸煮或油炸。为了避免糍粑粘连在一起，出锅时用炒熟的糯米粉裹上一层，洁白如雪，所以京族人称之为白头粑。节日时大家共同品尝或相互赠送白糍粑，祝福自己和他人幸福长寿、白头到老。京族人还有一种特色调味料——鱼汁，是用小鱼发酵制成的。

过去京族妇女有嚼槟榔的习俗，京族食用槟榔习俗有重要的功能。

(1) 保护牙齿。京族喜欢吃甜食，过去没有牙刷、牙膏来清洁牙齿，这就容易生龋齿。嚼食槟榔可以在一定程度上清除牙齿上的食物残渣，清洁口腔，黑齿也有防止牙齿被腐蚀的功能，所以嚼食槟榔可以预防龋齿。正是因为有这种功能，京族人过去形成以齿黑为美的审美观。

(2) 提神。京族妇女从事农业劳动，在家照顾孩子，整天忙忙碌碌，很容易感到困倦，嚼食一些槟榔可以提神醒脑。

(3)预防和治疗疾病。京族地区属于亚热带气候，夏季炎热多雨，蚊虫很多，细菌、病毒很容易滋生。过去京族人经常断粮、身体虚弱，劳动条件又差，所以京

① 万尾京族人 RZC 的讲述。

族人很容易生病。京族地区过去又缺医少药，很多病人因为贫穷无法看病抓药，而槟榔本身就是一种中药，可以治疗多种疾病。熊梦认为"槟榔有健胃、轻泻、缩瞳、驱虫等功效"①。邓世荣②等研究发现，槟榔比雷尼替丁更能有效地杀死和根除幽门螺旋杆菌，在治疗十二指肠球部溃疡方面更为有效。曾立昆研究发现"槟榔内服外敷治疗胆道蛔虫病效果非常好"③。查传龙研究发现"槟榔能够干扰肝吸虫的神经系统功能，对肝吸虫具有显著的麻痹作用"④。还有很多其他相关研究都证实了槟榔能够治疗多种疾病，蒌叶同样具有治疗多种疾病的功效，因此，京族嚼食槟榔的习俗在缺医少药的京族人中发挥了重要的医疗保健功能。

（4）清凉解暑。蒌叶与槟榔一起食用，能够刺激唾液腺和嘴巴的黏液薄膜，促进唾液的分泌，能够让京族人在炎热的夏季感到一些清凉。

（5）教育和维持京族社会秩序。嚼食槟榔，流出的液汁鲜红，好似鲜血，让京族人想到"血浓于水"。在《槟榔传》里，槟榔、石灰、蒌叶分别是兄弟和妻子的化身，槟榔、蒌叶、石灰必须同食，缺少一样则食之无味。这是在告诫京族人，既要夫妻和睦，也要兄弟情深，不能因为结了婚而冷淡了兄弟。如果夫妻、兄弟有一方的关系处理不好，则生活就是没有趣味的。京族人结婚必须赠送槟榔，实际上也是为了让人记住这个道理，嚼食槟榔的过程也在不断地回味该道理，因此，嚼食槟榔的过程也是京族社会结构和社会秩序的潜移默化的教育过程，有利于维持京族传统的夫妻、兄弟关系。槟榔传说如下。

"上古时有一官郎，状貌高大。国有赐高侯，便以高为姓。生男二，长曰槟，次曰榔。二人相似，不辨兄弟。年十七八，父母俱亡，师事道士刘玄。刘家有一女，名琏，年亦十七八。二人见而悦之，求为夫妻。女未辨其兄弟，乃以一盘粥、一双箸与二人食。弟让其兄，始辨之。其女归告父母，嫁与兄为妻。同居时或忘弟，弟自感愧，谓兄得妻忘弟，乃不告兄，自去回家。行至林野间，遇深泉，无船可渡，恸哭而死。化成一树，生于江口。兄不见弟，寻到其处，亦投身死于树边，成一块石，盘结树根。妻寻夫到此，又投身抱石而死，化为一藤，旋绕树、石上，叶味芳辛。刘氏父母寻至此，不胜哀恸，乃立祠其地，人皆焚香致拜，称兄弟友顺，夫妻节义。七

① 熊梦. 驱虫药(续)[J]. 江西中医药，1955(4).

② 邓世荣，凌利霞，黄伟平，龙仕柏，杨秀华. 槟榔治疗幽门螺旋杆菌感染的临床观察[J]. 中医杂志，1993(10).

③ 曾立昆. 槟榔内服外敷治疗胆道蛔虫病[J]. 浙江中医杂志，1995(7).

④ 查传龙. 槟榔厚朴对肝吸虫作用的体外观察[J]. 南京中医学院学报，1990(6).

八月间，暑气未除，雄王巡行，常驻跸避暑祠前，见树叶繁密，藤叶弥蔓。王问而知之，嗟叹良久，命人将树果、采藤叶，亲咬之，唾于石上，其色生红，气芬芳。乃烧石灰合一而食，最为佳味。唇颊红色，知为物重。乃取而归，令各将种植，今即槟榔，美莒叶及石灰是也。后凡南国嫁娶会同大小之礼，以此为先。此槟榔所由始也。"①

（三）房屋建筑

京族早期流动捕鱼，船即是生产工具，又是京族的房屋。用竹篾编织成两块竹席，折成船，内外涂刷桐油，捕鱼时当作船使用，晚上倒扣在地上作为房屋，京族渔民躺在下面休息。京族祖先刚迁来三岛时，还是流动捕鱼，没有固定居所，还是采用这种房屋。

京族祖先后来逐渐在岛上定居下来，为方便捕鱼和防止野兽攻击，主要在海边搭建简易的草棚定居，将四根木柱打进地里，没有垫石，这是因为这些建筑仍然是京族的暂时的居所，木柱还没腐烂，京族人就搬走了，垫石根本没有必要。木柱上面覆盖树叶、茅草为顶，单斜面，再用茅草、树叶等围成墙壁。万尾京族人在地上铺草或木条作为地板，巫头村京族人用柱子将房屋架起一人多高，以防止野兽的侵袭。

在过去，住在海边经常遭到海盗的洗劫，为躲避海盗，京族人逐渐向岛内迁徙，京族的房屋也相应发生变化。房屋演变成双斜面，除了四角用木柱支撑以外，房梁木两头各用一根柱子支撑，柱子直接打进地里，没有垫石，仍然覆盖树叶、茅草为顶，为防止台风，再压以木条，用竹夹草编席首尾叠压形成墙壁，离地面高一尺左右铺以木板和竹片，形成地板，日常起居皆于其上，晚上铺上席子就成了床。此时的房屋已经比较宽敞，形成了三隔间，长辈住中间，子女住两边。

后来京族的房屋又进一步改进，房屋体积增大，柱子增多，由 6 根变成 9～12 根。因为京族已经长久定居此处，为防止柱子腐烂，柱底开始垫石。房屋开始变得精致，由木工在木材上画线、凿孔，再搭建成整体框架，用竹钉固定，房顶覆盖茅草。后来有的盖瓦，上面再压一层石头，以防台风，用木板、木条或竹片围成墙壁，仍然分成左、中、右三间，没有桌椅等家具，孩子写作业只能趴在地板上。这种房屋一直沿用到 20 世纪 50 年代。

---

① 戴可来，杨保筠．岭南摭怪等史料三种[M]．郑州：中州古籍出版社，1991:17.

京族的早期房屋有以下几个特点：建筑材料以竹子、树木、茅草为主，就地取材；房屋主要是自建，其他村民自觉无偿帮忙；建筑风格是上下两层的干栏式建筑；不需要太多复杂的工艺，建筑比较简陋，建筑工艺主要是木工工艺，建筑时需要木工对木材等进行加工。

京族人的这种房屋与自然环境及京族人当时的技术水平、生产条件是相适应的。栅栏屋比较矮小，隐藏在树丛中，能够让台风顺利通过，对台风的阻力比较小，栅栏屋房顶用砖头压着，这样，就能减少台风对房屋的破坏。京族人当时的技术不很发达，不能生产其他建筑材料。京族人当时的经济条件又比较差，即使有其他建筑材料，也没有资金购买。京族三岛当时人口少，树林茂密，野草丛生，木材和茅草很容易获得。所以京族人只能就地取材，以木材和茅草为材料建房。京族过去很贫穷，无力请专业的建筑工人建房，所以早期京族的房屋以自建为主，但建房需要大量劳力，单个家庭很难完成，京族人采取互惠交换的方式，当某家建房时，其他京族人知道了，都会放下手上的活计，前去帮忙，有的出力，有的甚至还会出一些建筑材料，不需要支付工资，这就能减轻主家的负担，房屋也很快就能建成。这是一种互惠的方式，他人建房，自己无偿帮忙，看似付出了一些劳动，但当你建房时，别的村民同样也会无偿帮助你，合作的效果大于单个人劳动的总和，所以互惠是一种合作共赢的方式。就是在这样的基础上，逐渐形成了互惠合作的文化，互惠合作就成为京族人的一种文化观念，他人建房，其他村民都有义务无偿帮忙，如果不去帮忙，就违背了这种文化观念，互惠合作就面临被破坏的危险，其他村民就会鄙视这种行为，甚至孤立该村民，该村民在京族中的地位就会下降，该村民就会得不偿失。正是通过这种方式，互惠合作得以传承下来。京族三岛，气候潮湿，蚊虫滋生，建成上下两层，京族人居住于上层，就能防潮和防止虫、蛇等的侵扰，下层圈养鸡鸭，也能在一定程度上减轻黄鼬等野生动物对鸡鸭的侵害。由于建筑材料以木材和茅草为主，所以需要的主要是木工工艺，其他需求较少。房屋外留有较宽阔的空地，以方便洗晒渔网或种植蔬菜。

因为这种建筑适应京族早期的生产、技术条件和经济状况，所以京族人都修建同样风格的房屋，于是就形成了京族早期房屋的风格。京族人于是也形成了相应的建筑审美观念，符合该风格的就认为是美的，不符合该风格的就认为是不美的，所以建房时自动按该风格建设，这样就使得传统的建筑风格得以传承下来。

20 世纪 50 年代后，京族人的栅栏屋逐渐被石条瓦房取代。石条瓦房的外墙由石条砌成。房顶盖瓦，瓦片上压着砖头或石块，以防台风对房屋的破坏。房屋比较低矮，房屋内部分为左、中、右三间(见图1-5)，中间的一间面积最大，是京族人日常起居、会客、就餐的场所，称为堂屋。祖宗神龛安放于堂屋正壁上，京族人称之为“祖公棚”，位置较高，平时需要仰视才能看见，体现了京族人对祖先的尊敬，所以堂屋也是京族人祭祀祖先的场所。左右两间为卧室。一条过道由前面横穿左、中、右三个房间，过道很宽，生产工具、杂物一般放置在过道里。厨房没有建在正屋，而是在正屋外面依墙而建，一般有门与过道相连，有的与正屋相连，另外建门。

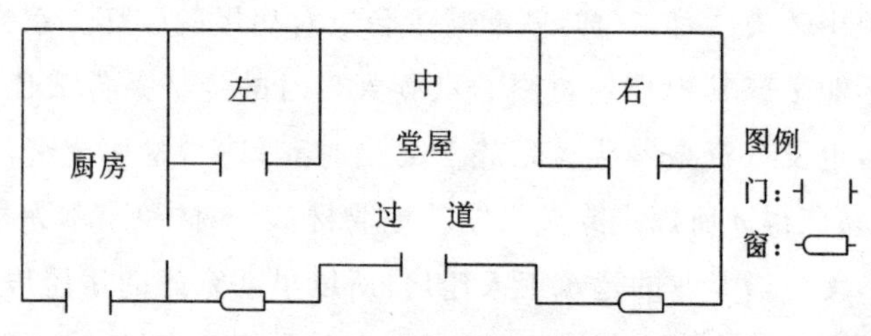

图 1-5　石条瓦房结构图
(根据哈亭旁边一石条瓦房绘制)

石条瓦房取代栅栏屋是当时经济、社会、环境的变迁引起的。

一是环境的变迁。从地面架空，虽然能够降湿防虫，但进出极为不便。20 世纪 50 年代后，京族三岛人口已经很多，荒地很少，野生动物失去了生长的条件，所以野兽已无踪迹，虫蛇也不再很多，从地面架空的作用已经不大了。京族三岛树木已经很少，保存下来的树林是用来防风固沙的，京族通过乡约禁止砍伐，京族如果需要使用木材，还要从外面运进来，在过去交通不便的条件下，成本很高。

二是石条瓦房的实用功能更好。石条瓦房更为坚固，更能抵挡台风的侵袭。在调查中，京族人说，过去住茅草房，外面刮多大的风，里面也刮多大的风，台风来临时吹得房屋嘎嘎直响，很担心房屋会被吹垮。而石条瓦房墙壁厚重，防风效果很好，根本不用担心台风的影响，让人感觉安全、放心。

三是经济水平提高为建石条瓦房提供了条件。经过社会主义改造、围海造田等，京族人的经济条件比以前有所改善，虽然石条瓦房比栅栏屋耗费更多，但是京族人已经能够负担得起。

四是文化交流的影响。新中国成立以后，京族地区也进行了社会主义改造，促进了京族与邻近汉、壮等民族的交往，京族也向其他民族学会了石灰的烧制等建筑材料的制作方法，也接触了其他民族的建筑技术和文化，京族从其他民族的建筑文化中汲取营养并将其运用于本民族的文化模式之中，于是创建了独特的石条瓦房。

（四）出行方式

京族传统上乘坐渔船、木排往来越南，渔船和木排既是生产工具，又是交通工具。填海造田之前，京族三岛是三个岛屿，涨潮时京族三岛四面被海水围困，但距离大陆很近，京族人民常涉水而过。落潮时海水退却，京族三岛与大陆之间是一片沙滩，京族人步行通过沙滩前往大陆。填海造田之后京族三岛与大陆连接起来，京族人主要依靠步行，后来又出现了自行车，很多人开始骑自行车出行。

三、维护传统经济的京族哈节

（一）哈节的内容

哈节是京族最隆重、最热闹的节日，京族人认为哈节比春节热闹。

关于哈节的起源，一种说法是为了纪念歌仙。那时候京族遭受封建压迫，生活穷困潦倒，为了解救京族人的苦难，一位歌仙下凡来到京族三岛向京族传歌。其歌声优美动听，很有感召力，所以京族人民纷纷前来求教，京族把歌仙的歌舞传承下来，从此变成了能歌善舞的民族。歌仙以传歌为掩护号召京族群众反抗封建压迫，迫使封建统治者做出让步，京族人的生活得到改善。后来京族群众为了纪念她，特建哈亭，每年都在特定的日期在哈亭举行盛会，唱歌传歌，由此形成风俗。

另一种说法是为了纪念镇海大王，镇海大王制伏了蜈蚣精，开辟了京族三岛，保佑京族人丁兴旺、鱼虾满仓。京族为纪念镇海大王的恩惠，修建了哈亭，每年都在哈亭举行祭祀仪式，以感谢镇海大王的保佑，并为未来祈福。

哈节包括迎神、祭神、乡饮、唱哈、送神、贺新几个部分。

1. 迎神

迎神就是迎接神灵到哈亭接受人们的供奉。迎接的神灵主要有镇海大王和高山大王。镇海大王平时在白龙尾的镇海大王庙内，高山大王平时在高山大王庙内。哈节的第一天，京族人抬着神座、擎着伞，列队到海边面向镇海大王庙迎接镇海大王回哈亭，然后到高山大王庙迎接高山大王。万尾京族人一般在每年的农历六月初九上午十点半左右开始迎神。迎神时，每次都要抛杯珓，若为胜珓，表明神灵已经同意了，已经安坐于神座上，就可以启程返回哈亭了；否则表明神灵不高兴，京族人就会惶恐，赶紧思考是什么行为冒犯了神灵，然后改正该行为，再抛杯珓，直到胜珓为止。在返回时，一路上要燃放鞭炮，沿途的商户、居民也纷纷燃放鞭炮迎接神灵。而其他神灵则不需专门迎接，只需在哈亭中口头请神就行了。

2. 祭神

祭神分“大祭”和“小祭”。“大祭”在迎神后的第二天上午9点左右举行，规模宏大，只有一次。小祭从迎神当天下午的3点左右开始，每天一次，规模稍小。20世纪50年代，京族的祭祀程序如下：

(通唱)序班。鸣钲鼓。执事者各司其事。祭员与执事各诣盥洗所。盥洗。悦巾。陪祭就位。祭员就位。上香进宝帛。礼迎神鞠躬拜。跪四，兴平身(通唱)行初献礼。(引唱)诣酒樽所。司樽者举觅。酌酒。司爵者奉爵。诣大王神位前。跪。进爵，俯伏。兴。平身。复位。分献读祝(引唱)。司祝者奉祝。诣读祝位。跪。(通唱)皆跪(引唱)转祝。读祝，俯伏兴拜二凡平身。复位(通唱)行亚献礼。(引唱)诣酒樽所。司樽者举觅。酌酒。司爵者进爵。诣大王神位前。跪进爵。献爵俯伏兴。平身，复位(通唱)分献行终献礼。

(引唱)诣酒樽所，司樽者举觅，酌酒，司爵者奉爵。诣大王神前位。跪晋爵。献爵。俯伏。兴。平身。复位。(通唱)分献。(通唱)饮福。(引唱)诣饮福位。跪。饮福。受昨。俯伏。兴拜(凡二)平身。复位。(通唱)礼辞鞠躬拜(凡四)兴。平身。司祝者焚祝，司宝帛者焚宝帛。礼毕。①

祈福迎神文如下：

王三光盈秀。王岳储精，禀北方之正气。为东海之英灵，祝弗见，听弗闻，神机莫测，感必通，求必应，圣智难名。镇斯邦土，泽此民生。递年仲秋祈福，永为恒例。今日良辰，入席常经，礼祭恭陈酒香灯，祭筵初启乐预管弦歌舞，圣驾奉迎。伏愿光临宝座，高祈降御龙亭，微物具陈，愿祈常寿。薄盂置敬，鉴此丹诚，锡以俾昌碑炽，保之以曰康日宁，长少安康，人人管弦相乐，家人给足，处处财物满盈。②

祭神之前要先宰“象”，这里的“象”其实是猪。京族人每年都指定一部分村民为哈头，每个哈头都要养一只“象”，养时不能把猪弄脏，要洗得干干净净，也不能咒骂。哈节时进行评比，选最小的“象”绕哈亭三周，让大家嘲笑，以示惩罚。③ 到午夜时宰“象”祭神。只取八斤肉祭神，其余的由该哈头自由处置。

---

① 广西壮族自治区编辑组，《中国少数民族社会历史调查资料丛刊》修订编辑委员会. 广西京族社会历史调查[M]. 北京：民族出版社，2009：120.

② 广西壮族自治区编辑组，《中国少数民族社会历史调查资料丛刊》修订编辑委员会. 广西京族社会历史调查[M]. 北京：民族出版社，2009：120.

③ 万尾村翁祝 GJX 讲述。

3. 乡饮

从迎神之后的第二天开始在哈亭中入席宴饮，京语读音为“坐蒙”。据苏维芳等京族人介绍，“坐蒙”为不设桌椅，大家随便坐的意思。京族人在哈亭中一边吃喝，一边听哈妹唱哈。入席之人需要具备一定的资格，一是性别，传统上，只有男人才能入席，妇女不能入席。二是年龄，只有达到一定年龄的京族男人才能入席。在京族三岛，年龄限制有些区别，万尾是12岁，巫头是18岁，山心是19岁。哈亭正厅两侧为偏厅，正厅是祭祀神灵的场所，左右偏厅是村民入席听哈的场所。新中国成立前，左右偏厅设有多级台阶，距离神灵越近，获得神灵赐福的时间就越早，座位的等级就越高，所以每个人都必须根据自己的身份坐在相应的台阶上，不能随便乱坐。京族三岛哈亭中台阶的阶数各不相同，山心村是20级，20级的最高，万尾村是3级。哈亭按捐款数额的多少定座位的等级，捐款数额越多，座位等级就越高，而没钱的则处于最低等级。在低等级中，又按年龄分为老人一级和青壮年一级。高级别的人可以优先获得祭品，而最低级别的年轻人则要负责处理杂务。新中国成立前，哈亭的级别是可以购买的，比如山心村，每级20元①，有钱的人家可以出钱购买较高级别的座位。

4. 唱哈

在宴饮期间，哈妹在哈亭唱哈以娱神。哈妹唱哈，哈哥持琴伴奏，其间还跳《花灯舞》、《进香舞》、《敬酒舞》等。

5. 送神

哈节的最后一天晚上要送神，送神要选吉时，这个时辰是师傅选定的。送神前每位哈头衣服只穿一只衣袖，以便于送神后迅速脱下来。吉时一到，众哈头立即取下“封神杆”，快速抛进哈亭外的池子里，哈头立即脱下身上的长袍并不断抖动，以去除晦气和邪气，另一人立即点燃鞭炮，从神位一直燃放到池边，以恭送神灵离开，同时哈亭内的众人挥舞手臂作送神状，哈妹则跳起花棍舞，将一切鬼魂赶出哈亭，跳完后将花棍扔出哈亭。据说若某人接住了其中的一个花棍，其不久就会生育，所以那些结婚后没有孩子的都会去争抢花棍。

6. 贺新

送神的第二天，众哈妹分头到各小庙贺新，哈妹唱哈，另一人击鼓伴奏，唱完

---

① 广西壮族自治区编辑组，《中国少数民族社会历史调查资料丛刊》修订编辑委员会. 广西京族社会历史调查[M]. 北京：民族出版社，2009：44.

一段，长老抛杯珓，若杯珓一俯一仰，则表示大吉大利，于是燃放鞭炮，否则需要继续唱哈。晚上，哈妹在哈亭跳起花灯舞，完毕，撤下神台上的水果、饼干分给众人吃。京族人说这些祭品包含了神灵赐予的福气，食用之后能够保佑身体平安、事事顺利。

（二）哈节对京族传统经济的适应

哈节既是京族以海洋捕捞为生的传统经济的反映，又维护着京族的传统经济，使京族的传统经济得以维系，物质生产得以顺利进行。

哈节首先是一种重要的祭祀活动，供奉"五位灵官"，其中最重要的神灵是镇海大王。《京族喃字史歌集》中有这么一段话："居住正在十年时，海产减收人损失，人们心里有焦虑，聚在一起齐叹息，无处没有鬼神皇，祈祷祭祀看怎样？宰猪杀鸡来祭拜，三天能否如愿偿？先祝人丁六畜旺，后求鱼虾堆满仓，六月初七把网撒，满载而归喜洋洋，捉鱼捞虾连三天，忙了几夜不睡眠，初十宰猪煮糯饭，奉上祭品许诺言，首先拜请海龙王，二祝当地众神皇，三求自己先祖堂，赐福人间万年长。"①这段话清楚表明了京族先祖迁来时并不信仰任何鬼神，但刚满十年时，突然出现人口减少、捕鱼收入下降的情况，京族先祖们开始意识到任何地方都有管理当地的神灵，于是杀鸡宰猪祭祀，祈祷神灵保佑。果然连续三天，捕鱼量大增，京族先祖认为这是神灵显灵，所以杀猪、煮糯米饭祭祀。京族崇拜的镇海大王是海龙王，是保佑京族捕鱼丰收的神。关于镇海大王的形象，京族三岛传说中有明确的记载：

过去在白龙尾山洞中住着一只硕大的蜈蚣精，蜈蚣精非常贪婪和残忍，京族渔民每次驾船从附近经过，它都要吃一个人，否则它就兴风作浪，掀翻渔船，吃掉船上的所有渔民。京族渔民靠捕鱼生活，不去捕鱼全家人都要挨饿，所以又不能不去捕鱼，蜈蚣精所处的位置正好处于京族渔民出海捕鱼的必经之路上，京族渔民既躲不开又斗不过，所以京族渔民非常痛恨它，可又无可奈何。这时一位神仙知道了，他决定帮助京族人民除害，他准备用大粪箕挑土堵住蜈蚣精的洞口，再在泥土上施加法术，让蜈蚣精不能出来，但必须在三天之内一口气把洞口堵住，而且不能听见鸡叫或狗叫声，否则法术就会失效。神仙挑了一整天土，眼看就要把洞口堵住了，这时，蜈蚣精发现了，它知道与神仙斗没有胜算，于是它赶紧学着鸡叫

① 陈增瑜.京族喃字史歌集[M].北京：民族出版社，2007：13.

狗叫，引起全村的鸡和狗都叫起来，神仙的法术失效了，神仙只好一跺脚离开了。蜈蚣精更加猖狂了，渔民整天愁眉苦脸，毫无办法。有一天，正当渔民在船上发愁时，来了一位80多岁的乞丐，花白的头发，瘦骨嶙峋，穿着破烂不堪的衣裤，背着一个破麻袋，请求搭船到北海。船主想："这位乞丐岁数已经够大了，活不过几年了，风餐露宿，活着也辛苦，如果把他给蜈蚣精吃，就能挽救一个年轻人的生命。"于是同意了他的请求，船快到白龙尾时，乞丐从麻袋里拿出一个大铁瓜，足有一百斤重，让船上的伙计帮他把大铁瓜放在火上烧。当大铁瓜烧得通红时，船已经到了白龙尾，蜈蚣精张着血盆大口冲了过来。船主对乞丐说："对不起了！"说着就要把乞丐扔给蜈蚣精，乞丐说："等等。"说着，他就拿起烧得通红的大铁瓜朝蜈蚣精扔去，蜈蚣精以为扔来的是人，一张口就把它吞进肚子里去了。蜈蚣精发出阵阵惨叫声，在海上翻滚起来，掀起恐怖的巨浪。不过，有乞丐在，渔船安然无恙。蜈蚣精一会儿就死了，尸体断为三截，头部变成了巫头岛、中间一块变成了山心岛，尾部变成了万尾岛。风平浪静后，人们发现乞丐不见了，人们这才知道乞丐是神仙变的，是来帮助京族渔民除害的，于是京族渔民迁居到三岛上，并在岛上建立哈亭，祭祀神仙，这位神仙就是镇海大王。

京族三岛传说中的蜈蚣精实际上是海上灾难的象征，"京族渔民每次驾船从附近经过，它都要吃一个人"，说明京族渔民每次出海捕鱼几乎都会出现海难事故。这说明过去京族捕鱼设施、设备非常简陋，无力对抗海上自然灾害。但京族渔民以海上捕捞为生，如果害怕自然灾害，不出海捕鱼，全家人就会陷入无米下锅的困难境地，所以京族人只好冒着生命危险出海捕鱼。"镇海大王"降伏蜈蚣精，实际上是指京族渔民希望海上捕鱼时风平浪静，不发生自然灾害，所以镇海大王还是保护京族人安全的神。镇海大王虽然不能真正减少自然灾害，但当遇到自然灾害时，京族人认为有镇海大王的保佑，所以就能自如地采取合理的措施，从而降低自然灾害的影响。因此，镇海大王信仰不仅是京族海洋捕捞经济活动的反映，而且进一步使京族海洋捕捞活动得以维系。

哈亭供奉的另一个较重要的神是高山大王。高山大王的传说不多，在关于海榄树的京族民间故事中有部分高山大王的内容。高山大王是京族地方保护神，主管山林。山林是京族生存的重要保障，京族人常常砍伐山林中的藤条制作拉大网的绳索，因此，山林是京族捕鱼工具的原料来源。京族过去烧柴做饭，京族农业不发达，柴草根本满足不了做饭的需要，所以很多京族人收集山林中的枯枝败叶，砍伐藤条、灌木做饭。访谈时，有京族人就向笔者讲述过一些京族人在山上因砍柴遇难而就地埋葬的事情。京族早期的房屋以木材为原料。山林还起着防御台风、保护农田和房屋的作用。由此可见,山林对于京族进行生产、获取生活资料、维持生存是必不可缺少的。京族高山大王的信仰是京族现实生产和生活的反映。

哈亭中另外比较重要的神灵分别是广泽大王、点雀大王、兴道大王。广泽大王的神迹已经没有人知晓,据苏维芳、苏凯推测,广泽大王应该是越南后黎朝开国皇帝黎利。点雀大王的神迹也很少有人知道。兴道大王指越南抗击外族入侵的民族英雄陈国峻,他死后被一些村落尊奉为当地的保护神。这三位神灵都是京族的地方保护神,保护京族地方平安,不受外来侵犯。

过去,京族在海上捕鱼,经常遭到海盗抢劫,轻者被抢走渔网、鱼获,重者被打伤,有时甚至因此而丢掉性命。

一九二一年三月,沥尾岛的何金发、武大哥等四人在海上捕鱼时被海盗抢去鲨鱼网一张,价值千元以上;一九三三年三月,万尾岛有一张百多丈长的大网,撒下海不久,就被海盗抢走;一九四五年,万尾岛梁达茂等四人,在一次捕鱼中,被海盗抢走一张大网和五百多斤鲜鱼,等等。①

不仅如此,海盗甚至上岸抢劫。有些不法分子,甚至勾结海盗、土匪抢劫京族的财物。

1948 年 12 月,村长、保队副李世珍勾结惯匪陈树廉洗劫沥尾岛中间村的京族群众财产,把全村的牛、猪、鸡、鸭、衣物、被褥蚊帐、渔网、犁耙、粮食等,全部抢劫一空。并抓去京族吴世隆等人,从中进行敲诈勒索,扬言不用钱赎人,就要把人杀掉。过了几天,他们又把巫头岛的京族群众抢劫一空。②

海盗的抢劫,不仅严重影响京族的捕鱼活动,而且影响京族的生命财产安全。面对海盗抢劫,单个京族人无能为力,只有将所有京族人团结起来,依靠集体的力量才能应对。京族哈节就是将京族团结起来的重要形式。哈亭是京族集体议事的场所,哈亭中供奉着最早迁居万尾的十二姓氏祖先,即异祖同祀。③ 哈节增强了京族人的民族认同感,将京族人紧密地团结起来,形成一个整体,共同应对海盗抢劫等外在威胁。京族共同修建闸门,防御盗贼骚扰和入侵。

18 世纪中期,京族三岛的巫头、山心、万尾村,先祖为了防御盗贼骚扰和入侵,

① 《京族简史》编写组.京族简史[M].南宁:广西民族出版社,1984:15.

② 吴满玉,冼少华,当代中国的京族[M].南宁:广西人民出版社,2005:81.

③ 苏维芳:《2008 年防城港市京族文化研讨会:京族哈节文化的保护与传承》。万尾哈亭外的哈亭介绍也是这样记载的。

在岛上京族聚居地周围进行闸门建设。巫头、山心村在东、南、西、北建有四个闸门。万尾村建有东、南、北三个闸门。当时幸好周围四处生有树木，亦借树木生长秀茂，所以居民安业，防奸人侵扰……“从前常有强盗贼，经常到村劫财物；多亏岛上树林密，兽难爬行人难入。大树、小树高又密，野藤荆棘缠满树；村民出海或回村，闸门就是必经路”。那时候所建的闸门比较简单，主要依靠天然地利条件，作为屏障来实施防御。但是后来，特别是1840年以后，京族三岛匪徒猖獗，情况更加复杂了。为此，闸门建设工作，也逐步加强了：“闸外布满竹尖坑，两行勒刺仙人掌；勒古木门铁横栓，种植勒古当篱杆。闸内挖有深壕沟，村民战时自然跑，火炮架在树杈上，茅棚遮炮作岗楼。”重建闸门以后，最早是打击外国侵略者：“动员村民齐动手，重修围闸门依旧；购买几门火炮回，山林炮台对村口。洋船运烟（鸦片烟）海上来，欲登岸上贩卖烟，翁村组织青壮年，炮击敌人脚朝天。洋人怀疑在此地，有军把守惊逃离。”①

由于京族人少，又非常贫穷，财力不足，团结一致虽然可以应对少量土匪，但不能与侵略者相抗衡，所以法国侵略者还是一度侵入京族地区。侵略者不仅欺压京族人，抢劫京族的财物，还散布谣言，说京族人帮助法国人杀汉族人，挑拨京、汉两族关系。一些人听信谣言，导致京族与汉族的关系一度非常紧张。

佳邦的汉族地主龙振明和贵明的汉族地主陈振芝等人，扬言要把京族人“小孩拉去看牛，妇女拉去做老婆，男人杀光丢下海去”，致使这里的京族人民白天不敢外出，晚间则逃进海榄山去躲避，人心惶惶，鸡犬不宁。②

京族希望有神灵保佑，抵御外来侵犯，于是将他们祖先的保护神移植过来，就有了广泽大王、点雀大王、兴道大王信仰。由此可见，京族信仰这三位神灵，也是与京族当时的经济、社会环境相适应的。

哈节以猪肉祭祀神灵，每位哈头要养猪，称之为养象。这里为什么把猪称为象呢？《京族喃字史歌集》记载，京族迁来十年后才开始祭祀镇海大王，此时正是1520年，为明武宗正德年间，明武宗禁止养猪、杀猪，如果触犯，会被处以严刑。“时上巡幸所至，禁民间蓄猪，远近屠杀殆尽。田家有产者，悉投诸水。是岁，仪真丁祀，有司以羊代之”③。“养豕之家，易卖宰杀，固系寻常，但当爵本命，既而又姓，虽然字异，实乃音同。况兼食之随生疮疾，宜当禁革。如若故违，本犯并连当房家

① 苏维芬《京族文化艺术》，2012年12月，第105—106页，京族内部资料。

② 吴满玉，冼少华．当代中国的京族[M]．南宁：广西人民出版社，2005：81-82．

③ 《明武宗实录》卷181，正德十四年十二月乙卯。

小发遣极边卫，永远充军”①。因此，京族称猪为象，可能是避讳。另一方面，在我国，象通祥，象征着吉祥如意，京族长久与周围汉族、壮族交往，受该文化观念的影响，所以称猪为象，希望神灵赐予吉祥。选最小的“象”绕哈亭三周，让众人嘲笑，其目的是让大家关注养猪的技术，在一定程度上起着督促京族人关注养猪技术、提高养猪水平的作用。

哈节时，京族妇女不能参与乡饮。因为哈节主要是供奉镇海大王，镇海大王是保护渔业丰收、捕鱼安全的。出海捕鱼是京族男性的工作，京族女性不能参与，只能从事农业、扒螺、挖沙虫、照顾家庭等工作，所以哈节只能让男性参加。这进一步强化了京族“只有男性才能出海捕鱼”的性别分工意识。不过，乡饮时各家各户轮流出菜，提供饭菜则是京族妇女的工作，京族妇女要将饭菜做好，送到哈亭，供大家享用。所以乡饮还是京族各家厨艺的大比拼，有利于京族妇女厨艺水平的提高，使捕鱼归来的京族男性能够吃上可口的饭菜，从而尽快恢复体力。

京族哈节过去设有台阶，有钱人家可以出钱购买高等级的座位，而贫穷渔民只能坐在低等级的座位，还要干一些杂活，这体现了京族地主对贫穷农民的剥削。但是，由于举办哈节需要大量的资金，如果不采用这种方式，而是平摊费用，贫穷人家根本负担不起。因此，通过卖高等级的座位筹集资金，贫穷人家就可以少出钱，但要通过自己的劳动为其他人服务，在客观上起着有钱出钱、无钱出力，共同举办哈节的功能。

哈节主要是在哈亭中举行的，哈亭供奉的神灵有以下几类。一是“五位灵官”，即镇海大王、高山大王、广泽大王、点雀大王、兴道大王等，其中镇海大王是主神，其余的为副神，这五位神灵都是京族的保护神。镇海大王是保佑京族平安和渔业丰收的，高山大王是管理京族地区山林的，广泽大王的神迹已经没有人知晓，据苏维芳、苏凯推测，广泽大王应该是越南后黎朝开国皇帝黎利。点雀大王的神迹也很少有人知道，据说有一年大旱，庄稼都快被旱死了，人们焦急万分，有一天，人们都在求雨，有一人却兴致勃勃地看两头牛相斗，不久大雨来临了，人们得救了。大雨过后，那个人和两头牛都不见了，人们才知道原来看斗牛的那个人是神仙，人们开始祭拜他，但又不知道他是哪位神仙，于是人们在香炉前洒上面粉，恳求神仙显灵。一连三天都没动静，后来人们看到面粉上留有鸟雀的脚印，人们认为这是神仙给人们留下的信号，于是人们就称该神仙为点雀大王。兴道大王指越

① （明）李诩《戒庵老人漫笔》卷4，禁宰犬豕。

南抗击外族入侵的民族英雄陈国峻，他死后被一些村落尊奉为当地的保护神。二是最早迁居万尾的十二姓氏祖先，即异祖同祀。① 三是有功之人，如组织京族民众打击英国鸦片船入侵的苏光清；抗击法国侵略者的杜光辉；教书育人、治病救人，为保护和传承京族传统文化做出重大贡献的苏锡权；深入越南山区购买上等格木和红木修建哈亭的苏权安。四是买厚者，即把土地等财产捐献给哈亭的没有后代者。如梁贵公没有后代，将其土地捐献出来，现在的哈亭就建在他当时捐献的土地上。五是为神灵服务人员，即死于海难的京族青年人，生前精明能干，女的未婚且端庄秀美，通过降生童传话给村人知道，于是让其灵魂进入哈亭，为圣神服务。如阮兴贵二郎，为帮助梁家建房，二十三岁驾船去江平班埃运砖瓦，死于白龙江口海面。六是本地土地神。

四、维持京族经济秩序的翁村组织和村规民约

京族有一个名为“翁村”的自治组织，负责管理村中各项公共事务。翁村组织由翁村、翁宽、翁记、翁祝、翁巫组成，其成员多由一个底层决策机构“格古集团”选举产生。“格古集团”是由京族各家族德高望重的老人、卸任的翁村和翁宽等组成。翁村是京族村庄的一把手，总理全村事务。当选翁村的条件相当苛刻，品德方面：为人正直，没有私心，吃苦耐劳。能力方面：有一定的文化，组织协调能力强。经验方面：必须担任过翁宽，经验丰富。除此以外，还必须由“格古集团”推举。翁村任期 3 年，可连选连任两届。“格古集团”监督翁村，如果翁村的行为有损村民的利益，“格古集团”随时会将其罢免；翁村如果有孝在身，也会被撤换。翁宽负责看管山林，执行乡约，由 7 人组成，分正宽和土宽。正宽任期 3 年，期满之后如果没有被推举为翁村，就进入“格古集团”，不能连任。土宽接受正宽领导，任期也是 3 年，可连选连任。翁记负责管理财务，只有 1 人。只有懂得财务知识，担任过正宽，才有资格由“格古集团”推选为翁记。翁记需要专门的财务知识，京族很少有人有这些知识，因此翁记任期很长，很少换届。翁祝负责在节日撰写、宣读祭文。翁祝由无孝在身、懂喃字的人担任。翁巫又称香公，其职责就是在祭祀仪式中进香，并负责哈亭的日常管理。

翁村组织是维护京族传统经济秩序的需要。京族以海洋捕捞为生，但网埠有

① 苏维芳《2008 年防城港市京族文化研讨会：京族哈节文化的保护与传承》。万尾哈亭外的哈亭介绍也是这样记载的。

限，优质的网埠更为有限，京族渔民为争夺有限的网埠常常产生矛盾。这既制约京族海洋捕捞活动，又影响京族团结，威胁京族的生存，因此客观上需要有一个机构分配网埠，制定捕鱼规则，维护捕鱼秩序。过去，京族长期处于“三不管”（广东不管、广西不管、越南不管）地带，中法划界后，清政府才正式管理京族地区。因此，长期以来，京族实际上处于自治状态，客观上要求京族成立公共机构来管理京族的公共事务，于是翁村组织应运而生。翁村组织的职能主要有以下几项。

(1) 确定翁村所管理的网埠范围。大海广阔，翁村不可能管理所有的海面，只能管理有限的网埠，首先明确翁村组织所管理的网埠的范围，凡是在此范围内的，都要遵守规约；不在此范围内的，则是公共资源，不受翁村组织的管理和制约，可以随意捕捞。

从林山东端埠至双沟埠，从双沟埠至狭小埠，从狭小埠至深沟埠，从深沟埠至出海正门埠，从出海正门埠至神臂埠，从神臂埠至小沟埠，从小沟埠至雾水沟埠，从雾水沟埠至火号埠，以上是拉网埠。此外还按分置的勿渔笼埠，鲎网埠和鲨鱼网埠进行管理。①

(2) 分配网埠。确定取得网埠的资格，主要是按网的长度分配网埠，并确定每一网埠的价格。

——约本村在亭中共议，系谁家有船有网可取一网埠，系一竹排两张网取一网埠，按定沿标志撒网，若不给竹排放网，本村应捉古钱六贯不恕兹约。内券言大网拾贰项（幅：每幅60度）得一网埠，小鲨鱼网两人共拾贰项（吊：每吊60度）得一埠。

——约本村定例，小网系买网埠包括大网就例价钱三贯一网埠，系最大网定一网埠六贯，友邻（指万东人）一网埠三贯存三网埠谁不去大网那个是排网、小网则可得买，每网埠例钱一贯。系竹排是鲨鱼网例钱一贯秭例。

——约本村协议系各类网是季税，交费按组网收取，或有外地村民参入捕网的，当年六月依例收取，每人一二百，由网头收取。若强者不遵约内，找网头罚钱依数，该外人禁不得参加捕网，若那网头给参与其的网，本应捉古钱三贯不恕兹约。

——约本村配置勿渔笼埠，其本村立内项（六个人）为一排，若三人不得取埠，若借外人来顶替不得其埠，若借人者取埠，本村约中明写其这欠该共若干，随本村

① 苏维芳、苏凯《京族社会历史铭刻文书文献汇编》，2012年，内部资料。

均分为二份，本村收一份不恕兹约。①

（3）确定捕鱼的秩序。翁村组织制定捕鱼规则，要求各渔民按规则捕鱼。对违反规则者给予惩罚，处罚措施主要是罚款、做劳役等，从而维护捕鱼秩序。

——约本村在亭中同上下共议，系出海拉网时，早上寅时至晚上酉时，要执行严法，系网头者在网埠候鱼群，谁见谁先撒网，系清晨装网落船（排）候鱼的或想拉网尚候网埠的，或谁先网先见鱼群入浅海的都随意拉网。至等人装网落船在自埠候鱼，船网随便等候，若先见鱼群入浅海的都随意拉网。至等人装网落船在自埠候鱼，船网随便等候，若先见鱼群待人备网来不及的就中别家先拉网。打得鱼分三份，二份给拉网者，一份给候网埠者。不执约详本村定收所得的鱼还回先见鱼群者，再捉拉网者罚古钱六贯，不恕兹约。

——约清晨那人见他人网埠有鱼，贪心即打鱼或没有想均分鱼的情意，若亭约不听应均分两份，一份给强情拉网者，一份给其网埠者，详本村应捉打鱼者古钱六贯收鱼筐给网埠者，如果网埠者不在候鱼，也应均分兹约。

——约本村共议业务海分自七月初一或早前各组网已早合网，五月六月不期至前四月十五日，夜间禁止小网在别网埠拉网，至于白日已拉起网超过清晨寅时调回网埠，小网见鱼群在他人网埠打得鱼不得自分，若倚势自己有宽身网与别人争占，强要鱼走，详本村收鱼，不收小网，定捉争鱼者罚古钱三十贯酒一埕，罚修竹尖三十不恕兹约。

——约本村协议系备网打鱼或谁先见鱼群，要招呼自己船网来打鱼，而后船网随时跟踪鱼群或没有船网跟着时，必须给他人船网打鱼，自己守不住鱼群又打不了鱼时，应分他人网打，均分三份，打鱼网得二份，跟踪鱼群者得一份。怕苦丢失不想跟踪鱼群，应叫他人船网跟踪，若友网打得鱼，跟踪者得一份。若何人不遵约内，生端呈讼本村捉古钱六贯不恕兹约。

——约本村在亭中协议系洪水海水浑浊，那网埠放弃不拉网随其意，或洪水于那埠水流过急不拉网也随意，但不能相占。若何人不遵约内互相争捕网，或能隐忍情绪就罢了，若忍不了回叫本村定罚古钱三十贯酒二埕，没收所收的鱼，不恕兹约。②

（4）惩罚偷盗渔网等生产工具的行为，维护海上捕捞秩序。

——约本村共议在海分生业置各项在海分自一并禁，自物轻重，何人不遵约

① 苏维芳、苏凯《京族社会历史铭刻文书文献汇编》，2012年，内部资料。

② 苏维芳、苏凯《京族社会历史铭刻文书文献汇编》，2012年，内部资料。

贪心盗取，主失物件呈本村后勘见赃定捉古钱十八贯不恕兹约。①

(5) 督促京族渔民分担劳役，如不遵从，翁村组织将给予惩罚。

——约本村在亭中众议其夫役逃避公务系到旬期报致，无从应役或骂人报及逃走，本村应捉古钱三贯，捎尖拾枝，一不恕兹约。

——约本村人何系到旬(期)后受役，旧新二人一个月，宜听里(乡里)看动号即到承差公事，若他往妻子随听即到，若不应从都即罚三百，修竹尖十支不恕兹约。②

(6) 征收神庙费用。京族捕鱼要祭祀后土神，请求神灵保佑捕鱼安全、渔业丰收。祭祀是公共事务，需要由渔民分摊，由翁村组织征收。

——约本村在亭中同上下会合系兹向后(从此供后土神)每户一人定给杂后费(后神费)，每年同上下等给钱一贯二百，若何人至年毕尚欠定收取家中何物折钱给足数，不得后悔，若生端本村捉古钱二贯不恕兹约。③

(7) 举办哈节，并维持哈节秩序。

若本村定例系每年六月初十封龙亭杆，何人丧阻受役(戴丧者只能于哈亭外做事)至节日满散兹约。④

(8) 维持京族传统婚姻秩序，缓解因悔婚引起的矛盾。

若本村共议两边通家定期(时间)嫁娶不取，其食定卖求钱成婚之事，男家富有钱八十贯，中者七十贯，贫孤独者钱六十贯，而止(最低)若古钱二十贯。若何人不遵约者，本村定罚该女回门男家(定要嫁原者)，不得查探少衣袋物件事或查探这女家及论理，听得详本村定罚古钱十贯兹约。⑤

(9) 教育京族人孝敬老人，对不孝敬老人的给予惩罚。

——约本村定例系人子道要敬养老父母，如子女弃父母不养或有养而又高声大语骂五孝甚言，仍让父母取柴水，其邻里远听得，先治详民本村罚古钱三十贯五十不恕兹约。⑥

(10) 维护农田水利秩序。

——约本村共议各村民，人生理为业保养妻儿听乡党号令耕田者，立即开沟

① 苏维芳、苏凯《京族社会历史铭刻文书文献汇编》，2012年，内部资料。

② 苏维芳、苏凯《京族社会历史铭刻文书文献汇编》，2012年，内部资料。

③ 苏维芳、苏凯《京族社会历史铭刻文书文献汇编》，2012年，内部资料。

④ 苏维芳、苏凯《京族社会历史铭刻文书文献汇编》，2012年，内部资料。

⑤ 苏维芳、苏凯《京族社会历史铭刻文书文献汇编》，2012年，内部资料。

⑥ 苏维芳、苏凯《京族社会历史铭刻文书文献汇编》，2012年，内部资料。

以通水路，若何人强者不处以致上田水关（塞）作害，随主掘便以通水纡（曲折），若下田强者害主回详本村定罚强主古钱三十贯正兹约。①

总之，翁村组织和村规民约是适应京族传统经济而出现的，是为传统经济服务的，维护了传统经济秩序，使传统的物质资料生产更有效率，维护了京族的生存。

五、具有海洋特色的音乐、舞蹈

（一）独弦琴

京族的乐器有独弦琴、鼓等，其中独弦琴最有特色，它由琴体、摇杆、弦轴及挑棒构成。根据琴体材料的不同，分木琴和竹琴两种。摇杆是发出泛音的装置，演奏时一手拨动琴弦，一手抚动摇杆。挑棒是用来拨动琴弦的，现在已经有很多改动。独弦琴虽然只有一根琴弦，却能演奏各种音乐，很是神奇。

案例：京族独弦琴传说

访谈对象：WHY，女，万尾京族人

很早的时候，我们先祖出去打鱼，遇到大风，桅杆的绳索拉得很紧，先祖不小心用物体碰了绳索一下，发出了奇妙的声音。捕鱼回来后先祖想："船上绷紧的绳索一碰就发出奇妙的声音，我能不能依照船的形状做一个物体以消愁解闷呢？"于是取了一块木板，做成船的形状，再在木板的一端插入一根细木棒，就像是桅杆，最后取一根细绳子，一端系在细木棒的顶端，另一端系于木板的另一头，就像是船上系在桅杆的绳索。拨动绳子，果然发出了奇妙的声音，独弦琴就这样诞生了。独弦琴声音凄凉，能够表达京族人做海的凄苦生活，独弦琴就成了京族人最喜欢的乐器。

独弦琴能够反映京族出海捕鱼的凄苦生活，而做海是男性的工作，所以过去演奏独弦琴的多为男性。

过去没有乐谱，弹奏全靠个人的记忆。京族人在空闲时弹奏独弦琴，个人娱乐或去歌圩给人伴奏，纯娱乐性质，没有报酬。那时独弦琴比较简陋，声音很小，白天声音嘈杂，听不清楚，所以多在夜深人静之时，借助煤油灯的微弱之光演奏。②

---

① 苏维芳、苏凯《京族社会历史铭刻文书文献汇编》，2012年，内部资料。

② 阮世和的孙子RZC讲述。

由此可见，京族的独弦琴来源于京族海洋捕捞活动，给枯燥的捕鱼生活增添一些乐趣，缓解京族渔民疲惫不堪的身躯，有利于京族体力的尽快恢复。

（二）京族民歌

京族是一个爱好歌唱的民族，哈节唱哈歌，京族年轻姑娘小伙恋爱时常对歌以表达对对方的思慕之情，结婚时男女双方的歌手要相互对歌。京族还建有很多歌圩，捕鱼归来，大家在歌圩相互对歌。京族歌谣曲调有 30 多种，一般以男女对唱的形式为主，主要有四言、七言四句及自由体三种代表句式。曲调内涵丰富、意义深长，歌咏时大多即编即唱，没有固定歌本唱词，只有少量曲目通过歌本流传下来。京族的歌曲题材多样，有反映京族历史的史歌，这类史歌反映了京族迁徙到京族三岛的历史及京族早期在京族三岛生活的场景，如《忆沥尾京族史》、《巫头史歌》、《山心史歌》、《京族迁徙传说诗歌》等；有传颂京族历史人物英雄事迹的歌曲，如《京族英雄杜光辉》、《京族统领苏光清》等。有劝人向善、孝敬父母的道德歌曲，如《积善奉善》、《父母育儿情义重》、《父辈栽树儿乘凉》等。京族创作了大量的婚恋爱情歌曲，这类歌曲大多即兴编唱，采用比兴的手法，以物喻人，托物言情。如"谈情莫学沙蟹公，三心二意白挖窿；搓成沙球千千万，潮水冲来一场空！哎——，日出东海一点金，葫芦落水半边沉；妹若有心沉到底呵，半浮半沉挂妹心！"。还有一些比较固定的歌曲，以歌本的形式传承下来，如《过桥风吹》、《谁送姻缘到村来》、《寻姻缘未见缘分》、《千里江山千里念》、《问月歌》、《十爱歌》、《送妹回故乡》、《想谁想入迷》等。京族过去有哭嫁的习俗，哭嫁歌由新娘即兴编唱，房屋、家具、劳动工具、花草树木都可以作为素材，信手拈来，托物言情，即编即唱。有一些以歌本的形式传承下来，如京族妇女出嫁前的《哭嫁歌》、迎送新娘的《送嫁歌》和《迎亲歌》仍然在流传。京族以海为生，京族也创作了很多反映京族捕鱼劳动场景的歌曲，节奏自由，具有山歌体裁的特征，如京族男子出海捕鱼所唱的《摇船歌》、《十难歌》、《拉网歌》、《收网歌》等，京族女子摸螺、拾贝所唱的歌曲，如《采茶摸螺歌》、《洗贝歌》、《渔家四季歌》等。京族叙事歌情节跌宕起伏，以故事表达深刻的道理，如《宋珍和菊花》、《琴仙》、《镇海大王故事》、《刘平、杨礼金兰义结》等。京族还创作了许多摇篮曲。

京族民歌是京族海洋生活的再现，反映了京族传统经济和生活。

（三）京族舞蹈和戏曲

京族舞蹈是祭祀活动的一部分，随着祭祀活动的进行，在既定的环节穿插一些舞蹈，在向神灵敬酒时跳《敬酒舞》，敬香时跳《敬香舞》，以表达对神灵的尊敬。在新贺日的晚上，哈妹跳起《灯舞》，以表示对新一届哈头的祝贺。送神之后立即跳《花棍舞》，以将邪恶的鬼怪赶出哈走，保佑京族人民的平安幸福。此外，还有京族丧葬时跳的《竹马舞》和《摇船舞》等。

京族舞蹈动作具有典型的海洋特色。京族以海为生，将生产、生活的各种动作，如织网、撒网、收网等的动作融入舞蹈之中。京族舞蹈也融入了京族人的所见、所感，如京族的有些舞蹈动作类似于海洋生物的动作，有些看起来像人们游泳的动作，还有的像海洋的波浪。京族的舞蹈体现了京族独特的审美观念。

京族舞蹈是向神表演的，场景是神圣的，所以京族舞蹈动作圆润轻柔，舞者的动作谨慎而轻巧，感情虔诚而含蓄，充满着对神灵的敬畏和祈求之情。

京族传统的戏曲是嘲戏，《阮文龙英勇杀敌》、《等新娘》等是其最典型的曲目，流传下来的不多，到 20 世纪 50 年代时就已经很少见。

六、与传统经济相适应的互惠文化

京族具有互惠交换的传统，这种互惠交换既包括礼物交换，也包括劳动交换，表现为京族人在向其他京族人无偿提供物品或劳动，不要求报酬。

京族传统上有寄赖习俗。寄赖有“见者有份”、“沾光”的意思，即如果见到有人在塞网捕鱼或做箔，可以带上鱼叉、鱼罩等捕鱼工具，到塞网范围内或鱼箔内捉得一些小鱼，主人一般不会干涉和阻拦，任由其捕捉。当做海的渔船从深海顺利返回，满载而归时，人们也可以带上鱼篓前去拿一些鲜鱼。见此情形，主人不但不生气，反而非常高兴，赶紧打开渔舱，招呼来者寄赖。京族人认为寄赖能够给船主人带来好运气，下次捕鱼定能鱼虾满仓。寄赖是在京族熟人之间进行的，是京族关系网络的表现，即大家都是京族渔民，相互寄赖使原先的社会网络强化，加深彼此的感情，增强京族群体认同，从而团结一致，共同劳动，共同应对土匪、海盗的威胁，共同保护京族所拥有的土地、山林、海洋资源，从而维持京族群体的生存和发展。古德纳认为互惠源于“如果你想得到他人帮助，你必须帮助别人”。京族的寄赖也是起源于未来有求于他人，需要得到他人的帮助。现在捕鱼丰收，赠送他人一些鲜鱼，那么，当你一无所获时，也能去寄赖他人。这是对京族当时低下的生产力和高风险海洋捕捞经济的一种适应。因为海洋捕捞是有不稳定因素的，是有风险的，运气好时，能够满载而归，而运气不好时，可能一无所获，甚至发生灾难。因京族当时的生产力低下，没有存粮，捕捞没有收获或发生灾难会使该家庭立即陷入衣食无着的窘境，而寄赖可解决该家庭食物短缺的暂时困难，使其顺利度过危机。

京族丧事消耗巨大，一个家庭常常无力承担，为解决该难题，京族自发形成“相帮会”，互帮、互助，共同应对困难。

由于他们自己组织有“相帮会”（此会设有会长一人）。逢有丧事，会内每家收米五斤，各家分担帮助，这就减少了丧事一时筹集资金的困难。①

由此可见，“相帮会”也具有互惠交换的性质，是对京族当时低下生产力的一种适应。

京族的生产活动中普遍存在相互交换劳动的关系。京族哪家农忙，其他不很忙的家庭会主动前去帮忙，这也是一种互惠交换的关系。

农民内部之间普遍实行帮工、换工。②

这种帮工、换工也是对当时经济的一种适应。京族男性出海捕鱼，只有女性在家务农，遇到农忙，单个家庭的京族女性无力完成。由于捕捞鱼虾的种类、出海的远近不一样，所以京族渔民出海的时间、返回的时间各不相同。没有出海捕鱼，或已经捕鱼归来，主动去帮助那些农忙的家庭，当自己出海时，其他人也会帮助自己的家庭。

京族做箔普遍存在“低嗨”，没有轮到做箔的人家主动到已轮到做箔的人家去帮工。

互助的“低嗨”，多出现在贫苦渔民共同占有箔地这种关系上。几户共同占有者，往往是兄弟、叔侄关系，共同继承祖遗的渔箔，由于无力单户经营，故采取轮流做箔，互相帮工的方式。例如山心刘振参等二户占有的“大九箔”，刘振沛等三户占有的“藤雷箔”，阮继佑等五户占有的“藤泽箔”，就是采用这种方式做箔。他们在互助劳动中，地位平等，只在分配上轮到做箔者多得，帮助者少得。③

“低嗨”显然是互惠的，是适应箔地少、做箔劳动强度大、单个家庭无力经营的特点而形成的一种生产关系。

① 广西壮族自治区编辑组，《中国少数民族社会历史调查资料丛刊》修订编辑委员会. 广西京族社会历史调查[M]. 北京：民族出版社，2009：128.

② 广西壮族自治区编辑组，《中国少数民族社会历史调查资料丛刊》修订编辑委员会. 广西京族社会历史调查[M]. 北京：民族出版社，2009：56.

③ 广西壮族自治区编辑组，《中国少数民族社会历史调查资料丛刊》修订编辑委员会. 广西京族社会历史调查[M]. 北京：民族出版社，2009：15.

七、适应传统经济的婚姻文化

过去,京族主要是在本民族范围内相互通婚,但也允许与其他民族通婚。表1-1是1954年京族三岛京族的通婚情况。1954年,万尾自治乡已婚173户,其中族内通婚147户,占总数的84.97%;族际通婚26户,占总数的15.03%。巫头自治乡已婚265户,其中族内通婚162户,占总数的61.13%;族际通婚103户,占总数的38.87%。山心自治乡已婚259户,其中族内通婚191户,占总数的73.75%;族际通婚68户,占总数的26.25%。京族三岛合计通婚697户,其中族内通婚500户,占通婚总数的71.74%;族际通婚197户,占通婚总数的28.26%。由此可见,京族传统上是以族内通婚为主。

表1-1　1954年京族三岛京族的通婚情况　　单位:户

	族内通婚		族际通婚		通婚合计
	绝对数	占比	绝对数	占比	
万尾	147	84.97	26	15.03	173
巫头	162	61.13	103	38.87	265
山心	191	73.75	68	26.25	259
总计	500	71.74	197	28.26	697

注:本表根据防城越族情况调查的有关资料整理而成。

京族以族内通婚为主是由当时的经济决定的。京族以捕鱼为生,进而形成与海上捕捞相适应的海洋文化,而附近汉族、壮族多以农业为主,进而形成与农业活动相适应的农耕文化。文化不同,容易产生矛盾和冲突,这制约了京族与汉族、壮族的交往,进而制约民族之间的通婚。

由于这些事情,汉族和越族发生的斗殴的事很多,据说在新中国成立前40多年间,便有10多次,有几次是双方出去几十人,经常也打伤人。①

京族当时生活在岛上,生产力非常低下,天天打鱼换粮食还不够吃,而且风险很大,还经常发生海难事故。正是因为这些原因,所以汉族女子不愿意嫁到京族地区。为了保证民族延续,京族对京族女子外嫁也设置了障碍,以减少京族女子外嫁。

---

① 广西壮族自治区编辑组,《中国少数民族社会历史调查资料丛刊》修订编辑委员会.广西京族社会历史调查[M].北京:民族出版社,2009:135.

——约本村共议，在亭或有何人生的女子、女孙，系到十岁以上，倘或贫穷，或卖或嫁予他乡，不论远近，本村定收兰佳（骞佳）外古钱十五贯、酒二埕、芺蕾（槟榔）足数，或嫁卖在社术邦村（巫头村），定收兰佳银叁贯、酒、芺蕾依例兹约。①

正是京族的传统经济，制约了京族与其他民族间的相互通婚。

京族要将所捕获之鱼出售，以换取生产、生活物资等，这决定了京族必然要与附近的汉族、壮族交往，这在一定程度上又促进了京族与其他民族的通婚。

传统经济的特点，决定了京族以族内通婚为主的状况。

京族五服之内不能通婚，严格禁止姑表婚，如有违反，则会被其他京族人所鄙视，还要被罚款，请村中有名望的长老喝酒，才能获得谅解。由于京族人数少，很多人都有亲戚关系，所以这种严格的婚姻习俗能够在一定程度上减少家族疾病的遗传，有利于京族的发展。

京族实行一夫一妻制，新中国成立前有童养媳的风俗，即男方家出一些钱或礼物买来一个四五岁的女童，平时让女童在家里做一些家务或其他比较轻便的工作，等其长大到十七八岁的时候让其与儿子成婚。新中国成立前也有上门的风俗，若京族家里只有女孩没有男孩，或家里劳动力不足，就在女儿比较小时找一个穷苦的男人来上门，到了结婚年纪则予以成婚。

传统上，京族的婚姻由父母包办，恋人不能自主决定。

无论何人见到男女共同玩笑，表露出奸淫之举动时，即刻捉送或走报本会长传讯查明确系此男女有奸淫之意，即处罚每名银一元六角及鞭笞二十五，或有强奸之举动，本会长即照章处罚银三元六角并鞭笞三十五。②

传统上，京族的婚姻由父母包办，但并不排斥恋爱。京族有对歌、踢沙子和掷木叶的恋爱习俗，在节日，尤其是哈节期间，京族未婚青年男女在哈亭外相互对歌，向对方表露自己的心声，然后在沙滩或树林里漫游。若哪个小伙子相中了自己喜欢的姑娘，就慢慢靠近，用脚尖撩起一些沙子抛向她，或者随手折下一根树枝，将树叶撕成一条条的，待靠近姑娘，就将树叶抛向姑娘。如果该姑娘也中意该小伙子，她就会把沙子踢回，或将树叶掷回，以表示同意与该小伙子交往。于是他们就离开人群，或坐在沙滩上，或坐在树林里唱起山歌。京族《计叔的故事》中有这么一个故事：计叔通过唱歌，讨得财主女儿的欢心，但财主百般阻拦，最后计叔

① 苏维芳、苏凯《京族社会历史铭刻文书文献汇编》，2012 年，内部资料。原文没有标点，标点为笔者标注（下同）。

② 苏维芳、苏凯《京族社会历史铭刻文书文献汇编》，2012 年，内部资料。

用计策获得了成功。这也说明过去京族男女青年确实是通过唱山歌恋爱的。京族传统的经济活动决定了京族传统的恋爱习俗。

京族有“蓝媒传歌对花屐”习俗。相互中意的姑娘和小伙子回去后就会去找一个人做“蓝媒”,“蓝媒”为京语,相当于汉语中媒人的含义。姑娘和小伙各自想好一首情歌,让“蓝媒”代为传唱给对方,同时还送去一只木屐。木屐上绘有花草等彩色图案,所以称之为花屐。若两只木屐正好配成一双,就说明二人是天作之合,可以结婚;若不能配成一双,则说明二人命中相克,不能结婚。这种习俗有其独特的功能,若姑娘和小伙子情投意合,则双方会在之前就商量好送哪一只,则木屐就肯定能够配成一双;若有一方不中意,则该方就会故意拿错木屐,使木屐不能成双。通过这种方式使情投意合的小伙子和姑娘如愿成婚,也让不中意的一方借助神的旨意拒绝对方,给对方保留一定的面子,有利于减少京族人之间的矛盾,维护京族的团结。

岛上有一位京家姑娘,人很聪明善良,喜爱画画。乡亲们就把这位心灵手巧的姑娘称为“巧姑”。

巧姑爱上了同岛的一位勤劳朴实的后生哥。这后生哥姓阮,他祖父去世时欠下渔霸一口棺材钱,他父亲便做了渔霸的长工来抵债。阎王债,利滚利,一代二代还不清,三代四代还不完。他父亲死后,他又做了渔霸的长工。巧姑和阮哥两人情投意合,乡亲们都说他们是天造地设的一对。

阮哥和巧姑决心创个家业,两人便商量如何还清债务,不想再当长工。阮哥说:“只有多捞珍贵的‘白海参’卖钱,才有可能还清债务。”想捞白海参,要到离岛很远的深海才行。那个地方水又深又冷,礁石又多又锋利,海蛇、鲨鱼也多,在那里打鱼是很危险的,所以很少有渔民去那里碰运气。

阮哥这么想,便要这么做。这天,他来巧姑家辞行,说:“这下出海,少则七八天,多则十几天才能见面了。”

巧姑笑了笑,转身从屋里拿出了一对木屐,说:“你就拿一只去吧,看到它,就像看到我一样。”

阮哥接过木屐一看,啊!木屐上画满五颜六色的花草,好看极了。他很高兴,说:“好啊!我带上一只,留一只在你身边。”说着,他把这只花木屐小心翼翼地放进怀里,便出海了。

巧姑在家里等阮哥回来,她每天都抚摸着花木屐,这一等就等了二十一天,还不见阮哥回来。她开始有点着急了。

这时，邻村有位渔民带来一个消息，说他前天出海，远远望见深海那边起了大风暴，他再也不敢逗留，便掉转船头回岛了。

听到这消息，巧姑更着急了：阮哥是不是触礁了？是不是翻船了？她再也坐不下去，便把那只花木屐放进怀里，摇了一只小船出海去找阮哥。

她摇一下橹，就大叫一声"阮哥"。这样不停地摇，不停地叫，手也酸了，嗓子也喊出了血，但她不肯罢休，继续寻找。找了三天三夜，始终找不见阮哥。她又累又饿，终于昏迷过去，手一松，掉进了海中。

乡亲们知道了这件事，全村出动去找巧姑和阮哥。很巧，乡亲们同时找到了他俩的尸体。人们沉痛地把尸体往船上抬的时候，只见两只花木屐各自从他俩怀中掉了出来，跌进海里。人们正要打捞，大浪冲来，把两只花木屐冲得不知所踪了。①

该传说故事说明京族的"蓝媒传歌对花屐"习俗也来源于京族传统的海洋捕捞活动。

京族严厉惩罚未婚生育或怀孕的女子。

——约本村或何人有生女子不守纲常，无夫而有孕，咱得该父母，或无父母咱捉身族兄弟古钱五十贯，酒二埕，猪一只六十斤重。

——约本村共议何系女人有夫，自日纳兰佳之后不满九月而有生产，咱捉罚女家依如前券。或详称该夫前通淫大鸣惊人事嫁娶，即免罚女家，再罚男家父母，照如依券同等兹约。②

京族订婚之后，若要反悔，翁村组织会给予一定的惩罚。

——议约有女子至长，若有领下定者，如有反悔，先要还与男家一倍赔二，并愿本村处罚铜仙二千枚正，此约，并花红一万是实。

——议如男子诱引该反夫之妻而娶她为妻者，即要纳本村例约铜仙二千枚正，均为公益之用也，此约。③

---

① 杨建峰.受益一生的神话传说、寓言、民间故事[M].南昌：江西教育出版社，2014：122.

② 苏维芳、苏凯《京族社会历史铭刻文书文献汇编》，2012年，内部资料。原文没有标点，标点为笔者标注。

③ 苏维芳、苏凯《京族社会历史铭刻文书文献汇编》，2012年，内部资料。原文没有标点，标点为笔者标注。

京族传统的订婚、结婚程序如下。

(1) 合年生。就是合八字。

(2) 定彩头。若算命先生推算男女相合,则男方将女方的年庚放于祖先神案之上一段时间,若在这一时间内有不吉利事件发生,如碗碟掉在地上摔碎了,或家畜突然死亡了,等等,则认为这是祖先不同意,于是将年庚退还给女方,婚事告吹。若在这一段时间内平安无事,则认为祖先同意了这门婚事,是可以成婚的。

(3) 议礼聘。如果合年生、定彩头都没问题,就去把媒人找来,请他前往女方家商议聘礼。

(4) 报命好。议完聘礼,媒人返回男方,告之女方的要求,男方就开始准备好相关的礼物,准备好后送往女家,这被称为报命好。

(5) 送日子。男方准备迎娶女方时,就去请算命先生推算结婚和开容的吉日,把日期写在红纸上,再带上一块猪肉、一包槟榔等物前往女家,京族称之为送日子。女方收到日期后,如果认为日期合适,就收下,然后开始准备结婚的有关事情。如果女方认为日期不合适,就把男方送来的日期单子退还给男方,并向男方解释日期不合适的原因,男方收回单子,另外选择日期再送。

(6) 哭朝。过去,京族新娘出嫁前要放声大哭。一是叹父母,词句多是感谢父母的养育之恩。二是叹叔伯兄嫂,多是感谢叔伯兄嫂的关怀、教育之情。三是叹姐妹,也就是表达与姐妹的依依惜别之情。哭的内容无所不包,周围的一草一木,日常的衣、食、住、行,都可以包含在哭的唱词里面。其母亲、婶娘或嫂子也有陪哭的,有的是安慰新娘,有的是教导新娘婚后要夫唱妇随。

(7) 开容。出嫁前,男方送来新娘所需要的化妆品,如粉、红线等,女方父母便祭祖,告诉祖先女儿要出嫁了,再找一位女子为新娘除去脸上的绒毛,谓之开容。表示新娘已经不再是少女,是待嫁的新娘,身份即将转换。该女子必须是夫妇齐全之人,意为祝愿夫妇和睦、夫唱妇随、白头到老。

(8) 拜神。新中国成立前,京族准备结婚前一天,男方要带上封包和槟榔到哈亭拜神,封包里装三百六十块铜钱。为了让全村人都知道这个喜讯,哈亭香公便在哈亭敲鼓三遍,这样大家就都知道这家明天要迎亲了。

(9) 认亲。结婚那天早上,新郎打扮一新,先到女方家里,不是去接新娘,而是去拜女方家的祖公和岳父岳母,拜完后把带来的槟榔送给岳父岳母及女方的叔伯婶母等人,然后半跪下,头偏向左边,不看岳父母等人,这时女方的叔叔伯伯等把封包送给他。完成所有礼节,新郎就立即返回。

(10) 接亲。男女各方都已经请好了各自的歌头(翁带),每队四人,二男二女,新郎返回即请媒人带领"歌头"前去迎亲。女方家在门前设三道彩门,用竹竿或彩带拦在门口,京族人称之为"歌卡",女方的歌手守在彩门旁,当看到迎亲队伍来时,就唱起歌,要求男方歌手对唱。男方歌手一一对答,女方歌手满意了才取下彩门的彩带,让男方迎亲队伍通过。过完三道彩门,女方家打开大门,新娘的亲兄弟背出新娘,然后接亲的、送亲的一同陪送新娘去男方家,全是步行,一路上也是不断唱歌,热闹、喜庆。

(11) 拜堂。京族新郎、新娘也拜堂,但和汉族的拜天地不同,京族是拜祖公,新郎居左,新娘居右,先四拜祖公,再三拜父母。完毕,新郎捧上槟榔敬父母及长辈,然后新郎新娘进入新房。由男方请人来铺席和挂蚊帐,这个人必须是子女很多、公婆齐全的妇女,边铺边说一些吉利的话,以图给新人带来好运气,新人送其一个封包来表达感谢。京族结婚的当晚还有陪睡的习俗,即陪伴新娘的好姐妹当晚要陪伴新娘。

(12) 回朝。结婚之后的第三、五、七、十二天,新娘返回父母家,称之为回朝。

八、万物有灵的信仰

京族信仰多神,"我们京族人什么都信"①。万尾、巫头、山心的京族以海洋捕鱼为生,海洋凶险莫测,京族信仰镇海大王、海公海婆等海神,希望海神保佑出海平安、鱼虾满仓。哈节前一天到海边迎接镇海大王进入哈亭接受京族人民的供奉,京族渔民平时在船头供奉海公海婆神位。海神信仰是京族海洋捕鱼生活的反映。

有部分京族人信仰佛教,在巫头建有灵光禅寺,供奉观音菩萨。庙内有一钟,钟上有铭文,记述了当时铸造钟的经过,即由当地村民、商号等共同出资铸造该钟。新中国成立后,该钟一度失窃,后村民在市场上发现该钟,于是合伙出资将其赎回,仍放回灵光禅寺。万尾哈亭旁边有一三婆庙,供奉有观音菩萨、柳杏公主、德昭婆。

由"巫头灵山寺钟记"②可知,捐资修建灵光禅寺的多是已婚女性,说明经常到灵光禅寺祭祀的以已婚女性为主。已婚女性多是求子,这是与京族传统经济相适

① 万尾村一位京族村民的讲述。

② 苏维芳、苏凯《京族社会历史铭刻文书文献汇编》,2012年,内部资料。

应的。京族以海洋捕捞为生，风餐露宿、忍饥挨饿，劳动强度大，所以新中国成立前京族经常生病，平均寿命短。海洋捕捞还要面临各种各样的海洋风险，人口越多，团结起来的力量才越大，才能更好地保护山林、土地、海洋资源。

有些汉族地主看见渔箔收益很大，就想把越族排挤出去，想办法侵夺他们的渔箔。但是由于越族内部很团结；而且人口繁殖很快，才没法下手。①

新中国成立前京族有多子多福的观念。出海捕鱼的只能是男性，男性地位高，女性地位低。所以京族妇女在寺庙上香许愿，请求神灵送子。

京族人普遍信奉道教，丧葬、建房、婚姻常常请师傅。京族师傅有等级之分，等级决定了京族师傅所带“兵马”的数量，等级越高，所带“兵马”的数量越多。每给五户人办过丧事，经过度戒和高等级师傅颁发证书后就能晋升一级。师傅一般在族内物色，所以常在家族内传承。现在万尾等级最高的师傅是苏维坤，他去世后将由其儿子即现任村支书苏明芳继承。级别第二高的师傅是苏春发，以后也要传给其儿子。②

京族的师傅也是与京族当时落后的经济水平相适应的。突然面对复杂事情，京族人往往手足无措，不知道如何办理。而师傅的功能则相当于现代的主持人，引导相关人员一步步完成各项任务。

降生童是京族地区的另一类宗教人员，常常担当人与神对话的中介。据说降生童有特殊能力。调查期间，京族人向笔者讲述了降生童的种种特殊能力，例如：“连喝几大盆海水，一点事没有”；“钉子从左脸颊穿入，从右脸颊拔出，没有一点伤痕”；“突然直挺挺倒地，没有受到任何伤害”③。

京族出海捕鱼，会遇到各种未知事情，而又无法解释，所以会认为是神灵的暗示，而普通人又无法解读，这就需要一个能够在人与神之间沟通的特殊的人，而降生童就是适应这种需要产生的。

京族人还信奉高山大王、土地神等。京族人认为万物有灵，如果家里人生病或遇到不顺的事，京族人会认为触犯了神灵，要请师傅作法化解。

红坎村还建有伏波庙，用于纪念伏波将军马援。

---

① 广西壮族自治区编辑组，《中国少数民族社会历史调查资料丛刊》修订编辑委员会. 广西京族社会历史调查[M]. 北京：民族出版社，2009：135.

② 万尾京族人 WMZ 讲述。

③ 万尾京族人 WMZ 讲述。

案例:伏波庙

访谈人:FLS,红坎村京族人,退休教师

"这个地方原来是一个小山坡,长着茂密的山林,有很多白鹤,也不知道有多少只,反正很多。现在都开发了,山林不在,白鹤也不来了,要不然保留到现在该有多好。这个地方原来主要是松树,有五棵长得特别粗大,几个人手拉手也抱不过来,"文革"的时候砍掉了,用来做渔船,但松木有油,就是松油,一钉钉子就炸裂了,做不了渔船,都当柴烧掉了,太可惜了。有一天,没有刮风也没有下雨,但有一棵很大的松树无缘无故地倒下了,村民们都很恐慌,不知道会发生什么事情,于是请降生童前去问神。降生童说伏波将军看到这里山清水秀,要"出圣"到这里,村民赶紧集资修建了伏波庙。原来的那个庙在"文革"的时候毁掉了,这个是后来修的。如果村民家里出了什么事,都来烧香,请伏波将军保佑。"说着,FLS掏出打火机,点燃三支香,恭恭敬敬地上了三支香。

京族人家中还供奉祖先灵位,在厨房供奉灶神。

恒望、竹山的京族人信仰天主教,天主教对其他地方的京族人影响不大。

京族的多神信仰是与京族当时低下的生产力和传统经济相适应的。京族当时生产力和科技水平非常低下,没有能力应对自然灾害,只能顺应自然。自然现象是多种多样的,而京族人认为每一种自然现象都有神灵主管,于是就形成了多神信仰。

第二章　20世纪80年代后京族经济发展

1952年，京族地区进行土地改革，没收地主的土地、箔地、渔船、渔网，分配给没有生产资料的农民。1954年，开始进行农业、渔业的社会主义改造，建立互助组。1955年，在互助组的基础上成立初级合作社。到1956年底，在山心、巫头、万尾三地建立了8个高级合作社。在这个时期，京族的经济仍然以海洋捕捞为主，农业生产仍然处于次要地位。

1958年10月1日，江平人民公社成立。当时江平地区粮食不足，京族人民更是缺衣少食。为了解决人们的吃饭问题，人民公社以农业为纲，强调农业生产。20世纪60年代和70年代，填海造田，使京族三岛与大陆相连，土地面积增加，京族的粮食总产量提高，解决了京族的温饱问题。在这个阶段，由于强调粮食生产，京族劳动力大量从事农业活动，海洋捕捞被忽视，海洋捕捞在经济收入中所占的比例迅速下降。

1980—1982年，广西还处在联产承包责任制的摸索阶段。1983年，京族三岛全面落实了联产承包责任制。由于京族三岛的土地多是中低产田，粮食产量不高，而且京族人并不擅长农业耕种，所以在实行联产承包责任制后，京族人纷纷放弃了粮食生产，重新拾起渔网，出海捕鱼去了，所以1983—1989年京族的经济又开始以海洋捕捞为主。联产承包责任制赋予京族人民充分的经济决策权，生产经营主要由家庭决策，这为后来京族经济的快速发展奠定了基础。

第一节　京族边贸经济崛起

1989后，京族边境贸易迅速发展起来，几乎家家参与。边境贸易使京族人迅速富裕起来，京族的人均年收入远远超过全国平均水平。越来越多的京族人盖起了小洋楼、购买了小汽车，添置了高档的家用电器。万尾村已经不再是传统的小渔村，与城市的差距越来越小。

一、边贸经济崛起的背景

(一) 边境贸易互市点的重新设立为京族参与边境贸易提供了场所

越南曾经一度学习苏联，把重工业作为优先发展的方向，导致经济停滞，甚至倒退。越南入侵柬埔寨，不仅遭到东盟国家的强烈反对，又使其经济陷入困境。1979 年的排华仇华运动，使中越边境长时间摩擦不断。所有这些事件，导致越南物资极度缺乏，越南陷入了严重的经济危机。到 1989 年年初，越南的物价水平已经以三位数的速度上涨，越南北部与中国接壤地区的群众，生活更是困难。所以即使在中越对峙时期，越南边民也总是通过非法渠道进入我国，与我国边民交换一些生活物资。

1986 年，越南共产党总书记黎笋去世，此后越南政府开始调整对华政策，于 1988 年从越南宪法中删除了反华的内容。为了缓解严重的经济危机，1988 年底，越南单方面宣布开放中越边境，鼓励越南群众与我国进行边境贸易。1989 年，东兴还只是个镇，中越之间新的大桥还未建成。1989 年春节，越南边民肩挑手提各种土特产品，不顾严寒，赤脚趟过冰冷的北仑河，进入东兴镇，将东兴镇的各种商品抢购一空，中越之间的边境贸易从此开始恢复并逐步发展。

1989 年 4 月，广西壮族自治区批准防城各族自治县的东兴、峒中对越互市点，专门用于中越民间小额贸易，同时批准的还有企沙以及江平镇的潭吉码头，专门用于对越批量贸易；后来又陆续批准那垌乡的滩散、江山乡的白龙、东兴镇的竹山和那良镇的范河等地为边贸点。①

从此以后，我国内陆各地客商以及香港、澳门地区的客商不断进出防城县各边境贸易互市点从事边境贸易，每天有大量货物进出。最突出的是东兴镇，每天到来的人超过 5000 人，有越南商人、越南的边民，我国内陆的商人、边民、游客以及香港、澳门地区的客商等。

边境贸易互市点的设立为京族人参与边境贸易提供了场所，很多京族人的边贸生意就是从这里起步并逐渐发展的。

(二) 边境贸易互市点边境贸易的空前发展为京族人参与边境贸易提供了机会

自从边境贸易开放以来，防城县边境贸易互市点的边境贸易日益活跃，每年通过边境贸易互市点交易的中越客商越来越多。有关统计数据显示，1989—1991

---

① 防城县志编纂委员会. 防城县志[M]. 南宁：广西民族出版社，1993：359.

三年间，经防城县边境贸易互市点往来中越边境的中越方人员总数分别为36.4万人、54.3万人、75.2万人，合计为165.9万人。经防城县边境贸易互市点进入越南的中国人分别为14.4万人、25.2万人、46.8万人，三年共计86.4万人。三年间平均每天进入越南的中方人员分别为400人、700人、1300人。越南经防城县边境贸易互市点进入我国的人数分别为22万人、29.1万人、28.4万人，三年共计79.5万人，平均每天进入人数分别为610人、810人、760人，具体见表2-1。

表2-1　1989—1991年经防城县边境贸易点出入境人数①

年份	进出总人数	我国进入越南人数		越南进入我国人数	
		总数/万人	平均每天人数/人	总数/万人	平均每天人数/人
1989	36.4	14.4	400	22	610
1990	54.3	25.2	700	29.1	810
1991	75.2	46.8	1300	28.4	760
合计	165.9	86.4	—	79.5	—

1989—1991年，从中方进入越南的人数、从越南进入中方的人数都呈现增加的趋势，尤其是中方人员进入越南的人数更是呈现快速增加的趋势，说明防城县的边境贸易在一开始就已经呈现强劲的发展势头。其中，96%的人和货物都是经过东兴镇边境贸易互市点进出的。

从成交金额看，1989—1992年，防城县全县边境贸易进出口成交额分别为1.3亿元、2.5亿元、5.3亿元、11.3亿元，也呈现快速上升的趋势。从税费收入来看，1989—1992年，防城县税费收入分别为898万元、1791万元、5000万元、9600万元，同样呈现快速上升的趋势。

随着边境贸易的发展，边境贸易的形式也在发生变化。刚开始，中越边民之间以互市贸易为主，后来民间小额贸易和批量贸易所占比例逐渐增加。到1992年，防城县边境贸易主要以民间小额贸易和批量贸易为主。早期的贸易主要是以货易货为主，后来逐渐发展到现金交易为主。刚开始，边境贸易主要是中越之间的双边贸易，到1992年，我国商人已经开始通过越南把货物出口到东南亚国家，“经营的商品也从最初的农副土特产品、日用品发展到一些高档商品，大批的进口物资有大米、废钢铁、杂铜、木材煤炭、海产品、水果、水草、黄藤、药材、八角、肉桂、

① 防城县志编纂委员会.防城县志[M].南宁:广西民族出版社,1993:359.

茶叶、木薯干、黄麻、橡胶；大批的出口物资有水泥、钢材、柴油机、陶瓷、玻璃、成衣、布匹、家具、油毡、蒜头、瓜子、黄豆、大米、绿豆、水果、啤酒、饮料、日用百货、五金交电等产品”①。出口的货物主要有水泥、钢材、柴油机、陶瓷、玻璃、成衣、布匹、油毡、啤酒、家具、水果等等。

东兴市边境贸易的发展，蕴藏着巨大商机，为京族发展边境贸易提供了难得的发展机遇。

（三）区位优势为京族人参与边境贸易提供了便利条件

京族三岛地理位置非常优越。

首先，京族三岛周围有很多边境贸易互市点，如东兴边境贸易互市点、江平镇、竹山、潭吉码头、白龙珍珠港等。这些边境贸易互市点距离京族所在村庄都很近，比如潭吉边境贸易码头，该码头与万尾岛之间的距离只有3公里，码头设施比较齐全，有商店、仓库、地磅等。该码头长1公里左右，堆场占地面积达50亩。从1989年设立边境贸易互市码头以来，中外客商往来频繁，越南客商都是乘船渡海过来交易，交易后装载货物乘船返回。据统计，1989—1991年间每天进出该码头的船只有100多艘，交易的商品有煤、木材、废钢铁、水果、海产品等，其中进口量最大的商品是煤，每月进口超过6万吨。1990年，该边境贸易码头贸易额达3725万元，为防城县实现税费收入226万元；1991年，贸易额为6005万元，税费收入584万元。白龙珍珠港位于防城县江山半岛最南端，距离京族镇海大王庙所在地怪石滩非常近，也是京族经常活动的区域。该港口水位较深，涨潮时水深可达10米，即使在退潮时，水深也不低于5米，8000吨级的轮船可自由进出，码头周围也可以自由停靠一些大小船舶。该码头是一个难得的天然良港，堆场面积有10多亩。自从1989年设立边境贸易互市点以来，往来该港口的中外客商络绎不绝，该港口交易的商品主要有煤、农产品、海产品、橡胶等。1991年，该港口贸易成交额达4042万元，实现税费收入389万元。

其次，京族三岛面向北部湾，与越南隔海相望，距离越南茶古岛不到3海里，距离越南各大港口也不远。

最后，京族三岛距离经济发达的珠三角较近，而且有发达的陆路和水路交通网。越南的煤炭、橡胶能够很方便地运往珠三角，珠三角的日常商品也能够很方

① 防城县志编纂委员会．防城县志［M］．南宁：广西民族出版社，1993：359．

便地运往越南销售。

优越的区位优势使京族人可以就近参与边境贸易。

二、参加边境贸易的方式

（一）做翻译和边境贸易经纪人

京族人最早从事边境贸易是从做翻译和经纪人开始的。据京族人讲，当时有很多内地及香港、澳门地区的商人涌入东兴等边境贸易点，但是这些客商听不懂越南话，有钱买不了货，越南人也听不懂汉语，有货不敢卖给这些商人。因为京族人懂得一些越南语，能够与越南人交流，又与越南人是同一个民族，所以越南人就与京族人亲近许多，愿意与京族人交易。为了促成交易，外地商人于是都来请京族人做翻译，当时很多京族人都做过翻译。

随着边境贸易的进行，很多越南人干脆把货物交由京族人代销，从内地来的一些商人也会托京族人代购越南的货物或为自己的货物到越南寻找买家，京族人就从单纯的翻译，转变为双方交易的中介，通过京族人撮合成交。200 多名京族民兵还成立了 21 家经纪公司，为中越客商牵线搭桥，收取一定的手续费。① 京族经纪人阮成燕，在越南走亲戚时听说越南海防有一家草席厂积压了 10 多万张草席，眼看就要倒闭了。阮成燕主动联系该厂，回国后到处打听，最终联系上了广东一家企业，成功销售，化解了危机。越南企业非常感激，不仅给其 1 万元中介服务费，越南电台还专门报道了其事迹，等于给她做了个免费广告。另一名京族经纪人阮爱姬听说广东一家企业缺少原材料，于是主动到越南为其寻找原材料，20 天过去了，终于找到了原材料卖家，成功购进 5000 吨水草，企业转危为安。②

案例：中越边境贸易经纪人

访谈对象：SGF，万尾京族人，哈亭副亭长，万尾村第 12 生产队队长，50 多岁

那个时候有很多外地人到东兴来，他们不懂越南语，越南人信不过他们。现在的边境贸易大都是公司之间进行的，每一笔交易都签订合同，那个时候不一样，贸易都是在个人之间进行的，都不签合同。越南人不认识汉字，中国人也不识越南文字，看不懂合同，大多数人都不愿意签订合同。越南人怕受骗，只愿意与老客

① 邬建华，黎均富. 防城 200 余名民兵经纪人为边贸牵线搭桥[J]. 中国民兵，1992(11).

② 李晓林. 京族边贸经纪人[J]. 中国民族，2009(Z1).

户交易，对于陌生人，有钱也不与他们做生意，怕上当。我们就不同了，我们懂得越南话，在越南也有亲戚，越南人信得过我们，愿意与我们做生意。一些外地老板，尤其是广东的，就请我们去，一是去给他们做翻译，二是给他们找货源、联系客户等。

相同的族源、语言相通以及在越南的关系网是京族人的优势所在，京族人正是凭借这种优势开始了中越翻译和边贸经纪业务。

京族人通过做翻译和经纪人，不仅积累了资金，而且不断扩大了交际范围，积累了人脉，熟悉了边境贸易的交易流程，掌握了销售市场、物流渠道，这为京族以后的发展打下了深厚的基础。

（二）独自从事边境贸易

长年累月的海上捕鱼生活，使京族人养成了敢于冒险和吃苦耐劳的性格，当开放边境贸易时，有些京族人就率先试水，投入边境贸易的洪流中，京族商人武卫军就是其中一个典型代表。20 世纪 90 年代，越南不重视民用工业的发展，生活用品奇缺，但煤炭资源丰富，因此越南的煤炭价格很低，一些越南人就经常划着小船到东兴用煤炭与我国边民交换日常生活用品。越南的煤炭质量优良，价格不高，当时的价格为每吨 280～350 元，比国内煤炭的价格低很多。70 年代出生的武卫军，瞅准了这个商机，偷偷地拿走家里的 20000 元征地款，在码头附近租了一个货场，再从广东佛山购进一批瓷器，在货场做起了以瓷器等物品与越南商人交换煤炭的生意。越南本来日常生活用品就很奇缺，我国的瓷器质量又非常优良，价格也比越南低很多，所以武卫军的生意非常红火。但潭吉港口水太浅，不能停泊大船，严重限制了生意的发展，武卫军于是又把生意扩展到白龙港。万尾京族商人苏明利也是依靠边境贸易起家的，从 1989 年开始，当很多人都在观望时，他就已经开始从事边境贸易了，他的生意非常成功，每年的收入至少有 100 万元。京族独弦琴艺术传承人苏春发早年也从事边境贸易，生意也非常成功，盖起了一栋三层小楼。90 年代，万尾村农业技术员吴全金从事边境贸易，年收入 67500 元。还有些京族人到越南收购废铁回国销售，有的在东兴或越南芒街租用铺面等，还有些通过肩挑手提的方式把中国的日常生活用品带到越南销售，再从越南采购商品到国内销售，等等。

京族生意的种类多种多样，哪种生意赚钱就做哪种生意。不过一开始京族的资本少，经验不足，很多人都是小本买卖，多是从做他们所熟悉的水产等生意开始的。相通的语言在京族人的边境贸易中发挥了重要作用。同村人的带动促进了更多京族人参与边境贸易。吃苦耐劳的品质是京族人边境贸易成功的重要因素之一。

案例：

1989 年我就开始做生意了，说是生意其实也不是生意，因为当时钱少得可怜，买卖的货都很少，挣得也非常少。那个时候我们村里已经有人到越南去做生意了，我也想去试试，但当时家里太穷了，拿不出钱来，我就卖了一些粮食，又找亲戚借了一点钱，就跟着村里的人一起去了越南。越南话我听得懂一些，那时候我也不怎么懂做生意，我看人家做什么我也就做什么。开始做的都是水产，从越南拿回来卖，收回钱后再买一些日用品到越南去卖。那个时候做生意和现在不一样，很苦的，没有车运货，我都是骑着单车运货的，赚的钱我又投了进去，慢慢地生意就做大了。

在越南的关系网是京族人参与边境贸易的优势之一，很多京族人正是在与越南人的交往中发现了商机。京族是海洋民族，水产是他们最熟悉的产品，渔船是他们最熟悉的交通工具，所以很多京族人就从水产收购、渔船运输开始做边境贸易。

案例：做海蜇贸易的京族人

我做边境贸易是从 1993 年开始的。海蜇是按个数收购的，不论大小，都是一个价。我发现越南的海蜇个头大，品质很好，价格很低，我就到越南去收购，然后运回来加工。海蜇加工后就会缩水，100 斤海蜇加工后只剩下 6 斤，我一算从越南运回来的成本太高了，不如加工好后再运回来，而且越南的土地、人工成本都比较低。于是我就到越南去开了个海蜇加工厂，加工好后用船运回来销售。为了保证货源充足，我就做了很多渔排，平时放在加工厂里，需要海蜇的时候我就把渔排租给越南渔民，让他们把捕捞的海蜇都卖给我，租金从货款里扣除，这就保证了货源的充足。

"近水楼台先得月"，优越的地理位置为京族人从事边境贸易提供了得天独厚的条件。

案例：在潭吉港做边境贸易的京族人

我那时也想做点边贸生意，但不知道怎么做。我听说码头有越南人来，我就到码头上等着，看见越南人来了我就去搭话，问他们需要什么东西。他们讲话我基本上听得懂，他们说需要什么我就去买什么卖给他们。越南人也带来了一些货物，他们卖后得了钱就买一些东西带回去，有时候也不是卖，是换，就是用他们带来的东西与中国人换。我看到越南人的货物质量很好，价格也不贵，我就买一些再卖给其他人。

案例：做货币兑换的京族人

东兴开放后，有很多人到东兴来，游客、做生意的，等等，他们需要兑换货币。国内游客来了，对越南盾好奇，买一点零钞回去作为纪念。我国到越南去的游客，他们在国内换一些越南盾，以方便在越南消费。银行兑换太麻烦了，很多人都在路边换，我看到有赚头，就去做了，就是赚个差价。刚开始的时候1元人民币兑换50多越南盾，现在兑3000多，越南盾贬值得厉害，所以越南人都比较喜欢人民币。

京族人在边境贸易中逐渐积累了资本、经验和人脉关系，于是京族的生意逐渐从水产、日常生活用品交易扩展到煤炭交易。交易规模扩大，但风险也增加了。京族人明知边境贸易有风险，但他们仍然甘愿冒风险从事边境贸易。

案例：在潭吉港做煤炭边贸生意的京族人

我做边境贸易是从货币兑换开始的。那时候潭吉港有很多越南人来，他们买货时需要人民币，卖完货后返回时要把人民币兑换成越南盾。我就找亲戚借了一些钱，看到越南人就问他们要不要兑换，那时候赚的钱不多。经常与越南人兑换货币，慢慢地与越南人混熟了。越南人看我敦厚老实就劝我做煤炭生意，于是我就在潭吉港口租了个货场开始做煤炭生意。我国煤炭的价格上涨得很快，越南经济相对落后一些，煤炭消费少一些，越南的煤炭价格就比较低，煤炭生意就比较好做，利润也比较高，但风险也很大。一是诈骗，那个时候都不签合同的，一般都是与老客户做。即使是老客户，有的做了几单后就拿着货款跑了，找不见人。即使找到了，因为没签合同也是无凭无据的，货款也追不回来。后来成立了公司，运作就规范起来，每一笔都签订合同，诈骗的就少了。二是天气，用船运送煤炭最怕遇到坏天气，如果撞了船损失就大了。现在生意不好做了，差价越来越小了，而且越南对煤炭出口限制得很严，有钱也买不到货。

三、边境贸易的成就

改革开放后，广西京族人抓住边境贸易的有利时机，积极参与边境贸易，相关调查显示，在20世纪90年代，京族参加边境贸易的人数很多，最多时达1000人以上。① 万尾京族70%的劳动力都从事过边境贸易，几乎家家参与，京族的经济也因此取得了飞速发展，这极大地提高了京族人的物质生活水平。1996年，我国农

① 李晓林.京族边贸经纪人[J].中国民族，2009(Z1).

村居民家庭人均纯收入 1926.1 元[①]，而当年，巫头实现人均纯收入 6000 元，是全国农村居民家庭人均纯收入的 3.12 倍；万尾实现人均纯收入 2660 元，是全国农村居民家庭人均纯收入的 1.38 倍；山心实现人均纯收入 4334 元，是全国农村居民家庭人均纯收入的 2.25 倍。[②] 据李甫春调查，1996 年，巫头村共有 60 户 60 人从事边境贸易，其中有 10 人年收入在 20 万元以上，有 3 户年收入在 80 万元上下，每户总资产约 200 万元，有一户的小洋楼造价 40 万元，还配有私人本田高级轿车。有 50 人年收入在 15 万元以上。20 世纪 90 年代，从事边境贸易的京族人数达上千人，占京族总劳动力人数的三分之一，每年边境贸易成交额达上亿元，扣除各项开支和各项税收后，净利润超过 1000 万元。我国京族通过边境贸易已经实现了总体富裕，成为我国最富裕的少数民族之一。由此可见，京族的边境贸易是十分成功的。边境贸易使京族人一举摆脱了靠国家救济的穷苦生活，家家盖起了小洋楼，添置了新型家具，有的还买了小汽车。

四、边境贸易崛起的文化动因

边境贸易的重新恢复让京族人面临更多的发展机会，也让京族人有了更多的选择，面对这样的机会，京族人该如何选择呢？是继续从事传统的海洋捕捞还是开始进行一项自己并不熟悉的边境贸易？布迪厄认为真实存在的实践活动是受"前逻辑"或"前理性"的实践感支配的，其存在的基础是惯习。京族人的惯习是在传统文化的场域中形成的，京族人就是在传统文化的惯习支配下开始了边境贸易实践。

1. 偏好风险的态度

边境贸易虽然给京族提供了大量发展机会，但是边境贸易中也存在很大的风险。一是两国关系的不确定性。1989 年中越两国关系还没有正常化，直到 1992 年中越两国才真正实现关系正常化。因此，1989—1992 年，中越两国之间的关系面临很大的不确定性，这也使得发展边境贸易面临很大的风险。二是政策的不确定性。以往，两国多年对峙，长时间互相视对方为敌对国，开放边境贸易是暂时性政策还是永久性政策，面临很大的不确定性。三是法律风险。当时虽然已经开始了边境贸易，但是与边境贸易相关的法律法规等都还没有完全建立起来，边境贸

① 数据来源于《中国统计年鉴 1997》。

② 李甫春. 在改革开放中走向富裕的中国京族——对广西东兴市江平镇万尾、巫头、山心的考察[J]. 广西大学学报（哲学社会科学版），1999(1).

易面临很大的法律风险。四是商业风险。当时,越南贸易赤字严重,没有足够的外汇支付,边境贸易只好先销售货物,再收回货款,或先向越南人支付货款,越南人再供货。而且当时的交易极不规范,很多交易不签订合同,这就面临很大的商业风险。除此之外,还有很多其他风险。

当时的边境贸易是高收益与高风险并存的,要获得高收益,就要面临高风险。很多人在面对这样的机会时,因为害怕风险而放弃了。但我国京族自古以来就是以海洋捕鱼为生,由于经济条件有限,过去京族人捕鱼工具主要是小木船和小竹排,而海洋风险很大,台风、鲨鱼、海盗抢劫等让很多京族人葬身鱼腹。由于这样的灾难太多,京族人为此还形成了海上招魂的习俗,这说明我国京族的海上捕鱼活动本身就是冒着生命危险来获取收入。京族祖先为追逐鱼群,敢于乘着小木船从遥远的越南涂山一带迁徙到陌生的京族三岛。所有这些都说明京族人本身就具有为获取高收益而甘愿冒高风险的精神,而长年累月的海洋捕捞活动又强化了这一精神。当京族人面临高收益与高风险并存的边境贸易时,受“偏好风险的态度”这一“前逻辑”支配,他们甘愿冒风险选择从事边境贸易。

2. 追求财富的强烈欲望

京族人具有追求财富的强烈欲望,这是由他们的文化观念所决定的。京族人认为灵魂不灭,虽然人的生命是有限的,但人的灵魂是无限的,所以京族人并不是在有限的生命期间通过合理分配其财富实现其活着时的效用最大化,而是要实现其无限时间内的效用最大。京族人认为人死后也会像活着时那样需要吃饭、穿衣、享受等等,但在阴间不生产这些物资,所以在阴间的衣食住行所需要的各种物品都要由其后代供给,若其后代在人间的生活不济,供奉的物品数量会很少,质量也不会高,其灵魂也会受罪。所以京族人在活着时会尽一切努力为其后代积累财富,没有后代的也要努力工作获取财富,以便死后将财富捐献出来而在哈亭获得一个神位,从而使其灵魂在哈节时能够得到供奉。这些文化因素都决定了京族人具有强烈的追求财富的欲望。其禁忌习俗也体现了这一点,比如京族在每月的初一、十五忌他人到自己家里借火,也忌他人来借腌鱼,因为他们认为这样他人会把自己家里的“水头”(财源)扯去。所以京族人在面对高收益与高风险并存的边境贸易机会时,愿意冒高风险来取得高收益。

3. 合作共赢的思想

京族有合作共赢的思想,京族海洋捕捞就是在网头的指挥下众人通过分工合作完成的。日常生活中,京族人也总是相互合作的,如举办京族的哈节,共同防御盗匪,其他如婚礼、丧礼、建房等,都是通过分工合作完成的。在长年累月的共同生产和生活中，分工合作已经成了京族人固有的惯习。当面临边境贸易机会时，虽然京族人愿意从事边境贸易，但是，京族人当时非常贫穷，没有资本从事边境贸易。京族人有语言、族源上的优势，但缺乏资本，外来商人有资本，但对越南不熟悉，二者通过合作，就能相互利用对方的优势。而合作面临的最大障碍就是合作风险，京族人讲求信义的品质大大降低了合作的风险，合作从事边境贸易就成为很自然的事情了。

4. 商品经济知识

传统经济的商品经济特征使京族人掌握了商品经济知识。京族的传统经济形式是海洋捕捞，捕捞的鱼虾并不是完全供自己消费，而是把其中的绝大部分用于出售，以换取粮食、布料、渔网等。海洋捕捞获得的产品从一开始就是用来销售的，具有商品经济的属性。京族人在销售鱼虾时，也掌握了商品经济的一些知识，积累了一定的经验。边境贸易属于商品经济，京族人对此并不陌生，他们可以运用早就积累的经验和知识。京族人通过做翻译和经纪人赚取了边境贸易的第一桶金，有了资本，掌握了进货渠道、销售市场、物流方式，了解了边境贸易的有关知识，再加上京族人愿意为获得高额利润而冒险，自然地，京族人就会独立进行边境贸易。

五、在曲折中发展的边境贸易

1996 年之后，很多京族人退出了边境贸易，这不是偶然现象，而是京族在边境贸易中优势丧失、劣势显现的结果。

首先失去的是语言优势。为了应对边境贸易的发展，越南很多边民已经学会了汉语，能够自由地与中国客商进行交流。越南还出现了很多汉语培训班，专门培训汉语。同时，在东兴等地，也出现了很多越南语培训班。从事边境贸易的中越商人逐渐能够自由沟通，京族的语言优势也就丧失了。

案例：越南边贸商人汉语无师自通

访谈对象：越南人，女，40 岁左右，在万尾金滩兜售小商品

笔者：你的普通话很标准呀！在哪儿学的呀？

越南人：没有学，我常年到这边卖货，一开始也不会说中国话，卖货时就很困难。我在卖货时就跟人学，慢慢地就学会了。

案例：越南人汉语掌握情况

访谈对象：SMZ，男，京族人，37 岁，万尾米粉店老板

笔者：您做过边境贸易吗？

SMZ：没有，我以前做过导游，专门带团到越南。

笔者：您会讲越南语吗？

SMZ：不会。

笔者：你怎么与越南人交流呢？

SMZ：越南很多地方都会讲白话，像芒街、万柱的都会说白话，与我国比较近，交流比较多，所以语言就差不多，说白话的比较多。越南人很多人都会讲普通话（与白话相区分），他们高中就开设普通话课，开店的都会说，不说普通话的我不带团到他店里。越南也有很多民族，每个民族的语言都不一样，和我们国家一样，每个地方都有当地的方言。

案例：内地商人学习越南语

访谈对象：GSL，男，50岁左右，汉族

我在东兴学习了一个月就到越南闯荡了，越南语不难学，很容易掌握。

其次，京族又丧失了关系优势。在边境贸易初期，越南人和我国商人互不了解对方的情况，为了规避风险，不敢贸然接触。我国京族人与越南人是同源的，又因为与越南人通婚或认亲戚等，京族人在越南建立起了以亲戚为核心的关系网，所以越南人比较信任京族人。京族人是中国人，淳朴厚道，所以我国其他地方的商人也比较信任他们，京族人就在边境贸易中占有很大的优势。但是，随着边境贸易的开展，两国的政策越来越明朗，政策性风险下降。同时，两国商人逐渐在对方国家形成了自己的贸易伙伴。这样，中越两国商人之间的贸易不再需要京族人作为中介。两国之间的边境贸易越来越规范，交易双方的行为已经在法律监督之下，卷款逃跑的越来越少了，关系网的作用下降。这样，京族人的关系优势就完全丧失了。

随着边境贸易的发展，京族人的劣势慢慢显现出来。

一是文化水平上处于劣势。随着边境贸易的发展，边境贸易的成交额越来越大，边境贸易的方式也越来越规范，逐渐接近于国际贸易，需要办理各种报关、报检手续。过去，京族人普遍在校学习年限比较短，具有高中及以上文化水平的很少，不具备这方面的知识。虽然京族人听得懂越南语，但不会越南文字，看不懂合同，也不会办理出关、入关手续。

二是交易规模上处于劣势。京族人虽然在边境贸易中积累了一些资金，但相对于外地商人来说，资金量仍然十分有限，大多数京族人进行边境贸易时都是小额的边境贸易。越南做边境贸易的有很多大型的国有公司，采购批量非常大。若这些国有公司向京族采购时，就需要与很多人交易，交易的成本很高，而且规格不统一，也没有正规的票据。所以越南的国有公司不愿意与京族人交易，更愿意与实力雄厚的商人交易。需要什么货物时一次就能完全采购，而且供货快，规格、质量统一，成本低。

案例：不适应竞争导致的退出

访谈对象：WHQ，男，万尾京族人，游船老板，50岁左右

笔者：您做过边贸生意吗？

游船老板：我以前当过兵，退役后我做过边贸生意，现在不做了。

笔者：为什么不做了？

游船老板：后来不好做了。

笔者：为什么不好做了？

游船老板：人太多了，外地来了很多人，做边贸生意需要钱的，外地老板都很有钱，我们没钱肯定竞争不过他们，不赚钱了，就不做了。

案例：

访谈对象：LXQ，男，万尾京族人，50多岁

过去按船的大小收费，现在不分大小，都按统一的标准收费。比如一条船10万元，越南人为节省成本，肯定选择大船。过去一船煤1000吨，每吨300元，交易只需要30万元就行了。因为钱不多，我转手卖出后，客户也有钱支付，赊欠得不多，那时候生意好。客户要求5000卡的，我卖给他4800卡的也没问题，这样成本每吨就能降低2元，利润就增加2000元。那时候查得也不严格，10船煤报关时可以瞒下3船，只报7船，这就可以省下3船的关税，利润就出来了。现在一船煤3000吨，就需要90万元，没这么多钱肯定做不下去。需要的钱太多，我卖给客户后，客户也没那么多钱支付，只好赊欠，不然卖不出去。现在福建、广东的客户还欠我100多万元，我们哪有那么多钱赊账呢？万一有一家出了问题，成本就收不回来，更别提利润了。福建那个客户是我的老客户了，一直合作得很好，有一次欠了我20多万，然后我就去找他们，人是找到了，但他们没钱了，他们赌博，钱都输掉了，能有什么办法呢？只能自认倒霉。现在客户的要求也很严格，要求5000卡的必须交货5000卡以上的，低了就不行，海关查得也很严格，10船煤，报关时一船也瞒不了，否则查到就按走私处理。现在难做了，没什么生意做了，只好不做了。

三是语言优势演变成语言劣势。京族人虽然懂得一些越南语，但京族人的语言与越南的标准语还不完全一致。随着贸易的深化，从事边境贸易的不仅仅是越南北部的边民，还有很多来自越南中部和南部的商人。这些越南商人熟悉越南标准语，而不熟悉我国京族语言，用京语交流就比较困难。相反，正规的公司都会雇

请专业的越南语翻译，交流更为顺畅。因此，京族人的语言优势就逐渐演变成语言劣势。

四是不规范边境贸易成为劣势。边境贸易初期，中越两国边境贸易相关的法律、法规尚不健全，相关机构还没有完全建立起来，两国的边境贸易政策都比较宽松。在这样的环境下，京族人的优势就突显出来。很多京族人做边境贸易与在国内买卖商品并无二致，不办理任何手续，贸易极不规范。从1996年起，两国都加强了对边境贸易的管理，边境贸易逐渐规范化。我国在1996年发布了《国务院关于边境贸易有关问题的通知》，规定边境贸易包括边民互市和小额贸易，边民互市的商品必须是自用的，而且每人每日不能超过1000元，超过的按法定税率征税。经批准，有边境小额贸易经营权的企业才能经营小额贸易。很多京族人的不规范边境贸易不能适应这种变化，只好退出了边境贸易。

案例：不适应政策变化导致的退出

访谈对象：LCM，男，万尾京族人，海蜇加工厂老板，50岁左右

我是从做水产生意开始的，做法很简单，就是买一些日常生活用品运到海上与越南渔民交换水产，我把换来的鱼呀、螃蟹呀什么的用船运回后卖给收购商。1997年后管得严了，说我们走私，被查了几次，我就不做了。

案例：京族人对边境贸易的看法

访谈对象：FLS，男，红坎村京族人，江平小学退休教师，78岁

边境贸易实际上就是走私，那时候管得松，很多人就去做了，后来管得严了，不赚钱，就不做了。

越南在1997年开始就一些商品暂停向我国进出口，越南又实施大量引进外资的政策，利用外资生产越南紧缺的商品。越南国内的日常生活用品供应越来越充足，对我国的依赖度下降，两国之间的价格差也大大下降，利润空间缩小，这也挤压了部分京族人的非正规的边境贸易。

但是，有一部分京族商人逐渐采取了一些措施来应对这些劣势。他们成立了相应的公司。通过边境贸易，京族人已经积累了一些资金，资金不足的找亲戚朋友借款，或到银行贷款。他们以这些资金成立了公司，以公司的方式运作。他们雇佣专业人员进行报关、报检或委托专业公司进行报关；聘请专业的翻译、财务等人员从事专门的工作。这样，京族人的边境贸易逐渐规范化，克服了传统贸易的弊端。他们不断强化自身的关系优势，从而重新确立了竞争优势。因此，1996年之后，从事边境贸易的京族人虽然减少了，但京族人逐渐形成了现代意义上的边境贸易，他们在这一过程中掌握了现代的经营观念和管理方法，市场意识

逐渐形成。

第二节　旅游经济勃兴

风光旖旎的海洋风光，多姿多彩的京族文化，京族拥有发展旅游业的得天独厚的资源条件，京族三岛未开发前就已经有很多人慕名而来。为了发展当地经济，当地政府从1993年开始开发京岛旅游资源，京族三岛旅游业开始兴起。京族通过从事旅游相关工作，获利丰厚。

一、京族人参与旅游业的方式

(1) 经营餐饮。游客到京岛旅游，京族美食是不可少的，很多游客要品尝京族的传统美食。有的要品尝最新鲜的海鲜，所以有很多游客专门在海滩边等候，见有渔船上岸，一拥而上，将渔民刚刚捕捞的海鲜一抢而空，然后纷纷拿到饭店请人加工。还有些游客自己动手在海边沙滩上挖沙虫等，然后将自己的战利品拿到饭店请人加工。有的游客乘船出海，体验渔民的捕鱼生活，返回时把捕到的鱼送到饭店加工。还有些游客变成了“网丁”，与京族渔民一起拉大网，或体验一下京族“寄赖”的乐趣，然后带着“寄赖”而来的鱼到餐馆加工。怕麻烦的就直接点菜、喝酒。京岛旅游区的餐饮需求非常旺盛，很多京族人投资开办大排档、农家乐、粉店、烧烤小吃摊等。有的招牌有“京族”两字，更多的招牌上有“渔村”或“渔家”字样，以突显当地的民族文化，吸引游客进店消费。所有的餐饮店都有专人站在店前，看见有游客过来，赶紧热情地邀请游客进店消费。所有的饭店都有玻璃鱼缸，里面养着各种海鲜，其目的不仅是为了便于保存海鲜，更重要的是让顾客感受到自己的海鲜是最新鲜的。顾客进店，由顾客挑选海鲜，讲明价格，然后称重加工，让顾客吃得放心。据李甫春统计，1999年京族在京岛旅游区开餐馆的已经有20余户，后来，一些从边境贸易中退出的京族人也纷纷投资开办了大排档等。①

(2) 经营旅馆。游客到京族三岛，要领略海上风光，观看潮涨潮落，欣赏朝阳从海上升起、夕阳从海上落下的壮美景观，因此，对于在旅游区住宿也产生了强烈需求。1999年，已经有16户京族人投资建设了多层旅馆，生意很红火，在节假日，旅客更是爆满，很多游客不得不提前预订。外地鱼贩到京族地区收购海鲜，也刺

---

① 李甫春.在改革开放中走向富裕的中国京族——对广西东兴市江平镇万尾、巫头、山心的考察[J].广西大学学报(哲学社会科学版)，1999(1).

激了京族旅馆业的发展。

(3) 出租太阳伞。海洋风景固然很美,但阳光强烈,到海里游泳也需要把随身的衣物、物品等寄存。京族人看到游客的这一需求,纷纷在海边设太阳伞摊位。1999 年,已经有 46 户京族人在海边设太阳伞摊位。

案例:出租太阳伞

访谈对象:SWQ,男,万尾京族人,55 岁左右,太阳伞摊位老板

出租太阳伞分季节的,冬天游客很少,生意就不怎么好。从 4 月份到 11 月份,天气热,有很多人来海边玩,生意就很好,尤其是在节假日和周末,生意非常好。有的人在海边玩累了,就想坐下来休息一下。有的一同来的有几个人,然后一边欣赏海边风光,一边聊天。我们也保管东西,游客来了要游泳,随身的一些物品像手机、相机等我们也替他们保管。有的游客买来一些海鲜,也可以坐在太阳伞下一边欣赏海上风光,一边与朋友品尝海鲜。

(4) 经营商店。到海里游泳需要游泳衣、游泳圈、救生衣等,儿童在沙滩上挖沙子等需要有关的工具,游客需要购买京族独特的产品作为亲戚朋友的礼物等,日常生活也需要各种生活用品。京族人敏感地察觉到游客的这一需求,于是开办了超市、京族特色产品商店、海边旅游商品摊点等。1999 年,京族已经有 33 户开设了小商店。

(5) 提供旅游客运服务。京岛旅游区景点分布地域范围比较广,为了满足游客游览所有景点的需求,1999 年,京族有 9 人投资购买了微型面包车,专门用于旅游客运。

(6) 提供渔民生活体验服务。京族传统的捕鱼生活吸引了游客的目光,游客竞相一睹为快,一些渔民开始迎合顾客需求,向游客提供京族渔民生活体验服务。有些渔民将渔排进行改装,装上座椅,配备救生衣等,使渔排摇身一变成了游船。

案例:游船

访谈对象:RHQ,男,万尾京族人,50 岁左右,游船老板

RHQ:老板,坐船呀? 可以出去打鱼,鱼都是你的,也可以到怪石滩,很好玩的。

笔者:你这游船是渔排改装的呀! 安全吗?

RHQ:放心吧,绝对安全,我们把你的命看的比我们自己的命还重要。虽然是渔排,但很安全。海况我们很熟悉,不安全的地方我们不去。我们还专门配备了救生衣,每个人都要穿救生衣的,即使一不小心掉海里了,也不会沉下去。我们常年捕鱼的,水性很好,救人不在话下。用渔排出海,才能真正感受我们京族海民出

海捕鱼的乐趣呀!

笔者:坐你的游船到海上捕鱼多少钱?

RHQ:300元。

笔者:你们自己也捕鱼吗?

RHQ:是的。

笔者:是出海捕鱼收入多还是做游船生意收入多呀?

RHQ:鱼汛期的时候捕鱼收入多,我们就去捕鱼,鱼少的时候我们就做游船生意。

有些京族人将渔具等出租给游客,在京族渔民的指导下自己捕鱼。还有些渔民提供高跷捕鱼(主要用于捕虾)表演。高跷捕鱼原是京族渔民的一种传统捕鱼活动。那时京族渔民比较贫穷,没钱造船或渔排,也没钱买网,出不了海,只好在近海用虾罾捕虾。京族渔民为了到更深的海水中捕虾,只好踩上高跷,带着虾罾下海。因近海资源枯竭,传统的高跷捕鱼早已淡出京族渔民的生活,很多京族人甚至从来没见过高跷捕鱼。但高跷捕鱼在海中形成的独特造型吸引着游客的目光,旅游业的发展又让它重新焕发出生机,高跷捕鱼又重新被开发出来。其目的已经不再是捕虾,而是为了吸引游客。游客有时为了拍照,就请京族渔民来表演推虾,每人给予200元钱。

案例:高跷捕鱼

访谈对象:PXS,男,万尾京族人,渔民,80多岁

PXS:看高跷捕鱼吗?那边就是我的渔网。

笔者:您是以前就用高跷捕鱼还是为表演才学的?

PXS:我从小就会高跷捕鱼,不是捕鱼,是推虾。我每年都踩高跷去推虾,收入不多,一年收入有几千元吧。开放了,有人想看高跷捕鱼,我就表演给他们看。

笔者:高跷是您自己做的吗?

PXS:是的,都是我自己做的。我还会做很多东西,哈节迎神队伍拿的独弦琴都是我做的,其他的竹制品、木制品我都会做。

笔者:表演一次多少钱呢?

PXS:200元。

笔者:您有电话吗?如果有人想看,我联系您。

PXS:我没有电话,我们老了,不会用电话。那边是我女儿开的大排档,您可以到那里找我。

(后来在哈亭见到了万尾村会高跷捕鱼的最后5个人,年纪都很大了,都没有

手机。）

京族渔民拉大网捕鱼活动也成了旅游项目。京族的大网非常长，需要的劳动力有20～50人之多。大家齐心协力地将大网拉上岸，好像是在拔河，所以京族人亲切地称之为“与海龙王拔河”，拉上岸边就表示胜利了，海龙王就会“奖赏”鱼虾给渔民。旅游业的发展使拉大网不再仅仅用于捕鱼，更是一种表演，是为了捕捉游客的目光。京族渔民为了让游客感受拉大网，可以按游客的要求表演，比如一网收取游客1000～1500元，京族渔民出渔网和人力拉大网，其间游客也可以参与拉网，或在旁边观看、拍照等，捕捞的鱼归游客所有。

案例：拉网捕鱼

访谈对象：WMZ，男，万尾京族人，40多岁

我们这边海边有好几个海埠，东边有几个，西边也有几个，基本上都是我们万尾村的（指第12～17小队）。最东头那个海埠最好，每次拉网捕的鱼最多。开放后，有很多人不再自己拉网了，游客想拉网，可以给他们钱，比如一网给个1500元或2000元，或按人头，一个人给200元，他们就可以替游客拉网。捕的鱼，无论多少都归游客。

（7）冲淡水服务。万尾金滩地势平坦，海水清澈，是游泳的好地方，夏天几乎每一位游客都会到海里游泳。海水是咸的，从海里上岸后要冲淡水，京族人敏锐地把握了游客的这一需求，沿着海边建设了各式各样的小房间，专门向游客提供冲淡水服务。

案例：冲淡水服务

访谈对象：WMZ，女，万尾京族人，60多岁

现在没有以前的人多了。以前夏天人很多，×××只是提供冲淡水服务，一天就赚了7000多块。每个人才收3块，你算算有多少人？

（8）提供到越南旅游服务。有些游客想体验从万尾坐船到越南旅游的乐趣。也有专门的旅游公司提供这类服务，普通的京族渔民参与者较少。

（9）汽艇海上观光游。很多京族人购买了汽艇，载着游客出海观光。

（10）海上钓鱼活动。有些京族人将渔排改装，载着游客出海钓鱿鱼。京族渔民说钓鱿鱼很好玩，鱼钩是直的，不需要饵料，但有一个虾形的木制假饵，非常有趣。

除此之外，还有很多京族人从事与旅游相关工作，比如维修、导游、京族文化风情展示、表演、照相、理发等，收入都比较丰厚。

据李甫春估算，万尾与旅游相关的所有行业的总收入每年已达400万元左

右,1997 年,京岛旅游区已经接待游客 30 万人次。京族三岛旅游业已经蓬勃兴起,很多京族渔民已经参与到旅游中来,获利丰厚,旅游正逐渐成为京族的支柱产业之一。

案例:从事旅游服务业致富的京族人

访谈对象:SFL,万尾四组人,京族,60 岁左右,海边餐馆老板

一位老人拿着锯等工具正在加工一块木板,旁边是一个渔排。

笔者:你是在造船吗?

老人:是的。

笔者:你一个人造船呀?

老人:是的,我闲着没事,造个船和朋友一起到海里钓鱼。

笔者:你是京族人吗?

老人:是的

笔者:万东那边不是汉族人吗?

老人:我妈妈是京族。我以前在东兴工作,后来我被开除党籍和公职,我就回来了。

笔者:为什么?

老人:我多生了一个女儿,我两个儿子,一个女儿,1983 年、1984 年计划生育很严的。这个饭店是我的,我和老伴的,那边那个是我小儿子的,那边还有一个很大的饭店是我大儿子的。这片地都是我的,35 亩。

笔者:那需要不少钱吧?

老人:那个时候 400 多万元,这个码头也是我修的,40 万元。

笔者:你好强呀!

老人:这边有很多外地的,有四川的、贵州的、河南的。

笔者:他们做什么呢?

老人:什么都做,比如卸煤,他们都住在我家里。不是住在这边家里,是我在村子中的家里。

笔者:你租给他们的?

老人:不是,都是免费给他们住的。我们在这边做生意,村子里的房子就空闲着,他们在这边没房子住,我就让他们住了。

二、京族旅游经济兴起的原因

京族旅游经济兴起的原因是多方面的。

一是边境贸易的带动。随着边境贸易的发展，边境贸易成交额越来越大，人员往来越来越多，“东兴口岸每年的出入境人数达到500万人次，在全国陆路口岸中排名第三”①。随着客商的流动，客商口口相传，报纸、杂志等相关媒体又竞相报道边境贸易，位于中越边境的东兴市越来越有名气，全国各地的人们逐渐产生了一览边境风光、领略异域风情的欲望。同时，随着我国经济的快速发展，我国居民的收入水平也快速提高，具有了把这种欲望转化为现实的能力。因此，边境贸易的发展带动了边境旅游的需求，到东兴旅游的人员越来越多。

二是京族三岛地理位置优越。京族三岛距离东兴市只有10公里，有公交车直达，交通非常便利。京族三岛濒临北部湾，与越南隔海相望，正好满足了游客一览异域风光的心理需求。到东兴市旅游或做生意的必到京族三岛旅游。

案例：因边贸而来金滩的游客

访谈对象：ZXH，男，汉族，四川乐山人，40左右，游客

笔者：您好！您是哪个地方的人？

ZXH：我是四川的，我的朋友在东兴做生意，听说生意不错，我过来看看，也想在东兴做点生意。东兴我都看过了，房价不高，我朋友租了一套房子，100多平方米才2000多一点。我准备到越南那边看看，现正在办理签证，包年的那种。签证还需要再等几天，听朋友说这边很不错，我就过来玩玩。东兴到这边也很方便，坐5路公交车，一会儿就到了。

三是京族独特的文化。京族是跨国民族，京族富有魅力的文化也吸引着人们的目光，京族与越南人同源，游客希望不出国门就能从京族人身上看到越南人的风情。京族在边境贸易中充当翻译和经纪人也使京族声名远播。

案例：到金滩旅游的一家三口

访谈对象：一家三口，汉族，重庆人，游客

一家三口，男孩子8岁左右，刚刚从游船上下来。

笔者：你们今天捕的鱼好多呀？你们坐这船多少钱？

重庆人：300元，贵吗？

笔者：你们三人包一艘船300元不算贵。

重庆人：我们也觉得不贵，打了这么多鱼，差不多有三四斤吧，都是我们的，这

---

① 庞革平，谢建伟. 回眸十一五　展望十二五：千帆竞发北仑河[EB/OL].[2010-11-9]. http://politics.people.com.cn/GB/14562/13261341.html.

些都是没污染的，挺划算的。这边还没开发出来，还不是那么商业化，感觉民风很纯朴，我们就是带着孩子来感受一下京族文化的。

京族人之所以能够成功参与旅游业，与京族的传统文化密切相关。京族旅游业开始于1993年，那时京族人已经在边境贸易中养成了市场经济意识，当家门口出现盈利机会时，京族人自然会抓住机会。京族传统上热情好客，只要有客人上门，都会捧上糯米糖粥招待，客人走时京族人还会拿出家里的咸鱼让客人带上。由于是长久形成的习惯，京族对人的热情是自然的，游客到此能够感受到一种宾至如归的感觉，而不像其他地方商业气氛浓厚，给人一种做作的感觉。京族具有包容性文化，对任何文化都不排斥，而是保持尊敬，并且对游客也没有什么文化禁忌。京族人讲求信义，不坑蒙拐骗，也不宰客，到万尾能够放心地旅游，不用担心什么。既能欣赏海上风光，又能感受京族风情，还能给人一种家一样的感觉，所以游客愿意到万尾旅游。京族人开设的宾馆、饭店、商店等自然顾客盈门，游客也可以很放心地乘京族渔民的渔排出海，感受京族渔民出海捕鱼的生活。京族传统上以海为生，海鲜是他们自己捕捞的，是最新鲜的。京族的拉大网、出海捕鱼、高跷捕鱼是他们传统的生产劳动，而游客希望参与其中。京族人不需要另行购买渔排、渔网，不须另行组织人员就可以让游客感受京族捕鱼生活，这自然比外地投资者更有优势。正因为如此，一些外地投资者有时也会冒充京族人。

四是优美的环境。京族三岛濒临大海，海水清澈透明，沙质金黄细软，风光秀美，海边红树林郁郁葱葱，有成千上万的鸟儿在此栖息、繁衍，京族三岛确实是一个休闲娱乐的好地方。在京族三岛还未开展旅游业时，已经有很多人慕名而来。

案例：到金滩的老年游客

访谈对象：男女7～8人，汉族，四川人，65左右，游客

笔者：您好！你们是哪个地方的人？

老人：我们是四川人，来这边过冬的，这边天气暖和，还有海，空气很好，每天在海边散散步、晒晒太阳挺好的。我们长期在这边，住京滩大酒店，就在那边，包吃的，过年的时候我们再回去。

案例：

访谈对象：两河南人，汉族，一人40岁左右，另一人60岁左右，农民工

那边还有几个河南人，住在京岛宾馆，他们是来过冬的，老家太冷了，这边天气暖和，风景很好。

五是政府重视。为了满足游客需求，更好地服务游客，也为了推动京族三岛旅游业的发展，东兴市成立了京岛旅游度假区管理委员会，专门负责京族三岛旅

游的规划和开发建设。京族人数少，难以筹集足够的发展资金，京族也缺乏旅游开发的知识和经验。为了促进京族三岛旅游业的发展，1993年，管委会借鉴其他地方的经验，在万尾征用海边土地5000亩，以优惠价格进行招标，以引进投资，开发京岛旅游资源。在1999年已经与76家投资单位签订了投资合同或投资意向书，京岛旅游区的基础设施已经得到极大改善。修建了8公里长的民族大道，完成了自来水供应工程，环岛公路已经完成部分工程，景区街道路灯已经安装好，岛上还安装了100座程控电话。为了吸引游客，东兴市投资几十万元在万尾海滩修建了具有京族特色的竹楼等建筑，招募了一批演员，成立了京族文化艺术表演队①，每天都向游客表演京族文化、歌舞等。基础设施的改善大大方便了游客，到京族三岛旅游的人数越来越多，这为京族人参与旅游业提供了机会。

第三节　渔业经济转型

一、渔业经济转型的表现

（一）传统渔业的变迁

1. 在总体经济收入中的比重变小

20世纪70年代以前，京族以渔业为生，渔业收入占京族总收入的绝大部分比例。70年代后，强调以粮为纲，尤其是填海造田之后土地面积大幅增加，农业的比重上升，渔业收入所占的比重开始下降。1983年京族地区落实联产承包责任制后，京族人自由决策，又开始了传统海洋渔业，渔业经济所占比重开始上升。从1989年开始，边境贸易兴起，很多京族人开始从事边境贸易，收入大增，传统渔业经济的劳动力大幅减少，渔业经济收入所占的比重下降。从1996年开始，由于国际国内形势的变化以及国家对边境贸易政策的收紧，从事边境贸易的京族人开始减少。由于传统海洋渔业生产风险大，又很辛苦，很多人不愿再从事此种劳动，旅游业等相对比较轻松，很多京族人转行从事旅游服务行业。传统捕捞业所占的比重与70年代前相比也大幅下降。渔业经济劳动力人数占京族劳动力总人数的比重不到1/3。

由表2-2知，在2004年，从事浅海捕捞业的京族为150户，海水养殖业180

① 如今演出队伍已解散，后由京族民间自发成立了“独弦天籁艺术团”。

户，海产品加工业 100 户，浅海捕捞业、海水养殖业、海产品加工业属于渔业经济，这三项的劳动力总和为 430 户。由此可见，渔业经济的劳动力总和仍然占较大比例，说明渔业经济在京族经济中仍然占据重要地位，但与 70 年代前相比有所下降。70 年代前京族的渔业经济只包括浅海捕捞业，几乎家家都参与。2004 年京族从事浅海捕捞业的只有 150 户，在所有产业中所占的比重大幅下降。

表 2-2　2004 年万尾京族从业分布表①

产业	浅海捕捞业	海水养殖业	海产品加工业	边境贸易业	旅游餐饮服务业	运输业	竹排修造业	对虾销售业	外出务工
从业人员	150 户	180 户	100 户	100 人	180 人	12 人	5 户	1 户	50 人

案例：京族传统渔业经济比重下降

访谈对象：海蜇加工厂老板，男，京族，35 岁

做海的不多了，做海太辛苦了，至少需要两个人，一般三个人。男的出海，女的解网，就是把网上的螃蟹等解下来，把网上的贝壳等杂物去除掉，把网整理好，以便出海使用。女的还要耙螺等等。出海投资较大，一个渔排至少 3 万元，两台机器 2 万元，还要买网，加油，投资至少需要 5 万元。现在有些门路的都不做海了，做旅游服务业、边境贸易等等。

2. 生产工具的变迁

京族传统的航海工具是小木船、小竹筏，主要依靠手工或风力作为动力，体积比较小，行动缓慢。人民公社时期曾经组建了几艘大型拖船，到深海拖网捕鱼。实施联产承包责任制以后，京族开始以家庭生产为主，单个家庭劳动力少，也无力承担深海捕鱼的成本，所以大型拖船被闲置，后来被出售了。

20 世纪 80 年代后，传统的小木船、小竹筏逐渐被淘汰，取而代之的是机动船和机动渔排，其中以机动渔排最多。以木材制成排底，在底部装上塑料泡沫，以木头或竹子做排身，排尾装上发动机。一般的渔排装两台发动机，比较小的装一台，大型的装多台。渔排尾部是敞开的，便于渔民上下船和装卸物资，也便于排水。渔排里设有专门的鱼仓，捕获的鱼放在鱼仓暂养，以避免其死亡变质。整个渔排轻便、快捷、安全。京族渔民人数虽然减少了，但每户至少有一艘机动的渔排，所以渔排的数量增加了。据万尾京族人讲，20 世纪 90 年代，在捕鱼旺季时，仅在万尾岛附近海域捕鱼的渔排就有 1700 多个。

① 周建新，吕俊彪，等. 从边缘到前沿　广西京族地区社会经济文化变迁[M]. 北京：民族出版社，2007：44.

20世纪50年代前，京族主要依靠经验来判断未来天气变化情况。50—80年代，村里安装了高音喇叭来播报天气信息。20世纪90年代后，京族渔民更多地依靠天气预报来决定出海捕鱼和返回的时间。每艘渔排都配有指南针、电台、救生衣等，有的还配备了卫星定位系统。对于鱼群的探测也不再仅仅凭借经验，更多地依赖科技仪器和设备。

京族传统的捕鱼工具是渔网、渔笼等，在形式上没有大的变化，不过渔网不再使用麻线或棉线织造，而是采用更结实耐用、更能抗腐蚀的绞丝线。网更长更宽了，由于海洋渔业资源日渐枯竭，渔网的网眼比以前更小了。京族人不再自己织网，而是到市场上购买，买回来的网丝线比较细，京族人买回来后根据需要再动手改动。

案例：

访谈对象：万尾渔民，男，京族，50岁左右

笔者：这网是您自己织的吗？

渔民：不是织的，是在江平买的，我们很早就不织网了，江平有专门卖网的，买网更方便。

笔者：这网线是什么材料做的，是麻线吗？

渔民：不是麻线，是绞丝线。很早之前有些渔网是用麻线，那时候自己纺麻线织网，织好后再上胶以提高耐用性。现在很少有人种麻了，麻线很贵，而且不结实。

笔者：你们出海捕鱼怎么辨别方向呢？

渔民：我们都带指南针，有的还装了卫星定位系统，方向迷不了。你看这是定位仪（他从口袋里掏出定位仪），设置好，自动确定航线，先进吧？就怕天气不好。

笔者：没天气预报吗？

渔民：天气预报不准，我手机订了天气预报服务。有一次预报是晴天，我们就出海打鱼了。突然天气变了，刮起了大风，还下起了雨，我们相信天气预报，就继续打鱼。谁知风浪越来越大，差一点翻船，要是天气预报再准点就好了。

3. 生产方式的变迁

传统上，京族人家合伙出资共同购买渔船、渔网，共同捕鱼。1983年后，京族合伙出资、集体捕鱼的越来越少了，除了拉大网外，一般都是单个家庭出资，夫妇合作出海捕鱼。

随着经济的发展，海洋捕捞出现了雇工形式。投资者购买渔船（排）、网等生产资料，雇佣渔民出海捕捞，鱼获归投资者所有，投资者按鱼获的多少向渔民支付

工资。这种形式不同于京族传统的“低嗨”,“低嗨”的双方都是渔民,双向帮工,是互惠的,报酬是小鱼小虾等实物。京族人之间通过这种方式来增强情感联系,体现的是一种温情。现代雇工形式的一方是投资者,他不会出海捕鱼,另一方是渔民,两者是不同的。渔民向投资者提供劳动,投资者不会向渔民提供劳动,所以提供劳动是单向的。报酬是以货币支付,而不再用实物支付。工人与雇主之间只是交换关系,雇主拿钱与工人交换劳动。

随着经济的发展,京族人有能力购买渔网,出租渔网的基本消失。也不再织网,而是购买渔网,渔网由绞丝线织成,买回来自己再改装。

4. 鱼获销售方式的变化

新中国成立前,京族男人出海捕鱼,妇女则将鱼等拿到江平、防城、东兴等地销售,有时也到山里与壮族进行鱼粮交换,甚至远赴越南等地销售。20 世纪 90 年代以后,有很多外地商人前来收购,许多京族人如苏春发等也开始进行收购,然后运往外地进行销售。所以渔船一到岸,马上就被抢购一空。有时游客为了品尝最新鲜的鱼虾,也会前来购买。京族妇女不需要再前往市场进行销售了,很多人随同丈夫一起出海捕鱼,男的放网,女的解网。由于海鲜供不应求,还有很多京族人收购越南渔民捕捞的海产品,然后运到广州、北京、上海等地销售。

(二)海水养殖业的兴起

京族渔业经济转型的一个重要变化就是海水养殖业的蓬勃兴起。1983 年以后,京族人纷纷把低产的农田挖成鱼塘进行海水养殖,尤其以养殖对虾的居多。当海水涨潮时,人们用抽水机等将海水引入池塘,再加入适当的淡水,使水的浓度达到合适的水平,再投入虾苗。由表 2-2 可知,2004 年万尾从事海水养殖业的已达 180 户,不仅超过了从事浅海捕捞业的户数,而且超过了从事其他产业劳动力的户数,在所有产业中是户数最多的。

早期的虾苗是外地培育的,后来很多外地商人来到此地投资培育虾苗,尤其以浙江的居多,部分京族人逐渐学会了虾苗培育技术,开始投资培育虾苗,虾苗培育逐渐当地化,有些虾苗甚至销往越南。养虾的收益很高,但风险也很大,最大的风险是虾病,一旦爆发就血本无归;另一个风险是台风,台风带来大量降水,水溢出虾塘,虾就会顺水逃掉,大量的降水也会引起虾病的爆发。京族三岛中,巫头的京族养殖户最多,规模较大,万尾、山心虽然也有京族养殖户,但不是很多,主要以外地人为主。

案例：

从万尾菜市场沿着拦海大堤向北走，一直到潭吉，一路上可见成片的养殖场，农田很少。

访谈对象一：SQP，女，万尾京族人，40多岁，哈妹

我老公养殖对虾，他边干边学，不懂的就请教周围的养虾人，有时候政府也组织培训，慢慢摸索出了经验。养虾风险很大，就和赌博一样，成功了收入很高，失败了损失也很大。资金都是自己筹集的，如果不够就找父母、兄弟借，有时候也贷款，有钱了再还。我们本地有虾苗场，本地孵化的。虾饲料是外地老板运来赊给我们，我们收获后再付款。有很多老板过来收购，如广东的等等。

访谈对象二：万尾村湛江HK虾苗场经理等

找到了一家虾苗场，于是进去，有四五个人在，我先自我介绍，这几个人很客气，给我沏了一杯茶。

"这边京族人养殖的不多，主要是浙江人养殖，还有湖南的、湖北的、河南的，本地人养殖的比较少。其他地方的都是跟着浙江人来学养殖的。比如一个浙江人来养殖，他的一些亲戚朋友就有可能也跟着来养殖，他的亲戚朋友有的可能就是湖南、河南的等。京族人也是跟我们学的，虾塘都在一起，看别人怎么做就怎么做。另外，我们也会提供一些养殖知识和技术，饲料商也会告诉他们怎样投料，什么时候投料，投多少料等，慢慢地他们自己就学会了。京族人培育虾苗的很少，基本上都是外地人来培育的，以浙江人居多。虾苗不是谁都能培育的，要有管理人员、技术人员、销售人员，有一定的客户群以及维护客户群的手段，具备一定的资金实力，这必须以公司的形式运作才能实现。我们公司除了虾场，还有饲料厂、水生物制剂以及自己的养殖场、药剂等，我们是整条供应链一起运作的。我们培育的虾苗是南美白，种都是从美国进口的，钱都被美国人赚去了。南美白是广盐度的，纯海水可以养，纯淡水也可以养，它们的祖先就是生活在海水里的，后来经过人工驯化，加点淡水养殖比较好。南美白适应性比较好。你看这就是虾苗，就是在水中游动的小黑点。虾苗长这么大就可以出售了，要不是这些天下雨，已经出售了。我们一个池子可以养殖100多万条虾苗。"

访谈对象三：SCF，万尾京族人，哈亭亭长

过去我们的虾苗都是从外地买的，后来我们就自己培育虾苗，我们不用再到外地买，还有些外地的人到我们这边购买虾苗。过去我们从越南那边买海鲜，现在不同了，我们头脑比越南人聪明，我们搞养殖，养殖得多了，价格也就低了，我们

的很多海鲜都销往越南了。

2000年起,京族也开始养殖一些经济价值较高的鱼类,如石斑鱼等,主要是在海边浅水湾网箱养鱼。也有一些在海滩养殖海螺的,养殖的方法很简单,就是用网箱将海滩围起来,投入螺苗,平时常去看看网箱是否被海浪损坏,及时维修,其他的就不用管了,年底收获海螺就行。海滩是公共资源,在海滩养螺有时还会引进一些外来物种,威胁本地鱼类、贝类,近些年已经不允许在海滩养螺,以前的螺场都用挖土机铲掉了,很多人又在池塘养螺。有些京族人也在海中用蚝排吊蚝养殖,就是把蚝排放入海中,用线把蚝壳或石头拴成一串串系在蚝排上,在海中游动的幼蚝遇到蚝壳或石头就寄生下来,年底解下绳子就可以收蚝了。

案例:蚝排

一群人正忙着用绳子将一根根木头捆扎成木排。

笔者:你们这是做什么呀?

FCG:这是蚝排,吊蚝用的。

笔者:吊蚝?

FCG:我们将排捆扎好后,拖到深海去养蚝。

笔者:是你们自己养蚝吗?

FCG:不是,是老板的,我们是防城港的,是来打工的,老板一天给我们300块。

养殖业快速发展,海水养殖的鱼虾迅速增加,逐渐超过了浅海捕捞的数量。

由表2-3可知,1998—2000年,万尾浅海捕捞量迅速下降,而海水养殖量则急剧上升。这是因为过度捕捞使浅海渔业资源枯竭,外地人的到来又带来了较为先进的养殖技术,一部分京族人开始学习外地人的养殖经验,将低产的田地挖成鱼塘进行养殖。

表2-3 1998—2000年京族渔业产量①

	1998年	1999年	2000年
浅海捕捞量/吨	14352	14345	7639
海水养殖量/吨	2151	3150	11253

① 周建新,吕俊彪,等.从边缘到前沿　广西京族地区社会经济文化变迁[M].北京:民族出版社,2007:47.

案例：

访谈对象：万尾米粉店老板，男，京族，37岁

笔者：万尾这边以哪种经济为主？

老板：做海呀，养殖呀，收购海鲜呀，做小生意呀，什么都做，只要能赚钱就做。

笔者：还有种地的吗？

老板：有，我们这边靠海边，不适合种植水稻，产量低，种水稻不划算。我小时候种水稻的就很少了，很多人就把低洼的田挖成鱼塘搞养殖了。现在每家的地都很少，一家也就几分或一亩，这边一点，那边一点，不种就荒芜了，长了很多草，以后再想种就麻烦了。一般种些红薯呀、花生呀、玉米呀什么的，还有菜呀，等等。我们这边是沙质土壤，红薯、花生等长得又大又好吃。红薯在我们这边叫红姑娘，外地人都很喜欢。我们不卖的，种的都是自己吃的，或者送人，前一段时间我就给我南宁的亲戚邮寄了一些。

（三）海产品加工业的兴起

20世纪90年代以前，京族从海上捕捞的鱼虾，一般不进行任何加工，直接拿到市场上进行销售，销售不完的则制成鱼干或鱼汁等。90年代以后，京族海产品加工业开始兴起，主要是海蜇加工业。

海蜇最喜欢生活在河流入海口处，京族三岛正处在北仑河入海口与江平河入海口之间，每年农历正月至四月是海蜇爆发期，海面上漂浮着大量的海蜇，有很多海蜇被风浪推上海滩。90年代以前当地没人吃海蜇，京族渔民也就不捕捞海蜇，大量的海蜇涌上海滩，腐烂之后发出恶臭。海蜇的触手有毒，渔民不小心触碰到海蜇，就可能会被海蜇注入毒液，皮肤就会长时间发痒，严重的还可能丧命。90年代以前，京族渔民视海蜇为一大祸害，出海捕鱼时最怕遇到海蜇。

1993年有外地人来到此地，看到海滩上遍地的海蜇，就告诉京族人说："这可是宝啊，外地有很多人在收购。"京族人这才如梦初醒，赶紧准备船和网去捕捞。

海蜇是一种软体动物，水分含量高，极易变质，在运往外地之前需要先进行加工。在20世纪90年代初期，一般是外地商人购进海蜇后就地进行初步加工，然后运往广东、上海、香港等地，到达目的地后再进行深加工和销售。京族人发现海蜇加工后价格暴涨，加工海蜇的技术也不复杂，于是也学着开设了加工厂，加工之后装箱就可以销售了。

最初只有广东人来收购海蜇，他们不吃海蜇花，京族人就直接把海蜇花扔掉

了，后来山东等地的北方人也来收购海蜇，京族人才知道原来海蜇花也是可以卖钱的，他们的生意就更好了。

京族三岛海蜇资源丰富，也吸引了一些外地人前来投资，如福建、广东、湖南等地的投资商。海蜇加工厂的工人主要以年轻妇女为主，主要是因为此项工作要求细心和耐心，而一般的男子不愿意从事此类工作。在海蜇加工旺季，需要大量人手，本地人远远满足不了需要，京族人只好到外地招聘工人。万尾海边已经建起了大大小小的海蜇加工厂，有些没找到地皮的，只好到远处租地皮建海蜇加工厂，海蜇捕捞和加工收入已经成为京族人收入的重要来源之一。

案例：海蜇加工

访谈对象：海蜇加工厂老板，男，万尾京族人，35岁

我也有一个加工厂，就在那里的海边，简易的，就是盖石棉瓦的那种。现在还不到捕海蜇的时候，海蜇很少，也没成熟，个头小，10元一个，我还没开始收购。开春后海蜇就成熟了，大的有这么大(他用手指着旁边的圆形餐桌桌面)，有100多斤重，十几元一个。过完年就到了捕捞海蜇的时候了，那时候你可以过来看一下。早晨几百个木排出海，机器轰鸣，非常壮观。傍晚返回，每一艘船都装得满满的，大家那个高兴呀！过完年后我就开始收购了，我也雇了7～8个人，我赚得少，一年也就赚个十几万元，他们赚几十万元、上百万元的都有。你们不忙，也可以做做生意。

案例：海蜇装运

访谈对象：装运海蜇的三轮车司机，男，45岁左右

虽然现在不是捕捞海蜇的最佳季节，但仍然有捕捞海蜇的。这就是一艘刚刚满载而归的渔船，船要靠岸时，船上的人喊一嗓子，在海堤上等候的手扶拖拉机就从海堤上开下来，一直开到海里，与船平行，然后大家一起动手将海蜇从船上卸到手扶拖拉机上。由于海蜇有毒，大家都戴着厚厚的橡胶手套。海蜇不需要容器，直接装在船上或三轮车上，一船海蜇需要4辆手扶拖拉机装。

笔者：你们是来收购海蜇的吗？

司机：不是，我们是海蜇加工厂派来的专门运海蜇的。

笔者：加工厂在哪边呀？

司机：那边，离这里大约两公里，在海蜇捕捞季节，这里的海边也有很多加工厂。

笔者：像这样的海蜇，多少钱一斤？

司机：不按斤，按个，不分大小，一个十元，加工好的按斤卖。

除了海蜇加工以外，对虾加工业也逐渐开始兴起，这主要得益于当地对虾养殖业的兴起。

二、京族渔业经济转型的原因

（一）收入来源多样化使传统渔业所占比重下降

京族是海洋民族，过去主要靠捕鱼为生，京族人70%的收入来源于海洋渔业。20世纪90年代后，京族多种产业兴起，边境贸易、旅游业、养殖业、加工业等方兴未艾，传统渔业收入只占京族总收入的一部分。边境贸易、旅游业、养殖业、加工业的发展为京族带来了丰厚的利润，即使京族传统渔业的收入没有下降，但相对于总收入，其所占份额也是下降的。由于过度捕捞，浅海渔业资源日渐枯竭，浅海捕捞量日渐减少，而且捕捞的多是小鱼。笔者进行田野调查时发现，无论是拉大网还是高跷捕鱼，捕捞的多是小鱼小虾，大部分是小鱼苗、小虾米，每网捕捞量很少。很多渔民被迫到深海捕鱼。

（二）渔业劳动力减少和渔业利润水平上升推动了捕鱼工具的革新

海洋捕捞非常辛苦，边境贸易、旅游服务业相对轻松，而且收入很高。年轻人不愿意出海捕鱼，更愿意从事边境贸易、旅游服务业等，所以很多京族人从事边境贸易和旅游服务业了，这就导致从事海洋捕捞的劳动力减少。因为海上捕捞劳动强度大，过去京族是通过分工合作共同捕鱼。现在劳动力少了，已经不能采用原来的那种方式捕鱼，京族人被迫采用先进的机器来代替人力，所以渔船变成了机动船，竹排装上了发动机。速度更快，操作更简单，渔网等也比以前更大。还采用了以前没有的一些捕鱼方式，如灯光捕鱼、拖网捕鱼等。

边境贸易和旅游业的发展使京族地区及附近涌入大量人流，这些人要么是商人，要么是游客，他们手中有钱，当然都希望品尝京族渔民捕捞的海鲜，所以当时在东兴、江平以及京族三岛开设了很多海鲜馆，这就使得当地的海鲜需求大增。边境贸易和旅游业的发展也带动了交通等基础设施的改善，物流更为快捷，成本也更为低廉，京族的海鲜可以快速、低成本地运往全国各地。随着我国经济的快速发展，人们的收入也快速增长，从而产生了品尝海鲜的需求，这就使得海鲜的需求大增。

需求上升推动海鲜价格迅速上涨，这一方面使得海洋捕捞更有利可图，使京族人有动机更新捕鱼工具和设备;另一方面使京族人有足够的财力更新生产工具。因此,为了能够捕捞到更多的鱼虾等海产品,京族人自然就纷纷更新了捕鱼工具和设备。另外,由于当时对海洋捕捞的管理比较松散,除了京族人在该海域捕鱼外,海产品价格的上涨也吸引了很多外地人前来捕鱼。一些嫁到外地的京族妇女,也纷纷和男人一起搬到京族三岛居住,他们同样也出海捕鱼。这就使得海面上渔船更多,渔网更大,也使得京族三岛附近海域的渔业资源逐渐枯竭。为了能够捕到鱼,人们只好把渔网网眼尺寸变小,这就使得渔网网眼更密,把各种小鱼也捕捞上来了,这进一步加剧了渔业资源的枯竭。

(三) 海鲜价格上升和技术传播促进了京族养殖业的兴起

需求上升和渔业资源枯竭推动海鲜价格迅速上升,一些外地的投资者看到在京族三岛进行海水养殖有利可图,就前来租用京族人抛荒的低洼土地进行养殖。京族人通过观察模仿,也学会了养殖技术,于是把低洼、低产的农田改造成鱼塘用来养殖。为了发展当地的经济,当地政府加大了海水养殖技术的宣传,聘请了一些专家,不定期到京族三岛进行培训。与养殖业相关的一些行业,如虾苗场、饲料商、药剂商等,为了笼络客户,也有意识地向养殖户提供技术咨询服务。京族人于是开始了海水养殖,一些没有人手或资本的,就把自己的土地挖成池塘租给外地商人养殖,这样,京族三岛海水养殖面积迅速扩大。

案例:养虾

访谈对象:两名浙江人,男,汉族,45 岁左右;一名本地人,女,京族,25 岁左右

我们是浙江人,浙江金华的,我们是养虾的,在这里租地养虾,在这里已经十多年了。虾塘在海边附近,把海水抽上来,再加点淡水,每天都要加一点。我们那边冷,不能养殖,需要亚热带气候。养虾只能在广东、广西两地,其他地方养不了。河南的有两家,安徽的有几家也在这边养殖。他们与我们那边的人熟悉,被我们那边的人叫过来的。安徽的那一家是我们那里的一个人的妹妹嫁给他,就把他带来养虾了。养虾"一年两造"。虾有很多人收购,有广州的、湛江的,他们都来收购,运到外地,也有本地人收购。养虾要靠天气,去年我就亏了 20 多万元,今年亏得少些,10 多万元。台风来了,雨水太大,水满了就溢出来了,虾都跑了。如果年景好,收入还不错,像我姐姐承包虾塘 30 亩,如果年景好,能够赚 100 多万元。

案例:养花螺

访谈对象:FJW,男,汉族,55 岁左右,福建人

我是福建的,我在这里养花螺。花螺很好养,喂小鱼就行。花螺必须用海水

养，不能加淡水，一点淡水都不行，花螺必需生活在盐的浓度比较高的海水中。螺苗是从越南那边弄来的，我刚弄来的时候只有牙签那么大，现在已经有这么大了（用手比画了一下，比一元钱的硬币大一些）。花螺很好养，水少了加点海水，三天喂食两次就行。打鱼的回来，我们就去买些小鱼，花螺平时都钻在沙子里，喂食的时候都从沙子里钻出来，在一个地方投下去后，这么大范围（指着圆桌桌面）的花螺都会钻出来吃。花螺销往全国各地，如江苏、湛江等地，他们电话一来，我们就派人送去，很快就送到了。本地有花螺的，这市场就有，我去看过的，40 元一斤，我们不零售。我租了 15 亩，共养殖 100 多万个花螺。越南人提供我们这些信息，就送来了，越南人供应螺苗。

案例：养殖对虾

老人指着红坎村哈亭旁边一片鱼塘。

老人：你看，这就是鱼塘，搞养殖的，这是养殖对虾的。

笔者：养殖是从什么时候开始的？

老人：开放后（京族人的观念里开放是指 1989 年边贸开放）

笔者：怎么学会养殖的呢？

老人：别人养殖就跟着养殖了。

笔者：是政府鼓励的吗？

老人：不是，看别人养殖赚钱就养殖了。

笔者：政府派技术员指导吗？

老人：没有。

外地人带来了养殖技术和市场信息，在他们的示范和带动下，京族人也开始了养殖业。外地人与京族人互动交往，促进了京族文化的变迁。

（四）技术传播促进了京族捕鱼工具革新和海产品加工业的兴起

边境贸易和旅游业的发展，使京族人活动的地域范围更为宽广，接触的人更多，能够获取的信息和技术比以前大为增多，同时收入也更多。这样，京族人又逐渐学会其他更为先进的捕鱼方法，对各种机器了解得更多，从而使京族人捕鱼的技术更为先进，装备更为优良，捕鱼效果更为突出，进一步加剧了浅海渔业资源的枯竭。京族渔民讲，过去虽然捕鱼工具简陋，但什么网都能够捕鱼，而且能够捕到很多鱼，只是价格很便宜。现在技术先进了，只能捕到一些小鱼。

过去，京族人只在附近销售，不需要储存，当时也没有储存技术，只能把卖不完的鱼加工成鱼干或制成鱼汁。20 世纪 90 年代，京族要把海产品销往全国各地，甚至有的要出口到美国、日本等地，为了便于运输和储存，就产生了对海产品加工的需求。同时，经过加工后的海产品价格也上涨不少，有些投资商看到有利可图，就到京族三岛投资进行海产品加工。京族人通过观察模仿，也学会了加工，于是也开始投资于海产品加工业，这样，海产品加工业就开始兴盛起来。

第三章 传统文化变迁

第一节 翁村组织和村规民约变迁

一、翁村组织变迁

1985年，哈节重新恢复，为了筹办和管理哈节，“哈亭民间事务委员会”产生了。“哈亭民间事务委员会”类似过去的翁村组织，但是与过去的翁村组织相比有很大变化。

过去的翁村组织由翁村、翁宽、翁记、翁祝、翁巫和格古集团等组成。“哈亭民间事务委员会”由亭长、副亭长、名誉亭长、香公、翁祝、会计、出纳、族内6个生产队的队长和数名热心于哈亭管理工作的人员参加，并设立了“哈亭民间顾问组委会”。

亭长是汉语的称呼，京语称之为“翁村”。过去的翁村只有一名。京族哈节恢复以后，哈节的规模越来越大，参加的人员越来越多，祀神祭祖活动、文化艺术表演活动、接待游客和媒体采访、拉赞助、采购各种物品等都需要统一组织和协调，并需要专人负责，只有一位翁村肯定忙不过来，所以“哈亭民间事务委员会”设亭长、名誉亭长、内务副亭长、外务副亭长各一名。亭长、副亭长不再由“格古集团”推举产生，而是由村民代表选举产生。这是因为，过去京族以捕鱼为主，形成封闭的村庄，生产、生活更依赖于经验，如关于天气的经验、关于捕鱼的经验等，经验是靠时间积累的。京族人认为老年人阅历丰富，更能组织好哈节和管理好村中事务。京族年轻人为养家糊口，要出海捕鱼，没有时间参与翁村组织事务，而老年人体力已经不能胜任出海捕鱼的繁重工作，有更多的闲暇时间，而且每位老人能够代表同一家族的很多家庭。所以过去京族人更愿意让老年人推举翁村组织成员。20世纪80年代后，京族边境贸易、旅游业、养殖业、海产品加工业迅速崛起，京族人活动的地理范围和经济领域大大扩展，而老年人学历普遍较低，他们年轻时多是以渔业和农业为主，活动的地理范围只限于京族所在的村庄。京族人认为老年人知识不足，也没有多少见识，视野不够开阔，不能够组织和管理好现在的哈节，所以不再由老年人推举亭长或“哈亭民间事务委员会”的其他人员。

各位亭长、副亭长有明确的职责范围，在亭长的统一组织和安排下，各位副亭长专门负责其职责范围内的工作，他们分工合作，共同完成举办哈节的工作任务。

亭长全面主持“哈亭民间事务委员会”的工作，对哈节的主要工作负领导、组织和指挥的职责。过去的翁村是村里的行政首脑，现在的亭长已经不具有行政职权，是纯粹的民间组织的代表。哈节不再是单纯的祭祀活动，担负着创建京族文化品牌、拉动当地经济发展的重任，政府对此非常重视。所以亭长也不能仅仅按照传统安排哈节的活动，还要服从政府的安排，做好游客观光、媒体采访等的接待工作，组织好哈节的文化、艺术表演活动。

亭长职责：

1. 全面主持哈亭民间事务委员会工作。

2. 服从各级政府和村民委员会对京族哈节的安排活动。

3. 组织哈亭民间事务委员会、顾问组委会、村老大（翁古）、民间村民代表会议，发扬民主，集思广益，出谋划策，共同做好哈亭、哈节和财务收支等一切事务。特别是组织好哈节的迎神、祭神、乡饮、文化艺术等活动。

4. 带头参与哈亭各祭拜日活动，严格遵守哈亭亭规，监督“哈亭民间事务委员会”成员，各司其职，大胆放手和依靠副职做好分工协管工作。指导香公、翁祝、司文官员、陪祭员和哈妹做好业务工作。

5. 热情接待来哈亭参观指导、媒体采访、敬神祭拜、旅游观光和参加哈节庆典的各界人士。①

2006 年 6 月，文化部批准京族哈节为国家级非物质文化遗产，哈节就不再仅仅是京族自己的事情，而且要担负传承国家非物质文化遗产的重任。2008 年开始，防城港市和东兴市政府介入京族哈节，要把哈节做大做强。为了吸引游客，哈节期间要组织丰富多彩的文化艺术表演活动。保护和传承哈节非物质文化遗产，组织哈节期间的京族民歌会就成为名誉亭长的主要职责。

名誉亭长职责：

1. 协助亭长管理哈亭内部事务。

2. 指导哈亭内务副亭长搞好祭祖活动。

---

① 来源：《万尾哈亭亭规》，张贴于万尾哈亭外走廊两端墙上。

3. 保护和传承哈亭文化遗产，做好哈节文化传承人的代表。

4. 组织哈节期间的京族民歌会。①

哈节不再仅仅是祭神、娱神活动，还是一项重要的旅游项目。随着旅游业的快速发展，哈节的规模越来越大，哈节的内务越来越多。旅游业的发展也使京族人在哈节上的行为完全呈现在游客面前，京族在哈节的活动成了京族人在游客前的表演，这就需要对哈节进行商业化包装。包装所用的物资如礼服、锦旗、锣鼓、龙驾等需要管理，哈亭的人员如司文官员、陪祭员、哈妹等需要培训，各项活动需要有序开展。因此“哈亭民间事务委员会”专门设立了内务副亭长一职，专门负责哈节的内务后勤工作。

内务副亭长职责：

1. 受亭长直接领导，协助亭长做好分管工作。履行“媒役”（理事）的职能，协助亭长处理具体事务。

2. 组织司文官员、陪祭员、哈妹的哈节祭神、哈节娱神活动。

3. 开展司文官员、陪祭员和哈妹的培训工作。

4. 管理亭内礼服、锦旗、锣鼓、龙驾、香案驾等物资和功德箱钥匙。

5. 接待参亭祭神的村老大和来亭参拜、敬神烧香的人士。②

哈节期间有很多游客前来观光旅游，也有很多越南人前来进行祭神、文化艺术表演、其他文化交流等，也有一些其他国家和地区的国际友人前来参观交流，这就需要进行接待、安排住宿等。哈节已经带有商业活动的性质，因此要借鉴商业模式进行运作。其中一项重要任务就是拉商业赞助，京族将哈节文艺晚会的冠名权、特定地段的广告权和商品促销权等出售，换取商业赞助，引进资金，以便将哈节办得更为隆重。因此，哈亭民间事务委员会专门设立了外务副亭长一职，专门负责商业赞助和接待工作。

外务副亭长职责：

1. 受亭长直接领导，协助亭长做好分管工作，履行“媒役”（理事）的职能，协助亭长处理具体事务。

2. 引进各界人士及单位资助哈亭慈善事业。

3. 负责亭庙的维修建设及哈亭采购业务。

---

① 来源：《万尾哈亭亭规》，张贴于万尾哈亭外走廊两端墙上。

② 来源：《万尾哈亭亭规》，张贴于万尾哈亭外走廊两端墙上。

4. 遵守交往礼节，热情接待参观、采访和旅游观光团成员。

5. 哈节期间，负责后勤工作，接待领导、来宾和国外友人，安排就餐住宿等。①

“哈亭民间事务委员会”有专门的财务人员管理京族哈节的财务，财务人员相当于翁村组织的翁记。不过，过去京族的财务收支不多，只需要一名“翁记”即可，现在京族哈节的财务收支越来越多，如商人的赞助、游客的捐献、越南代表人捐献等，仅农历六月初九的万人餐就有众多的人前去捐献。这就需要收钱、登记、张榜公布、发放就餐券等，因此哈亭事务委员会借鉴了现代企业财务管理制度，设立了出纳和会计职位，分工负责哈节的财务收支工作。这即可以减轻有关工作，又可以相互监督。哈节财务收支管理也借鉴了现代企业的财务管理制度。财务人员除了管理财务外，还要负责拉商业赞助。会计和出纳也不是由格古集团推举出来的，而是由村民代表选举产生。

财务人员职责：

1. 受亭长、副亭长领导，履行翁记的职能，负责哈亭中的文书、账簿、财会、出纳工作。

2. 运用财务专业知识，广开增收财路，努力发展哈亭慈善事业。

3. 执行收支制度，节约开支，反对铺张浪费。祭神日需要开支的数额由正副亭长讨论决定。其他一切开支，包括对哈亭领导等人的补贴提请“哈亭民间事务委员会”讨论决定（补贴标准另附页）。会计、出纳员账目要清楚，做到日清月结。每半年制一次会计报表送正副亭长审核，并定期公布收支情况。

4. 收入现款要严格管理、保存，除留下500元备用之外，其余现金全部存入专用账户，不许截留挪用。存款利息半年或一年一结，将利息收入凭证交给会计员登记入账。②

香公的选拔程序和过去翁村组织的翁巫的选拔程序基本相同，只有子孙满堂、妻媳齐全的京族人才有担任香公的资格，并且要在圣神灵位前卜杯珓“阴选”，3次都是胜珓者方能当选。

香公任职资格和程序：

须是年龄60～70岁、身体健康、头脑清醒、思维清晰的男性，夫妻健在，有子有孙，无孝在身。由符合上述条件的人选，通过向圣神灵位前卜杯珓“阴选”产生。

---

① 来源：《万尾哈亭亭规》，张贴于万尾哈亭外走廊两端墙上。

② 来源：《万尾哈亭亭规》，张贴于万尾哈亭外走廊两端墙上。

抛杯珓(阴阳珓)连续三次为胜珓(所谓"三胜",一阴一阳谓之胜)者即当选。当选香公者,如果没有遇上戴孝,则连续担任下去。有戴孝者免去职务,另选新人。①

香公主要负责在亭庙烧香,随着哈节的商业化,香公的职责也扩大了,他还要向游客介绍哈节文化,指导到哈亭参拜圣神的人士烧香敬神,还要劝说游客、参拜人士等向功德箱捐钱。香公发挥了导游的部分功能。

香公职责:

1. 负责亭庙的日常管理及与哈亭有关的大小节庆的祭祀、祷告事务。每月的月中、月末日到亭庙烧香。在哈亭各种祭祀仪式中进香,主持祷告、祭拜。

2. 负责购买祭神香火等物品,备好纸服、纸宝等祭品。

3. 做好亭庙的卫生清洁工作,协助内务副亭长管好祭拜礼服等。

4. 平时要热情接待来哈亭参观、采访的人员及游客和参拜人士,包括外国友人。认真介绍京族哈亭、哈节传统文化。

5. 各界人士资助功德款,全部投入功德箱。香公不保管功德箱钥匙。②

过去的翁村组织设翁宽一职,翁宽分正宽和土宽,负责管理山林。现在的山林归政府部门管理,"哈亭民间事务委员会"不再设翁宽一职。

翁祝、司文官员、陪祭员的选拔程序和职责与过去基本相同,无大的变化。

京族已经培养了自己的哈妹,为此也制定了哈妹的选拔、培养制度。

哈妹的产生:

哈妹是从族内25～45岁,有文化和音乐艺术知识的女性中选派参加哈妹培训班学习,结业成绩合格者选用。③

之所以选拔25岁以上的,是因为25岁以上的基本上都已出嫁,可以确定为本村京族人,在以后的哈节中能够继续在哈亭唱哈。如果选择25岁以下的,一旦出嫁,就不能在哈亭唱哈了,所付出的培训成本就白白浪费了。培养出来的哈妹,只要身体好,不论多少岁都可以继续在哈亭唱哈。不过这一制度也引起一些京族人的非议,一位京族人对我说:"哈妹是为圣神服务的,应该选拔纯洁的少女,选拔已婚的纯粹是为节省成本,是不合适的。"④由此可见,京族培养哈妹也不再仅仅考虑宗教的因素,而且还考虑成本与收益的关系。

---

① 来源:《万尾哈亭亭规》,张贴于万尾哈亭外走廊两端墙上。

② 来源:《万尾哈亭亭规》,张贴于万尾哈亭外走廊两端墙上。

③ 来源:《万尾哈亭亭规》,张贴于万尾哈亭外走廊两端墙上。

④ 山心京族人LSY语。

游客希望在哈节欣赏到京族独特的歌舞，京族也为哈妹制定了相应的职责。

哈妹职责：

1. 服从“哈亭民间事务委员会”的领导和指挥，严格遵守唱哈的时间安排，按时到亭。

2. 要具有民族宗教信仰的忠诚信念和传承民族文化的奉献精神。

3. 要熟练唱哈歌词和娱神舞蹈。

4. 要熟悉哈节琼浆、敬酒歌词，热情祝福来亭参席(坐桌)的主宾贵客。①

哈节规模越来越大，事务越来越多，需要各位村民协同工作，但京族村民分散于不同的小队，而且分散于不同的行业。为了有效组织京族村民参加哈节，“哈亭民间事务委员会”广泛吸收各小队队长、会计为成员，哈节时由队长、会计组织本小队村民参加迎神、祭神、乡饮等活动。

过去翁村组织的“格古集团”实际上是翁村组织的最高权力机关，翁村只是“格古集团”的代表，翁村组织的各位成员都由“格古集团”推举产生。现在的“哈亭民间顾问组委会”形式上类似于“格古集团”，但“哈亭民间顾问组委会”权力已经大大削弱，不再是最高权力机关，只具有参亭议亭的权利，不再具有推举“哈亭民间事务委员会”成员的权力，而且受“哈亭民间事务委员会”的领导。

过去的“翁村组织”集立法权、司法权、行政权于一身，制定并执行村规民约、维护生产秩序、管理树林、调节京族内部矛盾、制定并维持京族的婚姻制度，处理京族与外部社会的有关事务等。过去的“翁村组织”虽然没有什么特权，但是能够制定村规民约，由全体村民表决同意通过后，“翁村组织”就能够依据村规民约管理村中各项事务，并具有相应的执法权，如果不遵守，就会被村民孤立，甚至被逐出村庄。京族过去是通过集体合作生产，共同应对风险。被逐出村落就失去了村中成员的一切权利、资源，生存就会变得非常困难。所以村规民约对京族人有很大的约束力，大家都不敢轻易违反。20 世纪 80 年代后，虽然成立了具有“翁村组织”性质的“哈亭民间事务委员会”，但是“哈亭民间事务委员会”的影响力已经大大削弱，“哈亭民间事务委员会”只能管理哈节的有关事务，对村民只具有劝告和引导权利，不再拥有执法权。同时，京族人普遍富裕了，应对风险的能力增强，也不怕被逐出村庄。

① 来源：《万尾哈亭亭规》，张贴于万尾哈亭外走廊两端墙上。

二、村规民约的变迁

与传统经济相适应，京族传统上制定了很多村规民约，如《封山育林保护资源的禁令和规约》、《团结御匪严禁偷盗规约》、《有关婚嫁各项规约》、《有关祭祀、捕鱼、风俗习惯的各项规约》等。

传统的村规民约由“翁村组织”制定，由“翁村组织”强制执行，如有违反，由“翁村组织”按照村规民约进行惩罚，所以京族传统的村规民约是一种强制性的规定。

传统的村规民约的内容主要包括以下几个方面。一是保护山林。京族所在地区台风盛行，台风经常摧毁京族的房屋、田地，所以京族人非常重视山林的保护。京族认为庙宇附近的山林是神圣的地方，不能砍伐。二是防止偷盗，主要包括禁止偷盗薯芋等农产品，禁止偷盗海边筏索，禁止偷盗家私什物等件。这方面的规定多是为了维护当时农业和渔业的正常生产经营秩序。三是关于网埠的划分、捕鱼活动的安排等，目的是维持正常的捕鱼秩序。四是关于京族订婚、结婚、离婚等方面的相关规定。

1980年后，随着经济的发展，京族的村规民约也在发生变化，并体现出阶段性特征。

万尾村村规民约①

为了维护社会治安，保证改革开放的顺利进行，使人民群众有一个良好的生活环境。根据万尾村的村情岛情，特制定如下村规民约。

一、严格土地管理审批制度。禁止滥占国家、集体土地(含沿海荒地、林地)建私房和其他用途。违者处以每平方米7～20元罚款。

二、不准破坏水利设施(含排灌大圳、涵洞、水闸、海堤等)，违者除赔偿损失外，并处以10～200元罚款。

三、各农户必须保持农田排灌圳渠畅通。凡不按时清理自己(田四周圳渠)而影响他人排灌的，由村委会追究其责任并让其做出经济补偿。屡次拖拉或不完成的，村委会责令生产队收回其农田，由生产队另行发包。

四、严禁滥伐和偷盗、毁坏集体或他人林木(含树枝和海榄树)。违者按树枝、

---

① 周建新，吕俊彪，等.从边缘到前沿　广西京族地区社会经济文化变迁[M].北京：民族出版社，2007：176.

树干分别处以1元、50元罚款，情节严重的扭送公安机关处理。

五、不准在公共交通要道设置路障和毁坏道路，违者处以20～300元罚款。

六、坚决打击在集体或个体户的房屋养殖塘和场地进行盗窃、投毒等破坏活动。违者除按价格赔偿被害者损失外，并处以50～1000元罚款，造成重大损失的交由公安机关惩处。

七、严禁在未搞好护岛工程、影响护岛、湖林工程的地方取沙、挖土或淘矿，违者处以30～200元罚款。

八、禁止任何偷盗和诈骗行为，违者除追回原款物，处以3～10倍的罚款外，还责成其写书面检讨30份并张贴于各生产队、村委会、自家门口及村内繁华地方。引入和窝藏盗犯、代销赃物的，以盗论处。

九、严禁破坏水产资源，不准在海、沟中炸鱼、毒鱼、电鱼，违者处以20～300元罚款。

十、不准无理取闹，严禁聚众斗殴，更不准擅自招引外来闲散人员介入村中民事纠纷。违者除责成写书面检讨外，还处以50～200元罚款。情节严重的，交由公安机关惩处。

十一、严禁各种赌博和变相赌博行为。违者除没收赌具、赌款外，并处以50～1000元罚款，窝赌和为赌博提供方便的，以赌论处。

十二、爱国家，爱集体。坚决完成上级分配的各项任务。凡拖欠或抗拒不缴纳上级按政策规定下达的各项费用及粮物的，除批评教育外，还给予必要的行政制裁。

十三、坚决禁止卖淫嫖娼活动，违者处以50元以上500以下罚款。

十四、坚决打击封建迷信活动，凡利用封建迷信活动骗取他人财物的，除没收道具外，并处以30～200元罚款。

十五、狠狠打击破坏生产的盗窃行为。凡在陆地上盗窃他人网具、机具及其他生产工具的，除追回原物外，视被盗时间长短，处以100～1000元罚款。在海上盗窃的，加倍处罚。

十六、渔民在作业中拾到的网具，应在3天内上报村委会，5天内没人认领的归拾者所有；拾者不报，按盗窃论处。

十七、维护教学秩序。禁止在学校范围内高声喧哗、呐喊和其他影响教学的行为，不得损坏校内门窗、花草、树木和侵占学校场地，违者处以10～200元罚款。

十八、保护生态环境人人有责。不得在林中和沿海防护林带打鸟。违者处以

50～100元罚款。

十九、在本村范围内从事经营活动的铺、摊、店门一律实行门前四包(包秩序、包治安、包文明、包卫生)。违反门前四包规定的，视情节轻重，第一次处以50～100元罚款，重犯者则责令其限期撤离本村。

二十、凡户口不是本村的人员(含外国人员)来村探亲访友或从事经商、劳动就业需留宿本村的，属探亲访友的报所在生产队干部备案。属经商或劳动就业的要到村委会报告备案，其劳务管理除按有关规定外，要一次性缴纳治安保证金50元(离村时无违法行为可退回)和治安管理费50元，违者，不准在本村从事经商和劳动就业。

二十一、维护社会治安，人人有责。对违法者，坚决严惩不贷；对检举揭发者，从罚款中给予40%奖励，并为举报人保密。

以上村规民约，在本村与法律有同等约束力。

一九九九年九月二十日

自从80年代末边境贸易开放以来，京族在边境贸易中大展身手，边境贸易的蓬勃发展也吸引了众多外地商人进入京族三岛，他们或从事边境贸易或收购海鲜。1993年，在万尾设立了“京岛旅游开发领导小组办公室”，组织领导京岛独特的旅游资源的开发利用。到1999年，京岛的旅游业已经具有一定的规模，有大量的游客到此旅游，很多外地客商也进入京族三岛，或开办酒店，或经营餐饮，或搞养殖，或搞运输。与这种经济形式相适应，京族的村规民约也发生了相应的变化。主要表现在以下几个方面。

(1) 特别强调治安。1999年的《万尾村村规民约》第一句就强调制定该村规民约的目的是维护社会治安。这是因为，一方面，随着边境贸易和旅游业的发展，进出京岛的人员显著增加，一些违法犯罪分子也随之进入京岛，进行偷盗、卖淫嫖娼、赌博等违法犯罪活动。另一方面，外地人有外地人的文化观念、价值观，京族人有京族人的文化观念、价值观。观念不同，处理问题的方式不同，二者相遇就会产生矛盾和冲突。例如，京岛的外地人中浙江人很多，浙江人因文化观念相同，因而形成了一个非正式的组织，当地人称之为“浙江帮”，“浙江帮”与京族就产生过矛盾和冲突。违法犯罪活动使商人、游客产生忧虑，不愿意到此经商、旅游，影响当地边境贸易、旅游业、养殖业、水产加工业等的发展。为了使经济发展有一个良好的环境，于是1999年的《万尾村村规民约》特别强调维护社会治安。

(2) 歧视外地人。外地人到此地要备案，村委会还要向经商或务工者收取治安保证金50元和治安管理费50元。这是过去排外思想的延续，而且村委会作为群众性自治组织没有实施行政事业性收费的权利。这种规定说明当时京族的法律意识还不强，京族地区还相对比较封闭。但是，在当时的条件下，各地商人等涌入京族地区，有很多不法分子混迹其中，而当时治安力量跟不上，这种规定可以在一定程度上减少违法犯罪行为，维护当地正常的生产和生活秩序。

(3) 仍然重视保护林木。这是因为当时京族的住房正处于第四代向第五代过渡时期，虽然有很多在边境贸易中致富的京族人建起了混凝土结构的楼房，但仍然还有很多京族人住在石条瓦房内，台风虽然对石条瓦房的墙体损害不大，但经常吹走瓦片，掀翻屋顶，所以京族人仍然需要树木来防御台风。另外，海浪一直不断地冲击和蚕食京岛土地，岛上沙土年年崩塌，产生了地陷的危险，京族人很担忧，甚至考虑“此岛能住多久”①这样的问题。京族一方面修建护岸堤，另一方面植树造林，以减轻海浪的侵袭。树林是保障京族生存安全的重要屏障，所以京族需要保护林木。但是，当时的石条瓦房的屋顶是木质结构，需要很多木材。虽然很多村民新建了厨房，采用了新式厨具，不再烧柴，但是还有很多村民仍然用传统的土灶做饭，需要烧柴。这些因素决定了村民对木材仍然有需求，砍伐和破坏林木的事情时有发生。因此，为了保护林木，1999年的《万尾村村规定民约》仍然包含了保护林木的条款。不过，传统村规民约由“翁村组织”制定并执行，而1999年的《万尾村村规民约》由村委会制定并执行。这体现了京族当地社会结构的变迁。

(4) 禁止私搭乱建。随着边境贸易与旅游业的发展，海边的荒地、林地的价值逐渐上升，有些村民或外来人员就在海边公共用地私自搭建房屋，用于销售商品、开设旅馆等。这影响了京岛旅游的形象，制约了旅游业的发展。为了维护景区环境，村委会于1999年出台新的村规民约，反对私搭乱建，并对违规行为予以罚款。

(5) 包含了关于农业的条款。传统的村规民约关于农业的条款并不是很多，这是因为农业在京族传统经济中所占比重不大。1999年的《万尾村村规民约》则包含了关于农业的条款，如第一、二条都与农业有关。这是因为20世纪60—70年代的填海造田运动使京族的土地大量增加，后来很多京族人投身于边境贸易和旅游业，但并没有放弃土地的承包权，而是将土地承包给他人用于养殖或耕种，这就需要对排水、灌溉等行为进行规范。

(6) 增加了关于公共交通要道的条款。这说明当时人员、车辆往来已经很频繁。

---

① 苏维芳，武沛雄，苏凯. 京族海洋文化[M]. 南宁：广西人民出版社，2015.

(7) 村规民约不再包含规范婚姻行为的条款。京族经济发展促进了法制观念的传播，婚姻自由的观念已经深入人心，京族人知道干涉婚姻是违法的。经济发展也促进了京族妇女的就业，京族妇女吃苦耐劳，开放后，其在边境贸易、旅游服务业等方面大展身手，很多妇女甚至成为该行业中的佼佼者。巫头村京族妇女刘福珍就是典型代表，她从文化水平很低的卖菜妇女成长为年纳税额超过 3000 万人民币的边贸商人。妇女的收入已经逐渐成为家庭中重要的经济来源，京族妇女实现了经济独立，在经济方面摆脱了对男人的依赖，这也促进了男女平等，所以过去那些限制妇女自由的条款自然不能包含在新的村规民约里。

(8) 特别强调村规民约与法律具有同等约束力。因为村委会没有立法权，也没有执法权，规定这一条款就赋予了村委会立法权和执法权，村委会的权利就类似于过去翁村组织的权利。这一方面说明当时京族的法律意识不强，另一方面也说明当时京族的思想还不够开放。

随着京族经济的进一步发展，京族的村规民约又发生了新的变化。

江平镇万尾村村规民约①

为扎实推进"美丽广西、清洁乡村"活动的开展，改善全村群众生产生活条件，创造良好居住环境，进一步加强对村容村貌、环境卫生的管理，结合我村实际情况，经村民代表会议讨论制定此村规民约，望互相监督、共同遵守。

一、大力宣传广西开展"美丽广西、清洁乡村"活动及建设金滩旅游岛的重要意义，培养村民爱护环境、爱护家园、爱护水源的思想意识，营造村容干净、庭院整洁、环境优美、水质干净的良好氛围。

二、村民要自觉搞好自家庭院内外的环境卫生、屋前屋后植树美化，家禽要圈养，生活、建筑等垃圾要放在指定区域，各种杂物要有序堆放。

三、自觉保护好红树林，维护红树林保护区的清洁和畅通，要自觉做到在红树林中不丢生活垃圾、不乱砍伐红树林，不准有填海、霸海、非法采捕、抽沙等损害红树林的行为。

四、自觉服从村庄规划要求及宅基地管理规定，开发利用好每一寸土地，不得随意改变规划，不准乱占乱建，不准堆放废土、粪渣、乱石、破木料等杂物。

五、自觉保护好京族哈亭、古庙等建筑，不乱刻乱画。

六、自觉保护好古树群的生态环境，不乱砍滥伐，不破坏、攀爬树根，不准在古

① 来源：万尾村村委会。

树上挂绳晾晒衣物，不得随意搬动树林中的断枝残树，共同维护生态原貌。

七、自觉爱护村内的农田灌溉设施、海堤、移动通信、文体活动和教育场所、垃圾及污水处理等公共设施，不准破坏、私拆、占用公共设施。

八、自觉遵纪守法，在村内从事餐饮、渔家乐、农家乐、小卖部等经营活动者，要做文明、守法、诚信的经商者，不准私抬物价、不准宰客、不准欺骗顾客。

九、组建党员志愿者服务队、青年志愿者服务队，不定期开展植树绿化、村容村貌、保护水源、维护生态等活动。

(1) 村规民约不再是一种强制性规定，而是只具有宣传教育的功能，靠大家自觉遵守。内容方面强调保护正常的生产经营活动，反对填海、霸海、非法改装渔排出海旅游等不正常的生产经营活动，维护旅游和经商的正常经营秩序，强调环境卫生的保护，提示游客注意安全等。

(2) 村规民约强调对旅游资源的保护。游客非常关注旅游接待地的环境卫生，为吸引游客，保持干净、整洁的卫生环境是非常必要的，所以村规民约特别强调环境卫生。

(3) 村规民约不再强调保护山林。这是因为京族经济发展使京族人普遍富裕了，京族人普遍使用电饭锅、煤气灶等炊具，不再烧柴，所以不会再去偷偷砍伐树木，强调保护山林已无必要。

(4)村规民约不再强调防止偷盗。市场经济是法制经济，稳定的治安环境是经济发展的前提条件，为了发展当地经济，尤其是为了发展当地的旅游业，当地按城镇模式设置了派出所、治安点、报警点，配备了相应的警力，以及时解决突发问题，及时调解矛盾和冲突，法制环境改善，小偷小摸的现象自然减少了。另外，经济发展已经使当地人民普遍富裕了，挣钱容易了，挣钱的渠道也多了，所以很少有人再去偷盗，因此村规民约不再包括防止偷盗的内容。

(5)村规民约很少包括捕鱼等有关内容。这是因为经济发展改变了京族人的从业结构。进入 20 世纪 80 年代后，京族人有的从事边境贸易，有的从事旅游服务业，有的从事养殖业，从事传统捕鱼业的越来越少，因捕鱼而发生矛盾和冲突的情况越来越少，专门为规范捕鱼秩序而制定规范已经没有必要。相反，旅游业、养殖业迅速发展，规范旅游业、养殖业的秩序已经很有必要，所以适应产业调整的变化，村规民约也相应增加了规范旅游服务从业者的行为。

(6) 减少了关于农业的条款。京族的经济已经发生了巨大的变化，绝大部分京族人从事边境贸易、旅游服务业、养殖业等，专门从事农业的非常少，访谈时很多京族人说没有从事农业的京族人了。京族的土地管理制度也发生了变化，由于各个家庭分散经营农田，不利于向外承包，所以村委会又重新收回土地，统一出租给外地人用于养殖、商业，京族人按土地面积分享出租收益。

(7) 增加了关于商业的内容。这是因为当地商业已经非常发达，这些条款就是这一状况的反映。

第二节　婚姻习俗变迁

一、婚姻习俗变迁的表现

在经济发展背景下，京族的通婚制度发生了变迁，具体表现在以下几个方面。

1. 通婚范围扩大

进入 20 世纪 80 年代后，京族的通婚范围逐渐扩大。1980—1990 年，有很多京族女子嫁到山里。1980—1990 年，万尾京汉通婚的共有 15 对，其中京族女子嫁到山里的就有 11 对。① 问及原因，她们说那时山里有粮食，能够吃饱。婚礼简单，不按传统婚礼仪式，大多不摆酒。其间，京族经济整体上仍然比较落后，京族内部结婚的婚礼也比较简单，传统的婚姻习俗有恢复迹象，但不明显。

1991 年后京族通婚的范围进一步扩大，很多京族女子嫁到外地，也有一些外地女子嫁到京族三岛。京族与其他民族通婚的比比皆是，很多京族妇女嫁出后又带着丈夫和孩子返回万尾居住。笔者所住宿的宾馆附近有很多人是从外地迁来的，大部分人的媳妇是京族人。他们到万尾做生意，有的开设宾馆，有的经营小商店，还有的贩运海鲜，做海的也有。问及原因，他们说他们以前在万尾做生意、打工等，与京族人相识后产生感情，然后就结婚了。因为万尾赚钱相对容易一些，他们就继续在万尾生活，赚钱之后买地建房，就在万尾定居下来。

案例：

访谈对象：初一学生，男，红坎京族人，14 岁

我 2002 年出生的，我是京族人，我妈妈是京族，爸爸是汉族。

案例：

访谈对象：SHR，男，侗族，45 岁，龙胜各族自治县人，宾馆老板

---

① 数据来源于万尾村委会。

笔者：您好，您是京族人吗？

SHR：不是，我是侗族。

笔者：您在这里做什么呢？

SHR：我不是京族，我老婆是京族，我在这里经营旅馆，××宾馆就是我开的。

案例：

访谈对象：HSY，男，京族，28 岁，万尾人，森林公安

我是万尾人，是京族，我妈妈是京族人，我爸爸是汉族人，我对京族文化一点也不了解，我家就在你住的宾馆附近。

案例：

访谈对象：餐饮服务员，女，汉族，35 岁左右，万尾人

我对京族文化不了解，我是汉族人，嫁到这边的。

还有很多越南人嫁到京族三岛，也有京族人嫁到越南的。据罗文青调查，1989—1998 年京族三岛跨国婚姻共 104 对，占这段时间婚姻总数的 20%左右，京族的通婚范围呈多元化的趋势①。

2. 产生了新的恋爱习俗

进入 20 世纪 80 年代后，京族的恋爱习俗也发生了很大的变化，京族青年男女不再踢沙子、掷木叶，也不再对歌。京族三岛有了歌圩，但在里面唱歌的多是老年人。京族男女青年还相约看电影，到 KTV 唱歌，以喝茶、吃饭、到外地旅游等方式谈情说爱。蓝媒逐渐退出，恋爱的青年男女自己商量自己的婚事逐渐流行。

3. 订婚和结婚习俗发生变迁

20 世纪 80 年代后，京族的订婚和结婚习俗逐渐简化，由蓝媒出面商量聘礼的现象越来越少了，父母不再包办婚姻。青年男女要结婚时，男方带着礼物自己到女方家提亲，男女双方自己议定日程、自己商定聘礼的现象越来越多。所带的礼物包括米、糖、肉、鸡等，这些与之前差不多，不过数量减少，象征性地表示一下就行了。也有的不送这些礼物，直接用钱来代替。送金银首饰等现象也开始出现了。京族不再吃槟榔了，所以订婚、结婚所送的礼物中都没有槟榔了。

新中国成立前，京族订婚之后若要悔婚，则要受到一定的惩罚。

——议约……女子……领下定者，如有反悔，先要还与男家一倍赔二，并愿本

① 罗文青. 和平与交往：广西边境地区跨国婚姻问题初探[J]. 广西师范大学学报(哲学社会科学版)，2006(1).

村处罚铜仙二千枚正，此约，并花红过一万是实。

——议，如男子诱引该反夫之妻，而娶她为妻者，即要纳本村例约铜仙二千枚正，均为公益之用也。①

新中国成立之后，提倡婚姻自由，反对铺张浪费，于是京族订婚花费减少，如果不合适，可自由悔婚，不需要赔偿。

进入20世纪80年代后，订婚之后如要反悔，可自由协商退回各自的物品，没有强制性的要求和惩罚措施。

京族新娘出嫁时也很少有哭嫁的了。调查期间，笔者采访了很多京族人，有的说进入20世纪80年代后已经没有哭嫁的习俗了，有的说还有，不过比较少。不管怎样，这些都说明进入20世纪80年代后京族新娘哭嫁习俗慢慢淡化了。

1980—1990年，大多数京族人在家里摆酒(举行婚礼、招待亲友)。进入20世纪90年代后，越来越多的新人已经不在家里举行婚礼了，而是在酒店举行，信仰天主教的则在教堂举行婚礼。

请人为新娘开容的习俗也逐渐消失了，取而代之的是婚庆公司为新娘化妆，操办整个婚礼流程。

京族新人不再穿京族传统的服饰，新郎更热衷于穿西服、皮鞋及打领带，而新娘则逐渐流行穿婚纱、拍婚纱照。

新娘的嫁妆也出现了很大的变化，电视机、冰箱等现代产品在20世纪末期已经越来越流行。新娘出嫁时步行的越来越少，越来越多的新郎在结婚当天用小汽车迎接新娘。

二、婚姻习俗变迁的原因

(一) 经济发展促进了京族通婚范围的扩大

1. 边境贸易促进了京族与越南人的联系

京族人在做边境贸易时，经常深入越南，采购越南的农产品或向越南销售我国的产品，也有很多越南人到澶吉、万尾做生意，京族人与越南人的交往越来越频繁。长期交往，就有可能产生感情。越南商人习惯在熟人圈内交易，对于京族人

① 广西壮族自治区编辑组，《中国少数民族社会历史调查资料丛刊》修订编辑委员会.广西京族社会历史调查[M].北京：民族出版社，2009：84.

来说，如果娶个越南人做妻子，基于亲戚关系，就比较容易建立自己在越南的生意网络，便于与越南人进行边境贸易。对于越南人来说，京族的生活水平远远高于越南，这对越南妇女有一定的吸引力。20世纪末期，越南男女比例失调，女多男少，越南妇女也渴望嫁出。京族人口比例正相反，男多女少。京族人与越南人语言相通，生活习俗相近。这种情况下边境贸易中产生感情的中越有情人就自然愿意结婚。20世纪末期，京族娶越南人的现象越来越多。当然也有个别京族妇女在与越南人交往后嫁到越南。

2. 边境贸易、旅游业和养殖业的发展促进了京族与其他各民族的互动交往

京族人要到南宁、防城港、广州等地采购货物，或将来自越南的货物销售到全国各地，京族人与外地人的交往也越来越多。京族人在边境贸易互市点进行交易，而边境贸易互市点汇集了全国各地的边境贸易商人，这也促进了京族人与其他人的相互了解。京族所处的地理位置便于进行边境贸易，京族能够与越南人进行交流，京族的生活水平大大提高了，这些对于外地人也有一定的吸引力，这就吸引了全国各地的人前往京族三岛，促进了京族与其他民族的交往。

京族旅游度假区的发展也吸引了众多的游客来到京族三岛游玩，吸引外地商人前来经营旅馆、饭店、销售小商品等，水产养殖业的发展也吸引了诸如福建人、浙江人、河南人、安徽人等进入京族三岛，海产品加工业以及港口也吸引了一些外地人前来打工。这样，京族人与外地人的交往越来越频繁，这些方面都促进了京族与其他民族的通婚，京族的通婚范围逐渐扩大。

（二）经济发展促进了京族恋爱方式的变迁

1. 经济发展使京族失去了传统恋爱的环境

进入20世纪90年代后，很多京族人放弃了海洋捕鱼，开始从事边境贸易，京族人的活动范围越来越大，而且更多时间在东兴等城市经商、生活，已经没有了传统对歌、掷木叶、踢沙子等恋爱的环境，京族人只能选择新的恋爱方式。

过去，京族男女青年通过对歌等方式恋爱，这虽然是在公众场合，但京族人对此都非常熟悉，会主动避让，给恋爱中的男女青年留下安静的恋爱空间。但是，京岛旅游业的发展使来京族三岛旅游的游客越来越多，哈节期间更是人满为患。游客到此，除了欣赏美丽的海滨风光、品尝美味的海鲜，更是为了领略京族人独特的风俗。京族人的一举一动都成为游客凝视的对象，京族男女青年的恋爱对歌等更是成了游客凝视的目标。他们故意闯人京族恋人的私密领地，通过拍照等方式来收集京族风情的象征符号,并不时地指指点点。京族男女青年恋爱的私人空间消失了,京族青年男女不想成为游客凝视的对象,只好躲起来,于是原有的恋爱等习俗就发生了变迁。

2. 经济发展使京族人选择了新的恋爱习俗

京族产业结构的变化使京族人的生活节奏加快,活动范围越来越大,恋人之间也经常不在一起,恋人之间就产生了通过现代通信工具沟通交流的需求。边境贸易的发展也促进了对手机、互联网等通信工具的需求。经济发展使京族人的收入增加,使京族人有能力消费现代通信工具。所以京族人纷纷购买了现代通信工具,京族恋人之间就可以利用现代通信工具沟通交流,于是传统的恋爱习俗逐渐消退,被现代恋爱习俗取代。

边境贸易使京族人经常往来于城市,京族人逐渐接触了城市的恋爱习俗,收入增加也使京族人有能力接受城市的恋爱习俗,年轻人又最善于接受新事物,所以京族人逐渐接受了城市的恋爱习俗,相约逛公园、到 KTV 唱歌、看电影、旅游等逐渐成为京族人新的恋爱方式。

(三) 经济发展促进了京族订婚和结婚习俗的变迁

(1) 进入 20 世纪 90 年代后,京族旅游业迅速发展,很多酒店相继建立,京族人认为自己在家摆酒太麻烦,到酒店方便、快捷,而且很有面子,所以很多人都到酒店举行婚礼。

(2) 经济的发展促进了京族与其他民族的相互通婚,因为不同民族的婚姻习俗不尽相同,所以相互通婚的情侣需要选择一种习俗恋爱和结婚,他们往往各自做出一定的妥协,坚持本民族中至关重要的习俗,而在其他方面做出一些让步,这就使婚姻习俗出现了一些变化。

(3) 经济方式的变迁使京族人的活动范围越来越广,京族人又喜欢结交朋友,于是京族人结交了很多朋友,来自四面八方,各个民族的都有。在与朋友的交往中,京族人会听到和观察到其朋友的婚姻习俗,于是,他们会从其朋友的婚姻习俗中借鉴他们认为好的方面,融合于他们自身的婚姻习俗中,这也促进了京族婚姻习俗的变迁。

(4)经济发展促进了京族婚姻观念的变迁。京族传统婚姻习俗中有些内容属于在过去贫穷条件下不得已而采取的,这就使得一些京族人认为传统的婚姻习俗是贫穷、落后的象征。比如媒婆、父母包办婚姻等都被认为是贫穷落后的符号,必须予以清除。富裕起来的京族人渴望通过一定的象征符号来表现自己的富足、成功，而婚礼是构建这种象征符号的最好的方式。于是京族人通过改变某些习俗，以与过去的不同向宾客传达自己富足、成功的信息，其他京族人看到后也会效仿并加以突破，也使得传统的婚姻习俗发生了变迁。调查时曾经听说巫头一位京族老板花费200多万元为其儿子举行了一场盛大的婚礼，邀请了众多明星，这也表明了京族人要通过婚礼来表现自己的富足、成功。

第三节　性别分工变迁

一、传统的性别分工

京族家庭具有明显的分工，出海捕鱼等繁重危险的工作主要由男人来完成，妇女则完成农业劳动、挖沙虫、耙螺、做鱼汁、养蚕等生产活动及销售海产品和处理家务等活动，而儿童则帮着做些家务或放牛等。

京族的性别分工能够发挥每个人的体力和心理的特点，通过分工协作，共同完成组织生产、照顾家庭的任务。这是一种合理的分工。

首先，妇女赡养老人、照顾孩子、处理家务比男人更细致，在家庭中，相对而言，妇女的作用比男人更重要。“做海”是一种风险性很高的作业活动。过去，京族人的渔船简陋，难以经受大风大浪，甚至不能承受大型鲨鱼等的冲击，过去又没有天气预报，京族人在海上捕鱼，时刻面临生命危险，很多人甚至因此而丧失生命。通过让男人来承担风险，妇女就能全身心地照顾好家庭，如果男人在捕鱼中不幸遇难，还有女人可以照顾家里的孩子和老人。

其次，妇女的生理特点也不适合出海作业。海洋捕捞是一种高强度的作业，而妇女的体力一般不如男人，因此由男人来做更合适。

再次，海洋捕捞作业是分工合作作业，妇女体力较弱，如果某个家庭由妇女参加，对其他家庭来说就是不公平的。

最后，海洋捕捞作业还需要经常泡在海水中，如果妇女长期处于这种状况，很容易生病。

由此可见，京族男人在出海捕鱼方面具有绝对优势，而妇女则在照顾家庭、杂海作业、手工业、销售海产品等方面具有优势。通过分工，男人和女人都专门从事自己具有优势的工作，使家庭能够更有效地获取所需要的物质资料和服务。因此，传统上京族人始终保持着这种性别分工。这种分工是以血缘关系为纽带的，有着共同的目标，即赡养家庭，所以家庭成员之间是绝对信任的。

二、性别分工变迁的表现

进入20世纪80年代后，京族传统的性别分工模式逐渐解体，京族男人和妇女都要外出劳动，在家里共同分担家务。

妇女也可以上船捕鱼了，不过因为“做海”比较辛苦，所以出海捕鱼的还是以男性为主。一般是男人下网捕鱼，女人解网，就是把鱼从网上解下来，装在鱼筐里，同时把网上的杂物如螺壳等去除掉，把渔网整理好，以便出海捕鱼。补网多由女性来做，男人空闲时也会帮着补网。

做边境贸易的，有京族男人也有京族女人。比如万尾京族人武卫军、苏明利、罗秀强等京族男人主要进口越南的煤炭，一些越南妇女有的在东兴开档口，有的贩卖废铁，还有的经营中越货币兑换。

旅游服务业，经营餐馆的以京族女性为主，男性多做一些辅助性工作，钱也由女性掌管。游船多是京族男性经营，也有些京族妇女在海边招揽游客，但不上船。其他的如宾馆、出租太阳伞、旅游商品销售等也都是男性和女性共同经营。小吃摊多由女性经营。

养殖业比较辛苦，一般由男性负责管理，女性做一些辅助性工作。

海蜇加工业一般由男性经营，但工人多为女性，这是因为京族女性比较细心，加工的海蜇质量比较高，京族女性又能吃苦耐劳，比较受老板欢迎。

鱼贩多为男性，这是因为海鲜的搬运、装卸、运输都比较辛苦，男性才能胜任。妇女有时也帮着做一些较轻的工作，如帮着丈夫收购等，但是比较少。

除此之外，还有些京族人在越南工作，平时在越南工作，放假后回万尾家中休息。

三、性别分工变迁的原因

京族传统性别分工之所以出现这种变迁，主要有以下几个方面的原因。

经济发展推动了捕鱼技术的进步，使出海捕鱼工作变得相对简单，妇女已经能够胜任捕鱼工作。20世纪80年代后，边境贸易和旅游业的发展带动大量外地人进入京族地区，很多游客就是冲着吃海鲜去的。经济发展也吸引了全国各地的鱼贩，鱼贩将京族捕捞的海鲜运往全国销售。海鲜需求持续膨胀，推动海鲜价格不断上涨，出海捕鱼的利润上升，京族渔民为捕捞到更多的海鲜，愿意增加投入。边境贸易和旅游业的发展促进了捕鱼技术向京族地区传播，京族的活动空间范围扩大，使京族人了解了更多、更先进的捕鱼设备和技术。京族人的收入提高了，也使京族人有能力购买这些设备。京族人愿意并且能够更新捕鱼设备，所以京族渔民纷纷改进了捕鱼工具。渔船与以前相比更大，船底装上厚厚的泡沫板，“即使翻船也不压人”①，更安全了。船上装上了动力装置，不再依赖手工划船，这就使得京族的海洋捕鱼操作更为简单，体力劳动的消耗下降，妇女也能胜任。技术进步使渔船速度更快，能够在当天返回。天气预报更为准确，能够及时规避坏天气，海洋捕鱼的风险下降。所以妇女也可以上船与丈夫一起出海捕鱼，丈夫捕鱼，妻子解网。

经济发展将妇女从传统劳动中解放出来。随着经济的发展，京族人普遍富裕了，人们逐渐拆除土灶，不再烧柴做饭，所以不用再打柴了，人们开始使用煤气灶或电饭锅等做饭。很多家庭购买了洗衣机等，所以京族的家务劳动渐渐变得很轻松了，老人、孩子完全能够胜任。京族妇女就从家务劳动中解放出来，可以放心地出门做事。鱼贩子守在海边，渔船一靠岸，鱼就被抢购一空，不需要妇女再去卖鱼了。几乎没有人再从事农业劳动，所以不需要将妇女留在家里照看农业了。

经济的发展产生了很多适合京族女性的职业，如边境贸易中双方的经纪人、翻译、店员，边境贸易中的仓储、拣选等职业都能由女性来从事。京族女性也可以单独从事边境贸易，或开档口，或做地摊银行。旅游业的发展，也产生了很多适合京族女性的职业，如餐饮、宾馆、小商店、出租太阳伞等都需要大量的女性员工。海产品加工业的兴起，也需要大量的女性员工，如加工海蜇、虾等。所以，很多京族女性从家庭中走出来，在边境贸易、旅游服务业、加工业等行业中大展身手，促进了京族传统的性别分工的解体。

经济发展使京族妇女实现经济独立。过去，京族家庭的收入主要依赖男人出海捕鱼，京族妇女在经济上几乎完全依赖其丈夫，这就使京族传统的性别分工得以保持。进入20世纪80年代后，京族妇女在经济发展中大显身手，在经济上逐渐独立，有些妇女甚至比其丈夫挣钱还多，京族妇女在经济上也不再依赖其丈夫了。

经济的发展使京族妇女视野开阔，法律意识增强。过去，京族妇女的地位和经济是与其丈夫紧密联系在一起的，离开其丈夫，其社会地位和经济来源就都失

① 万尾一京族渔民讲述。

去了,所以京族妇女不得不接受传统的性别分工。进入20世纪80年代后,随着京族经济的发展,京族妇女的地位逐渐提高。京族妇女在从事边境贸易和旅游服务业的过程中,开阔了视野,思维更为开放,在与他人的互动交往过程中,了解了法律赋予妇女的社会地位,已经学会运用法律手段维护自己的合法权利,结婚、离婚、再嫁等依照法律自主决定,不再受他人的限制。

禁忌有所解除。过去,禁忌是维持京族性别分工的重要因素之一。进入20世纪80年代后,京族很多人不再捕鱼了,与捕鱼相关的禁忌就与他们不太相关了。在边境贸易和旅游业的发展中,在外来人员的影响下,很多年轻人甚至认为禁忌是迷信,禁忌对京族人的约束力下降,其对京族性别分工的维持作用也随之下降。

第四节　哈节变迁

哈节是京族最重要的节日,哈节主要在哈亭里举办,哈亭是哈节的重要组成部分,哈亭的变迁是哈节变迁的重要体现。京族哈节变迁包括哈亭建筑变迁和哈节仪式与内容变迁。

一、哈亭建筑变迁

(一)哈亭建筑变迁历程和表现

哈亭是举办哈节的主要场所,研究哈节的变迁必然要分析哈亭建筑的变迁。“哈”有两种意思。一是吃的意思,即在哈节期间,请各位神灵和京族祖先享用京族供奉的祭品,京族人也在这几天集中宴饮,山心的哈亭至今仍然称为“山心吃亭”。二是唱歌的意思,在哈节期间纪念歌仙,哈妹在哈亭唱哈,京族男女青年在哈亭外对歌。

京族祖先最初到达京族三岛时,在岛上搭一茅草棚,把渔船上供奉的保护神的香炉移到茅草棚中供奉,走时再把香炉移到渔船上带走,这是哈亭最早的雏形。后来,京族人在京族三岛定居下来,于是仿照其家乡的样式修建固定的建筑,专门供奉随船带来的保护神以及京族的祖先神位,这个固定的建筑就是哈亭。

当时京族经济比较落后,人们普遍比较贫穷,没有足够的经济实力修建更好的哈亭。所以当时的哈亭比较简陋,建筑材料多为就地取材,没有经过专门的设计，由京族人自己动手修建，即砍伐当地的树木为柱，上面覆盖树枝和茅草为顶，四周没有墙壁。这种结构正好是亭子的结构，所以称之为哈亭。亭式建筑与当时京族人的房屋建筑基本一致，虽然简陋，但是通风透气，台风很容易从哈亭中穿过，对哈亭的破坏较小。当时的哈亭是对当时经济和自然条件的适应，所以哈亭一直保持着这种样式。

京族三岛气候温暖潮湿，而且当地的木材很容易被腐蚀和虫蛀，因此早期的哈亭经常被损坏。后来，京族人越来越多，经济实力增强，在重新修建哈亭时，建筑材料发生了变化，不再就地取材，而是到越南采购质地坚硬的木材为柱，"哈亭全部采用特好的木料建成"①。据万尾京族老人讲，新中国成立前，万尾哈亭由很多柱子做支撑，柱子都是从越南采购的上等格木制成，每根柱子的顶部雕刻着栩栩如生的龙头，非常好看，是越南人帮忙做的，哈亭的左右偏厅的地面上还铺有木板。之所以选择格木，是因为格木木材极耐腐蚀，哈亭作为神圣的场所，如果被损坏了，京族人就会担心神灵降罪。所以当京族的经济发展到一定程度，能够筹措到足够的资金时，京族人就去越南采购上等格木。据广东少数民族社会历史调查组 1958 年调查，万尾京族群众有烧蚝蜊灰作建筑材料的习惯。据说过去万尾哈亭损坏了，找不到材料去修理，于是派人到汉族地区学习烧蚝蜊灰作建筑材料的技术。蚝蜊灰的主要成分是生石灰，说明当时修建哈亭是用蚝蜊灰与海滩的沙子混合成灰浆，用来砌墙或覆盖在哈亭顶部。

新中国成立初期，人们认为过去的旧思想、旧文化、旧风俗、旧习惯是与封建社会相适应的上层建筑，是维护旧的剥削制度的，所以开展了破四旧、立四新运动。京族的哈节被认为是"四旧"而被取缔，万尾哈亭当时成了生产队的食堂，后来由于年久失修就倒塌了。

1982 年京族开始实行联产承包责任制，京族人又开始了以海上捕鱼为主的生活，独自决策，生产自主，缴够国家的，剩下的就是自己的，风险自担。这种情况下，京族人非常希望渔业丰收和海上捕捞的安全，于是想起了过去保佑丰收和安全的神——镇海大王。同时，由于海上捕捞是集体作业，也迫切需要一种方式把渔民紧密联系起来，对哈节的需求就显得日益重要了。再加上当时政策的放松，于是 1985 年万尾村又重建了哈亭。

重新修建的哈亭是按照人们记忆中的形象建造的，也是以柱子作为支撑，不

① 宗贤. 京族的"哈节"[J]. 中国民族，1980(10).

过，哈亭墙壁是用石条砌成的。当时石条加工技术已经传到江平镇，已经出现了多家石条加工厂，京族人从石条加工厂买回石条，然后用于建造哈亭。由于当时京族人的收入普遍较低，所以当时的哈亭规模较小。

边境贸易及旅游业的发展，使京族人民的收入迅速提高，富裕起来的京族年轻人认为原来的哈亭太过低矮陈旧，纷纷要求重建哈亭，但老年人则持反对态度，老年人认为祖上的东西动不得。最终年轻人的意见占了优势，在京族年轻人的动员下，京族老年人被说服了。京族商人、政府机构工作人员纷纷捐资，每位村民再集资50元。哈亭的修建本来是京族村民自己的事，但是这一次，政府也拨给了一部分款项，万尾村共筹集了40多万元的资金，于2002年4月重新修建了万尾哈亭。万尾哈亭采用钢筋混凝土结构，由专业的建筑队施工建设，建筑面积1100平方米，占地面积约5000平方米。新建的哈亭保留了旧式哈亭的一些特征，如哈亭中厅堂内有很多柱子，每根柱子上都刻有楹联，每个楹联都有其历史，据京族人说："一个楹联就是一个姓氏的祖训，以前就刻在哈亭的柱子上，重建哈亭后该姓村民又将其移到新哈亭的柱子上。"巫头哈亭和山心哈亭是砖混结构，规模比万尾哈亭要小一些。

案例：

访谈对象：SQP，女，万尾京族人，40多岁，哈妹

笔者：哈亭有变化吗？

SQP：有，我见过三次变化，最初的是瓦房，墙壁是石头的，房顶盖瓦，也有神道、左右偏厅，但左右偏厅很小，只有这边的1/3大小，地面是水泥的。

笔者：房顶是什么形状？

SQP：就像那边的瓦房那样（指着哈亭外的一座石条瓦房，人字形房顶）

笔者：第二次的呢？

SQP：第二次的还是这种结构，只是规模扩大了。第三次就是现在的哈亭，当时收入高了，感觉哈亭太小，政府也拨了一部分款项，就建了现在的哈亭。

笔者：哈亭是专门经过设计的吗？

SQP：是的，图纸设计好后，拿来征求了京族村民的意见，主要是征求村干部、哈亭长老的意见，他们同意了，认为没有问题，就修建了。

案例：

访谈对象：WMZ，男，万尾京族人，43岁，曾经做过8年哈亭会计

1985年之前认为哈节是迷信，破除迷信，所以哈亭被破坏了。1985年重新恢

复哈节，1985 年前的哈亭很小，由木头做成，木材是从越南购买的，因为越南的木材好，京族三岛周围没有卖这种木材的。以前的地址也不在现在的位置，那地方本来还留下一些木板、柱子等，我看见过，后来不知哪去了。1985 年后修的哈亭都是石头瓦房了，很小，还没我这间房子大。后来又进行了几次变动，结构没怎么变，就是规模扩大了。2002 年的时候重新修建哈亭，由广西建筑设计院设计，开会征求了我们的意见，通过后由国家民委拨款，故宫博物院来人修建的。修建哈亭的钱直接拨付给设计院和建筑商。

过去，哈亭设多级台阶，比如万尾哈亭中设三级台阶，从上至下分别为“床官”、“中亭”、“行铺”。最高级别为“床官”，居于最靠近中间“龙庭”的位置，可以优先获得祭品，据说祭品包含了哈亭众神赐予的福气，可以保佑家人幸福。“床官”一般由村中翁村、格古就座。最低级别为“行铺”，位于哈亭的边角，是白丁的座席。中间的为“中亭”，是村中 50 岁以上老年人和“官员”的座席。这种安排既是京族社会秩序的反映，又是通过哈节对京族群众进行秩序教育的一种形式，有助于巩固京族的社会秩序。“翁村组织”和“格古集团”为公众服务，没有任何报酬，理应获得人们的尊敬，其权力来源于京族群众的授予，京族群众可以随时罢免不合格的成员。让其坐在最高级的位置既是对翁村、格古的义务劳动的感谢，也是表示对他们的尊敬。京族具有尊重老年人的传统，所以让老年人坐中间的“中亭”座位，也是教育京族人要尊老爱幼。重新修建哈亭后，不再保留台阶，两边偏厅是平坦的，地上铺席。入席时，大家坐草席，每六人或八人一桌。这是因为市场经济的规则是大家不分身份、地位、贫富都是平等交易的主体，在交易中都没有特权。随着京族经济的发展，市场经济的规则已经渗入京族人的意识中，大家也开始讲求平等，所以撤掉了表示不平等的台阶。但是在京族的观念中，京族传统社会秩序意识仍然存在，京族将每桌人员的名单写于红纸上，张贴于哈亭相应位置的墙上或柱子上，入席时大家按名单对号入座。最上等的座位位于左昭神位所在的小房间，是京族长老的座位。其次是右穆所在小房间的座位，是哈头入席的地方。左右偏厅分别被柱子分割成左、中、右及上、中、下等部分，每个部分为一桌，其中，左上、中上、左中座位为上座，为哈亭工作人员、对哈亭有功人员、村干部等的座位。右上、中中、右中为中等座位，是老年人的座位。其余的座位是年轻人的座位。

（二）哈亭建筑变迁的原因

哈亭建筑的变迁与京族经济的发展密切相关。

经济发展了，人们才有能力重新修建哈亭，哈亭的建筑才可能发生变化。正是由于边境贸易和旅游业的发展，京族人的生活水平大幅提高，万尾京族人富裕了，有能力重新修建哈亭，所以才能产生重新修建哈亭的愿望。

边境贸易和旅游业的发展，促进了技术的传播。钢筋、水泥、瓷砖等新型建筑材料及各种新式建筑工具、建筑设计、建筑工艺等随着经济的发展加速向京族地区扩散，促进了京族哈亭的变迁。

边境贸易和旅游业的发展，还扩大了京族人的视野，使京族人接触到更多的建筑样式，引起京族人审美观念的变化。在原先的观念下认为已经很好的哈亭，在新的观念下已经显得落后，所以京族人才产生了重新修建哈亭的愿望。

经济发展造就了一批富裕起来的京族人，他们在村中的社会地位与其现在的经济地位很不相称，他们迫切需要通过一定的途径来提高自己在村中的社会地位，重建哈亭是最好的途径之一。他们可以通过捐助更多的钱以赢取话语权，进而能够左右哈亭风格，使哈亭打上自己的烙印。捐款人的姓名和捐献的数额是张榜公布的，捐献的数额越多，排名越靠前。成功的商人借助哈亭的重建来展示自己经济上的成功，引起村民的关注，从而提高自己的声誉和地位。哈亭建筑的变迁正是京族人为改变社会地位相互博弈的结果。哈亭还是一种符号，代表京族的形象。原来矮小的哈亭是京族人过去贫穷落后状况的象征，京族人整体富裕了，原来矮小的哈亭与京族人现在的状况完全不相称，所以京族人迫切需要重建哈亭，以重塑京族人在他人心目中的形象。新建的哈亭规模宏大、风格先进，体现了京族人迫切地向外界表达其生活富裕、思想先进的心理。

在京族人的观念中，神与人一样要吃喝玩乐。京族人通过发展边境贸易和旅游业，使自己的收入大幅增长，自己的住房等物质条件比以前好多了。京族人认为这些都是镇海大王等神灵保佑的结果，所以祭祀神灵的场所也应该加以改善，不然就怠慢了神灵，有可能引起神灵的不满，导致神灵降罪，所以哈亭的材料、样式要更新，建筑规模要扩大。

发展旅游业迫切需要有能吸引游客的标志性建筑。哈亭就不再仅仅是京族人祭祀神灵的场所，还是旅游商品的一部分，以迎合游客的需求，所以重新修建的哈亭风格变了。为了接待更多的游客，哈亭的规模也比以前大多了。

案例：

访谈对象：WMZ，万尾京族人，43岁，喃字传承人

以前的那个哈亭是1985年建成的，比较小，是用石砖和木材建成的。现在的

哈亭是2002年建成的，国家很重视，投了很多钱，我们自己也出了一部分，每个村民出了50元，做生意的老板出得多一些，几百元的，几千元的，上万元的都有。我们万尾共23个村民组，参加的是第12至17组的，名字都写在红纸上贴在外面。国家今年又投入了120万元用于哈亭亮化工程。万东那边有一个康王庙，万西有一个水口大王庙，是汉族的，在节日的时候邀请我们这边的哈妹去表演。他们的庙都没有我们的哈亭大，我们的哈亭最大。

二、哈节仪式和内容变迁

随着京族经济的发展，京族哈节仪式和内容也出现了很多变化，这些变化主要表现在以下几个方面。

（一）规模越来越大

新中国成立前，哈节只是京族人自己的事，很少有外人参与，宗教性比较强，规模较小。进入20世纪90年代后，哈节的规模越来越大，主要表现如下。

1. 参加哈节的人数越来越多

据当地村民讲，自从哈节恢复以来，参加哈节的人一年比一年多。据中国新闻网报道，2010年参加万尾京族哈节的人数达十万人。① 参加哈节的人有当地京族人，其他地方的京族人，附近的汉族、壮族等群众、游客，越南官方代表团和民间代表团，学术研究人员，市场开发人员，媒体有关人员，以及当地政府有关人员等。之所以能够吸引如此多的人，有以下原因。

一是京族三岛旅游业和边境贸易的发展，提升了京族的知名度，更多游客想在哈节感受京族文化风情。农历六月初九正值夏季，游客既可免费在金滩游玩，又可以感受浓烈的哈节气氛，所以每年的哈节吸引了越来越多的游客。

二是边境贸易和旅游业的发展，使京族人有更多的资金用于举办哈节，所以哈节变得更加隆重，迎神等活动更为气派，乡饮的席位也从十几桌增加到几十桌，甚至在近来出现了“万人餐”的壮观场面。

三是经济发展推动了政府对哈节的重视和支持。边境贸易的发展促进了我国京族与越南的经济联系，经济联系又促进了情感联系，有很多京族人与越南人

① 冯抒敏，翟李强. 十万中越民众广西东兴共庆中国京族传统“哈节”[EB/OL]. http://www.chinanews.com/cul/2010/07-20/2413660. shtml.

结成了亲戚关系或朋友关系。每年哈节，越南都会派出官方代表团和民间代表团前来参加。2015年万尾村发了20多份请帖邀请越南代表前来参加万尾京族哈节，实际上来了120多人。除此以外，还有很多非正式参与的，他们参拜完哈亭圣神之后就返回越南了，不在万尾住宿和就餐。相互邀请参加哈节既是中越京族人增进感情的需要，也是京族游说当地政府的一种重要手段，因为有外国人参与，当地政府不得不重视。当地政府为发展当地的经济，提升当地的知名度，也有意以京族哈节为切入点。所以当地政府对京族哈节非常重视，每年都给予了一定的资金支持，同时通过各种媒体广泛宣传，以实现“文化搭台，经济唱戏”的目的。这不仅使京族哈节内容更加丰富，也提升了京族哈节的影响力，自然也吸引了更多人前来观看。

2. 京族哈节的内容越来越丰富

为了发展旅游业，政府向哈节投入了大量资金，京族哈节的内容越来越丰富。

京族哈节成了京族传统文化集中展示的舞台。京族传统的哈节只包含迎神、祭神、乡饮、送神等。20世纪90年代以来，特别是进入2000年后，为了发展旅游业，与京族哈节不相关的京族传统文化如独弦琴、竹杠舞、捉活鸭、高跷捕鱼等都在哈节期间一一展现，而且根据游客的偏好进行了艺术加工。哈节原本包含的京族传统文化如服饰、歌舞、语言、喃字等也在哈节上得到展示，京族哈节俨然已经成为京族文化展示的舞台。

京族哈节增加了文艺表演等内容。新中国成立前，京族哈歌“平时一般人不唱，到了节日，才特意从越南请人来唱”①。哈哥哈妹都比较少，只有两个哈妹和一个哈哥，哈妹轮流演唱，哈哥手拨三弦琴伴奏。②“解放后因请不到哈妹来唱歌”③，就没有人唱哈歌了。1985年哈节恢复，哈哥哈妹人数增加。“穿插在哈节礼仪活动中的歌舞，都由‘琴公’伴奏，‘桃姑’表演，有独舞和四人（歌）舞两种形式”④。20世纪90年代以后，哈妹人数进一步增加，近年来已经达到6人。为发展旅游业，哈歌、舞蹈走出哈亭，开始舞台化演出，并按照游客的偏好进行了改编。“《踩高跷跳

① 广西壮族自治区编辑组，《中国少数民族社会历史调查资料丛刊》修订编辑委员会. 广西京族社会历史调查[M]. 北京：民族出版社，2009：3.

② 宗贤. 京族的“哈节”[J]. 中国民族，1980(10).

③ 广西壮族自治区编辑组，《中国少数民族社会历史调查资料丛刊》修订编辑委员会. 广西京族社会历史调查[M]. 北京：民族出版社，2009：3.

④ 廖世雄，韦文忠，旭泉. 谈京族哈节舞蹈[J]. 民族艺术，1987(2).

竹杠》参加了1995年1月5日在昆明市举行的第四届全国少数民族传统体育运动会，获项目表演第一名。独具特色的《天灯舞》、《花棍舞》在舞台上大放异彩，深受游客赞赏”①。1995年哈节恢复十周年，越南代表团50人从东兴陆路口岸进入万尾，其中20人是表演团队。6月9日下午，越南表演队在万尾小学门口表演了现代舞蹈表演，游客、村民纷纷涌入观赏，哈亭中只剩下祭祀人员。

从此以后，哈节的内容就从祭祀为主转向娱乐为主，从在哈亭内活动为主转向哈亭外活动为主，从京族人参与为主转向游客参与为主。后来哈节又增加沙滩自行车比赛、京族歌圩、围海捉鸭、美食节及京族文化研讨会、拉大网活动、摄影作品展等活动。哈节的内容越来越丰富。

案例：

访谈对象：JDJ，男，40岁左右，万尾京族人，夜市老板

好像是2008年的时候，防城港市拨款举办哈节，非常热闹。把一些鸭子放入海里，人人都可以去抓。还有拔河、打篮球等，每个小队都派人参加拔河，有十多组。还有文艺表演，不是当地的小艺术团表演，是从南宁来的，是南宁艺术团表演的，就在海边京族文化广场上，人山人海，很热闹啊！小汽车把公路都塞满了，路被堵了，有一些当地人想回来也回不来了。每个宾馆、饭店人都很多，老板不停地忙，累呀！心里很高兴，口袋里胀鼓鼓的。现在政府投入少了。

节日时间延长。传统的哈节都是三天，“唱哈一连继续三日三夜”②。20世纪90年代后，哈节持续的日期比以前有所延长，一般是五至七天，主要是为了吸引游客参与。

媒体的广泛宣传报道，使得哈节市场推广的效果越来越显著，所以很多商家开始对哈节进行赞助，利用哈节来宣传促销，以提升自己品牌的知名度，这也进一步扩大了京族哈节的规模。

（二）神圣性减弱，娱人性增强

过去京族哈节是京族人神圣的祭祀活动，庄严、肃穆。20世纪90年代以来，京族哈节已经成为京族三岛旅游商品的重要组成部分。为迎合游客的需要，京族哈节增添了许多新的内容。虽然京族人在哈节期间对神灵仍然毕恭毕敬，但游客

---

① 马伟波．京族唱哈节[J]．文史春秋，2001(5)．

② 广西壮族自治区编辑组，《中国少数民族社会历史调查资料丛刊》修订编辑委员会．广西京族社会历史调查[M]．北京：民族出版社，2009：119．

并不如此。游客以猎奇的眼光注视着京族人的一举一动，在神圣的迎神、祭神活动时频频举起相机，咔嚓声此起彼伏，闪光灯不时闪烁，神像、神座、神位因此而忽明忽暗。哈节已变得不再那么庄严、肃穆。

案例：

访谈对象：DFC，哈头负责人，万尾京族人，46岁

以前很庄严的，女的如果来了例假就不允许进入哈亭的，穿裙子也是不准进入的。女的不能参加乡饮，因为乡饮是坐在地上的，穿裙子坐地上不雅观，容易触犯神灵。现在就不那么讲究了。你看祭神的时候，游客、高校的、电视台的等站在任意位置，从各个角度拍摄，感觉一点庄严感也没有了。送神的时候，人是不能在路上走动的，因为容易触犯神灵，神灵会降罪，会让你生病，等等。我们哈头把封亭杆放进池子后要脱掉衣服，使劲抖动，以防止神灵沾在衣服上。送的时候要在后面放鞭炮，送神灵回家。然后跳花棍舞，送走滞留在哈亭的神灵。跳完后将花棍扔出哈亭，如果谁家结婚多年没有生育，捡回去很快就能怀胎，非常灵验，现在没人捡了。现在人们都不讲究了，送神的时候还跟着看。我小时候，爸爸常常要我在家里先上一炷香再出门，说这样可以保佑一切顺利，现在大家都不那么讲究了。

在游客的注视下，迎神、关梁、祭神、降生童训话、驱鬼等神圣的仪式活动变成了京族人小心翼翼的表演。京族人生怕被游客认为表演得不地道，所以他们要尽量按照正宗的程序、礼仪去表演，而所谓正宗的要么是老人记忆的，要么是书籍记载的，如果实在没有的，就到越南去学习。

在游客的注视下，传统礼仪有恢复的迹象。但是，对于京族年轻人来讲，更愿意表现得朝气蓬勃、富有时代气息。而传统文化因为是传统的，是过去的文化，如果过多参与哈节，则有可能被他人认为自己迷信、落后，所以京族年轻人不愿意在哈节的场合表现自己。为了避开游客的目光，他们很少在哈亭活动，更愿意在哈亭外观看文艺表演。再者，在哈节举行过程中，京族人与神灵直接接触，这关系着京族的兴衰，京族人十分慎重。而年轻人的资历不足，很容易冒犯神灵，京族人很不放心让年轻人参与。因此，哈节中表演的多是中老年人，而年轻人则很少。近年来，为了发展旅游业，京族有意对年轻人进行培训，哈妹越来越年轻化，确实吸引了更多游客的关注。

哈亭祭祀中也开始使用麦克风等现代工具。哈妹表演则采用了灯光、音响等现代化的工具，娱乐性更强了。哈节中也设置了娱乐项目，大家都可以上去一展

歌喉，很多京族人踊跃上台，不管唱得如何，主要图个快乐。

（三）内容增减

随着京族经济的发展，哈节的内容也有所增减。

斗牛习俗消失。据说很早以前，京族哈节有斗牛的习俗，山心岛至今还有这样的民歌流传：“无论你在哪里做买卖，八月初十也要回家看斗牛，尽管你的买卖繁多百过头，八月初十也要回家看斗牛。”①哈头预先养两头水牛，哈节时骑到哈亭前的空地上，让两头牛相互搏斗，大家在周围围观喝彩，之后将两头牛杀掉，将肉分给众人食用。京族祖先从越南迁来之前，农业还是其主要的经济方式，牛对农业具有重要的意义。将牛杀掉献给神灵，也表示将自己最珍贵的物品献给神灵，以表示对神灵的最高崇敬，祈求神灵的保佑。迁到京族三岛之后，农业渐渐退居次要地位，养牛的减少了，所以斗牛的习俗也逐渐消失。20 世纪 90 年代后，京族的经济又进一步变迁，从以海洋捕捞为主，转变为边境贸易业、旅游服务业、水产养殖业、海洋捕捞业、海产品加工业等多产业齐头并进的格局，很多农田被挖成了鱼塘搞养殖，农业所占的比重进一步下降，所以斗牛习俗一直没有恢复。

不再养“象”。哈亭指定哈头养猪称之为养“象”。哈节养“象”的习俗也逐渐发生了变化，哈头不再养“象”，而是合伙买一头猪。因此对哈头所养之“象”进行评比的环节也被去掉了，其所具有的文化含义也一并消失了。这是因为过去京族人种田，会产生一些副产品如糠、麦麸等，京族人就用此养猪。20 世纪 80 年代以后，京族农业所占的比重越来越低，种田的人少了，粮食更少，京族人都到市场上购买粮食，农业的副产品几近消失。90 年代以后，京族人经常外出做边贸生意，没有时间天天待在家里养猪，京族长老于是在神灵前抛杯珓，请求不再养猪，改为买一头猪，神灵“同意”了，哈头便不用再养“象”。

增加了娱乐表演内容。为了发展旅游业，吸引更多的人参与哈节，京族哈节中增加了很多文艺表演内容。每年表演的形式和内容各不相同，但每年都非常热闹和精彩。2015 年哈节时，在哈亭前面的池子中举行花船对歌，越南代表团、壮族山歌代表、京族小朋友等先后登船对歌。每天晚上，在京族文化广场或京族文化剧场都有文艺晚会，节目有越南人表演的越南舞蹈、越南歌曲等，京族哈妹表演的京族敬酒舞等，京族艺人表演的独弦琴演奏等，京族中学生表演的京族的“顶头”

① 马居里，陈家柳. 广西东兴市山心村调查[M]. 昆明：云南大学出版社，2004:7.

"竹竿舞"等,还有防城港艺术团的演出,以及其他艺人的表演等。乡饮时,很多人在哈亭自发表演各种各样的节目,有哈妹所唱的京族传统歌曲,有年轻人唱的流行歌曲,有老年人带头唱的红歌,也有外地人献唱,还有京族人的独弦琴演奏等。

融入了国家象征符号。2000 年后京族迎神仪式中出现了红旗,近年来哈节时还举行升国旗仪式,哈节时还有唱红歌活动。据京族人说,这些都是他们自觉添加的,因为正是国家的政策才让他们富裕了,才有了如今的好日子。他们在海上打鱼时经常被越南海上巡逻队追赶,越南人拿走了他们鱼、渔网,还打人,有时还扣船、扣人,我国政府去交涉后他们才被释放,他们认为国家才是他们的后盾。

哈节期间举行篮球比赛。万尾村还组织了一支男子篮球队,在春节和哈节期间举行友谊赛。

案例:万尾村篮球队①

万尾村篮球队是由万尾村党支部组织的一支男子篮球队,由万东、万尾及万西三个自然村的农民篮球队党员及优秀队员组成。篮球队代表万尾村参加每年春节江平镇人民政府举行的全镇迎春篮球比赛活动,3 个自然村的农民篮球队在每年的春节或哈节期间都举行友谊比赛。在村篮球队的带领和影响下,村里的乒乓球、足球等其他群众性体育活动得到进一步繁荣,推进了全民健身活动的开展,提高了人民的身体素质。

队长:吴敬锋。

队员:武洪旭、苏小冬、赵荣、阮少雄、高强、黄严冬、郑小龙、武少康、冯起龙、阮海彬、李兴。

(四) 乡饮环节参与人与出菜方式变化

1. 外地妇女可以进入哈亭参加乡饮

传统上,只有男人才能参加乡饮,京族妇女不能参加,只能在亭外观看唱哈。这是因为,在京族社会男人是一家之主,代表整个家庭,如果让妇女参加就破坏了这种秩序。另外,祭祀的神主要是海神,传统上男人才出海捕鱼。男人在茫茫大海上无依无靠,保佑他们的只有海神,男人亲自参与哈节才显得诚心。哈节期间,京族男人与妇女有明确的分工,男人忙于哈亭事务,农活、家务劳动、照顾老人、抚养孩子、为乡饮做饭菜等都由妇女来完成。如果京族男女都参加乡饮,家里的"俗

① 万尾村村委会提供。

事”就没人做，就会使整个京族社会陷入混乱。而且哈亭也没有那么大的空间供所有人参与。不让妇女参加乡饮就是京族传统性别分工在哈节的延伸。进入20世纪90年代后，这种习俗逐渐发生变化，虽然仍然不允许本村妇女参加，但是已经允许外地妇女和在外地工作的京族妇女参加乡饮。

当地族内女性，按传统惯例不许参加哈节筵席（坐桌）。其他外来女性宾客，可安排入席，但要衣着整齐、文雅。①

笔者参加乡饮时就发现一位女性村干部、北京舞蹈学院的马教授（女）和其学生（女）以及一位京族人的女朋友也参加了乡饮。这是因为20世纪80年代后京族男女都可以出海捕鱼，很多人甚至不再捕鱼，所以有关的禁忌就弱化了。随着经济发展，一些从外地返家的京族妇女和在本地经商的其他民族妇女向哈节赞助了很多钱，为表示感谢和欢迎，哈节时也邀请她们参加乡饮。旅游业的发展吸引了大量女性游客前来欣赏哈节，一些女性学术研究人员也来调查哈节文化，京族人本来就具有热情好客的传统，自然地要邀请她们参加乡饮。但这并没有影响京族“男人是一家之主”的社会秩序，因为在京族的观念里，外嫁的京族妇女已经不再是京族人了，外地妇女只是他们邀请的宾客。

2. 出菜方式发生变化

过去哈节乡饮由各家轮流出菜，为了面子，每家都会拿出家里最好的饮食来招待大家，吃不完的由主人再带回去。20世纪90年代后，京族人认为自己做菜太麻烦了。同时，随着京族三岛经济的快速发展，当地已经开办了很多酒店。所以哈节时，京族人开始合伙出资，由酒店做菜送到哈亭中。近年来，京族人每家出一部分钱交给哈亭，哈亭不再到酒店订餐，而是请厨师烧菜。

案例：

访谈对象：SGF，万尾京族人，副亭长

如果让每家自己烧菜，大家都到市场（指万尾农贸市场）上买菜，菜价就会暴涨，太不划算了。我们一合计，干脆让每一户出300元钱交给哈亭，由哈亭做菜，这既节省了成本，还避免了做菜的麻烦。今年的菜就是我们几个还有会计一起到东兴采购的，东兴的菜比我们这边便宜多了。

这也反映了京族人的观念已经由传统的自给自足的观念开始转向市场经济观念。

① 摘自《哈亭规约》，见《京族社会历史文书文献汇编》（京族内部资料）。

不过也有些京族人对此提出了异议，他们认为，哈节乡饮让每家出菜，可以借此比较每家做菜的手艺，督促每家提高厨艺水平。万尾哈节由哈亭统一做菜虽然节省了成本，但乡饮的功能消失了。男人参加乡饮，菜主要由妇女来做，乡饮比较的实际上是家庭主妇的厨艺水平。出菜方式的变化不仅反映了京族人市场意识的增强，而且反映了京族性别分工的变化，京族妇女已经成为家庭收入的主力军，不再仅仅是家庭主妇。

3. 参加乡饮的年龄变化了

过去万尾京族男性12岁就要参加乡饮，现在万尾京族男子20岁以上、已经结婚而且已经与父母分家的才参加哈节。

> 哈节的乡饮活动，族内20岁以上、分家立灶的男性户主，就要参加哈节筵席（坐桌）。如有困难，不宜出桌者，要报哈亭领导批准。①

过去京族没有其他资金来源，主要靠集资来筹措哈节的费用。过去京族很贫穷，单个家庭无力承担过多的费用，为筹措足够的资金，只有增加参加哈节的人数。而京族人口又很少，所以只好降低参加乡饮者的年龄限制。20世纪80年代后，经济的发展使京族的资金来源渠道增加，商人的赞助、京族富裕者的捐资、游客的捐款等已经成为哈节资金的主要来源，京族普通人家只需出300元乡饮费用，其他的就不用出资了。另外，随着经济的发展，京族的生活水平提高，寿命比以前大大延长，人口与以前相比大大增加了，如果还按12岁标准，哈亭就会人满为患。为限制参加乡饮的人数，需要制定更严格的标准。但京族哈节的主要功能是将京族人紧密团结在一起，所以参加哈节的人应该具有一定的代表性，所以要求分家立灶的京族男性户主参加。

（五）不再争抢花棍

过去，京族人认为接住花棍并带回家，不久就可以怀孕生子。这是因为京族人认为灵魂不灭，鬼魂仍然能够再次投生为人，而花棍舞赶的正是孤魂野鬼，接住花棍，附着在花棍上的灵魂就可能投胎，于是不久就可以怀孕。20世纪90年代后，京族人的教育水平提高，京族人参与边境贸易和旅游业，视野也开阔了。京族人更相信现代医疗技术，京族人有能力支付医疗费用，所以京族人不再相信鬼魂投胎。再者，即使有人相信，也会担心游客鄙视其思想落后、迷信，所以在众目睽

---

① 摘自《哈亭规约》，见《京族社会历史文书文献汇编》（京族内部资料）。

睽之下也不敢去接花棍。但是，人们仍然相信花棍上可能附着有鬼魂，接触是不吉利的。所以90年代后哈节时没有人再去接花棍，香公只好将其捡起来扔到哈亭顶上。

（六）筹集资金的方式发生了变化

过去，京族人筹办哈节所需的资金主要来自以下几个方面：一是富裕人的捐助；二是卖高等级座位获得的收入；三是无子女老人捐献的遗产；四是平均分摊，其中大部分依靠京族人平均分摊。

20世纪90年代后，京族举办哈节的资金来源更加多样化。

一是捐赠，这包括京族商人的捐赠、当地商户的捐赠、商家的赞助、游客的捐赠等。

很多京族人在边境贸易和旅游业方面做得非常成功，已经成为当地著名的商人，他们变得越来越富裕，在哈节时常常出手大方。这一方面是因为京族具有互助的传统文化，比如京族过去的“寄赖”的习俗，实际上就是捕到鱼的京族渔民去帮助那些生活困难的京族人。在传统的互助文化观念的影响下，富裕起来的京族人认为他们也应该帮助没有富裕起来的京族人，所以在哈节筹办等公共事业方面要多出一些钱。另一方面是因为宗教因素，很多京族商人虽然已经不在京族三岛居住，也不再出海捕鱼，但在他们的观念中，镇海大王仍然是他们的保护神，过去是保护他们海上平安和渔业丰收，现在是保佑他们做生意平安，财源广进。再者，成功的京族商人当然渴望展示自己的成就和提升自己在京族人心目中的地位，哈节正好给予他们一个机会。哈亭有专门的会计人员，对每人的捐助数额进行登记，然后张榜公布以示感谢，这无形中提升了捐款多者在京族人心目中的地位，这也激励了富裕起来的京族人捐助更多的钱。

当地商户在哈节时进行捐赠，能够加深与当地京族群众的情感联系，有助于取得京族人的帮助和支持。同时，当地商户也是哈节的受益者，每年哈节吸引了大批游客，游客的各种消费为他们带来了丰厚的利润，所以哈节时当地的商户也会捐款。一些商家开始利用哈节提升自己的知名度，也开始向哈节进行捐赠，以便在哈节期间推广自己的广告，比如打出“×××公司热烈庆祝京族哈节圆满成功”的横幅或设立拱形门等。

哈亭中设有功德箱，随时接受游客的捐赠。有些游客是多神信仰，容易接受他人的神，所以在哈节时进行捐赠，希望得到哈亭中神灵的保佑。有些游客基于传统文化，礼尚往来，接受了京族人的邀请前来参加哈节，为表示对京族人的感谢也进行捐赠。还有一些游客则是基于面子而进行捐赠。

二是政府财政资金投入。当地政府为了提升当地的知名度，每年都投入相当数量的财政资金支持哈节的举办，以便利用哈节促进当地旅游业的发展及引进投资等，希望借此促进当地经济的发展。

三是京族人自己集资。哈节是京族人的哈节，所以哈节时当地京族人都会分摊一部分经费。20 世纪 90 年代后，捐助资金和政府财政投入资金占京族哈节经费的比例越来越高，已成为京族哈节的主要经费来源。

（七）哈节功能变迁

过去京族哈节的功能主要是祭祀神灵。20 世纪 90 年代后，京族哈节又具有了新的功能。哈节时接受各方捐赠形成公共资金，除了用于哈节的筹办、维护外，还用该资金救助京族困难群体，如无依无靠的老年人、没有劳动能力的残疾人、患重大疾病者等。即哈节已经具有公益基金的性质，发挥了一定的社会保障功能，这有利于京族人的共同发展。哈节也新增了商业功能，哈节和金滩已经成为京岛旅游区的标志性符号，成为吸引游客的重要景点。一些企业向哈节提供赞助，通过哈节打响企业的知名度。哈节还是京族与当地社区联系的纽带。首先，哈节是将各地京族联系起来的中介，虽然没有要求在外地工作的京族人必须返回参加哈节，但每年哈节总有很多在外地工作的京族人回家参加。万尾哈节时还会邀请巫头、山心、红坎等地的京族代表参加，相应地，其他村举行哈节时也同样会邀请万尾京族代表参加。哈节成为京族人与越南人联系的媒介，每年哈节都会相互邀请对方参加自己的哈节。哈节还是京族与商户联系的纽带，每年哈节，京族都会向商户下请帖，邀请商户参加哈节，当地商户也会主动带上贺礼前往参加。迎神时，经过哪家商铺，该商铺都会燃放鞭炮助兴。哈节还是京族与政府联系的纽带。每年哈节，京族人都会邀请相关的领导前来指导工作，政府也会给予哈节一定的支持。京族还邀请当地的驻村干部、开发区干部参加乡饮。京族通过哈节增进了与各群体间的联系和交往，促进了当地的和谐发展。

（八）哈妹培养方式变化

1985—1995 年，京族没有自己的哈妹，每年都到越南万柱岛请越南哈妹唱哈。

1995 年之后，京族培养了自己的哈妹，不再邀请越南人来唱哈。这是因为京族人认为到越南请哈妹花费太大了，不如自己培养。另外，随着旅游业的发展，游客参观哈节发现哈妹是越南人而不是京族人，就会有非议。京族人认为应该培养自己的哈妹以保持自己的民族文化，于是从 1996 年开始培养自己的哈妹。

案例:哈妹的培养

访谈对象:WMZ,男,43 岁,万尾京族人,喃字传承人

1985—1995 十年间我们这边没有哈妹，请越南的哈妹来唱哈。有一个越南女人嫁过来了，生了一个女儿，然后口头传给了她女儿，于是就开始培养哈妹，哈亭出钱培训的。过去哈妹只能在哈节时在哈亭唱哈，现在可以到外面去表演，舞蹈有天灯舞、花棍舞、竹竿舞、进香舞、敬酒舞等，快过年的时候在海滩就有。山心、红坎哈节的时候也来请我们的哈妹。万东有一个康王庙，他们初一到十五祈福，搞很多活动，他们也请我们去进行表演。我们成立了天籁艺术团，有十五六人，其中巫头、山心有七八人。我也是成员，我负责敲鼓，我女儿也去表演。舞蹈是现代的，都是老人指导我们重新编排的，过去没有文字记载，都是口传的，都丢失了。在哈亭后面，有我们艺术团的表演排练场，明天晚上 7:30 有排练，你可以去看下。

案例:哈妹的传承

访谈对象:SQP,女,40 岁,万尾京族人,第三代哈妹

我们以前没有哈妹，后来一位越南女人嫁过来就成了我们的第一代哈妹，然后她又培养我们的哈妹，她现在已经去世了，去世时 90 多岁(从她的语气、表情可以看出，她认为第一代哈妹是因为培养新哈妹有功，受到哈亭神灵的保佑才那么高寿)。现在我们的哈妹已经有四代了，一共 8 位哈妹，黄玉英(就坐在旁边，她听不懂汉语)是第二代哈妹，我是第三代哈妹，还有四个比较年轻的是第四代哈妹。成为哈妹需要具备一定的条件:一是要有一定的文化，哈歌的歌本都是喃字的，要用京语演唱，哈妹要接受喃字培训，没有文化学不会;二是要已经成婚的京族妇女，如果没有结婚的，以后出嫁了就白白培训了;三是要热爱京族文化。过去我们哈妹只在哈亭表演，2003 年的时候我们成立了独弦天籁艺术团，就经常到外面演出，还到过台湾地区，用字幕打出来，很多人都来看我们演出。一个京族人没有自己民族的文化是不行的，我的两个孩子，从小开始，我就教他们学习京语。

案例:红坎村哈节

访谈对象:FLS,男,78 岁,红坎村京族人,江平小学退休教师

老人:你看,这就是我们的哈亭,正在粉刷,这边是村里老大的座位(左边)。我们过去的哈亭比较小,政府拨40万元,重建哈亭。

笔者:什么时候举办哈节呀?

老人:正月十五,越南人、香港地区的人呀,都会来参加,非常热闹。

笔者:你们哈节的时候有什么活动呀?

老人:哈妹唱哈呀,还有舞狮等。

笔者:哈妹是怎样挑选的?

老人:过去没有哈妹,都是从越南请的,后来从万尾那边请哈妹。

(九)镇海大王的神职变化

镇海大王(海龙王)过去是保佑京族人出海平安,渔业丰收。进入20世纪90年代以后,随着京族边境贸易、旅游业、养殖业的兴起,镇海大王的神职也扩大了,京族人认为镇海大王会保佑他们生意兴隆。

案例:海龙王传统神职

访谈人:RZC,男,万尾京族人,渔民

有一次我在海上打鱼,突然遇到风浪,眼看着船就要翻了,无依无靠,能够帮助我的只有海龙王。我赶紧向海龙王请求,也真神奇,一会儿风浪就停了,我又捡回一命。有一次我刚要出海捕鱼,装饭的竹筒倒了,饭撒了一地,我感到有什么事情发生,就不再出门。不久就刮起了大风,还下起了大雨,海上风浪非常大。幸亏没有出海捕鱼,是海龙王在保佑我。

案例:海龙王传统神职的变迁

访谈人:SML,男,万尾京族人,边境贸易商人

1985年哈节恢复,那时大家都比较穷,都没有钱,做生意的很少,只有我在做生意。那时我捐了12块钱,那时候的12元钱很值钱的,不像现在。你看那上面的两块牌匾也是我捐献的,我还献了两面红旗。农历六月初九是哈节。六月初十,我永远记得这一天,那时候的鲎没人要的,渔民捕捞的鲎都扔到粪池作肥料了。我感到渔民太辛苦了,就花钱收购了一些鲎,大约200对吧,没有地方放,我就把它们埋在海滩上。那一天天气和今天差不多,也是下大雨,我很担心它们跑掉或死掉,那我就赔惨了,六月初九是哈节,六月初十就有个广东老板来收购,那次我净赚了60块钱。我们的神灵不仅保佑我们平安,还给我们带来客户,让我们赚钱

发大财，既然这样，我当然非常尊敬我们的神灵了。

第五节 寄赖习俗变迁

一、寄赖习俗及其功能

京族传统上有寄赖的习俗，即见到他人捕鱼归来可以去拿一些鱼回来。

京族的寄赖习俗之所以能够产生和发展，是因为寄赖有其特定的功能，它对于维持京族社会的稳定，促进京族社会的团结和发展，起着非常重要的作用。

新中国成立前，京族人虽然也经营一定的农业，但收入很低，只能满足家庭成员极小一部分需要，因此京族主要靠出海捕鱼来维持家庭生计。如果没有捕到鱼，则其家人就会马上陷入断粮的境地，这家人生存就难以延续，更不用说发展了。但是海洋捕鱼面临很大的不确定性，如果运气好遇见鱼群就能满载而归，而如果运气不好可能一连几天都一无所获。海洋捕鱼风险很大，既有自然风险，如狂风恶浪、鲨鱼等风险，又有海盗武装抢劫的风险，京族渔民船毁人亡的惨剧时有发生，因此每天总有一些人由于各种原因而缺乏食物。前来寄赖的，往往是缺乏食物的同村的人，可能是因为各种风险而导致不能获得收入的人，而这种风险可能人人都会遇到。寄赖习俗，等于大家共同组成一个保险组织，当村中某人因各种风险而不能获得食物时，通过寄赖，让其获得一定的食物，维持其生存。被寄赖的损失可以看成交了“保费”，当他遇到风险而没有收入时，同样也可以通过寄赖他人而获得一定的食物，相当于获得保险收益。寄赖习俗发挥着社会保障的功能，有利于整个族群的延续和发展。

由于海洋捕鱼风险很大，捕鱼顺利返回，满载而归，本身就是一件值得庆幸的事，有人来寄赖，等于是前来祝贺，主人当然要热情招待。赠送鲜鱼是最好的招待方式，有利于维持和提高渔船主人在京族社会中的地位。

京族的生产是一种集体劳动，每个人必须与其他人合作才能共同完成捕鱼作业，京族生活中的一些大事，如婚姻、建房、丧葬等也必须通过相互合作才能顺利完成。通过寄赖，能够维持和发展与同村人的良好关系，这样，当主人自己遇到困难时也能够获得他人的帮助。

通过寄赖习俗，能够建立起以自己为节点的社会关系网络，关系网中的任何一人发现的信息，都能够自由地、无成本地通过自己流动，自己就能够从中尽快发现机会或潜在的威胁，并能够很容易地抓住机会或规避威胁。所以寄赖习俗虽然使主人遭受了一定的损失，但是能够使主人获得更大的利益。在京族的观念里，寄赖能够给船主人带来好的运气，使其能够在以后的捕鱼生产中风平浪静、满载而归，即能够获得更大的安全保障和更多的收入。既然如此，捕鱼满载而归者当然非常欢迎人们前来寄赖。

京族的寄赖习俗有分散储存的功能。海鲜很容易腐败，过去，京族人没有保存海产品的设施和设备，一次捕鱼过多，如果销售不掉，很快就会因变质而失去价值。让他人来寄赖，等于把一定的鱼交给其他人储存。当自己没捕到鱼时，也可以去寄赖他人，相当于从仓库中取出存货，这样，寄赖习俗就发挥了分散储存的功能。

来寄赖的人一般都是缺乏食物的同村人，否则，乡里乡亲的，没有人会无端地去寄赖他人。如果不允许寄赖，缺乏食物者就会采取其他措施来获取食物，比如采取偷盗、抢劫、诈骗等方式来维持生存，这不仅会破坏社会秩序，而且造成的破坏和损失更大。

寄赖者过去也付出了努力，但是因为某些意想不到的风险导致其努力没有收获，缺乏食物，愤怒已经在其心里慢慢积累，如果不让他寄赖，他有可能通过暴力冲突行为来发泄其不满情绪。即使当时没有发生暴力冲突，他也有可能趁人不注意而对渔船、渔网等进行一定的破坏，这反而会带来更大的成本。让其寄赖，使其获得一定的食物，就能与寄赖者建立起一定的感情联系，寄赖者不仅不会趁渔民不注意时对渔网、渔船、渔箔进行破坏，反而会自觉进行保护。

海洋资源是公共的，属于全体京族人所有，每位京族人都应该享受其所带来的利益。但有些京族人因为各种原因而不能利用该资源，这样就无法实现自己的那份利益，这等于把自己拥有的资源转让给其他人使用，应该获得相应的报酬，即其他人应对此予以一定的补偿。通过寄赖习俗，就使其获得了一定的补偿。

二、寄赖习俗消失

20 世纪 80 年代后，京族传统的寄赖习俗消失了。

案例：京族寄赖习俗变迁

访谈对象：夜市老板，万尾京族人，40 岁左右

笔者：现在还有寄赖习俗吗？

老板：寄赖？

笔者：也就是见者有份的习俗。

老板：就是海洋捕捞满载而归，别人来就送给他一些，不收钱，是吗？

笔者：是的，还有吗？

老板：有，现在很少了。

笔者：为什么少了呢？

老板：过去到处是海鲜，沙滩上到处都是螃蟹，很容易捕捞，不值钱，有人来就送给他一些，也没多少损失。现在要行船二三十海里才能捕到鱼，做海很辛苦，捕捞到的不多，价格又很高，送人的话损失太大，别人也不好意思来寄赖。

京族人很少知道寄赖这个词了，说明寄赖习俗很早以前就很少了。寄赖习俗之所以消失，有以下几个方面的原因。

经济发展使寄赖习俗的功能弱化。

首先是社会保障功能弱化。经济的发展使京族人普遍富裕起来，绝对缺乏食物的基本不见了，这样京族人就不需要寄赖了。寄赖让缺乏食物的京族人暂时获得一些食物，渡过暂时的困难，即寄赖习俗发挥了最低程度的社会保障功能。20世纪80年代后，虽然京族地区仍然有一些贫困人员，但是已经不缺乏食物了，他们主要是缺乏资金难以应对患病等困难，即寄赖习俗的社会保障功能已经不能发挥作用了。一些富裕起来的京族人常常通过资金来帮助京族贫困人员，发挥了一定的社会保障功能。

案例：

访谈人员：五保户，巫头京族人，63岁

我们的经费主要是村里给的，可以解决基本的吃喝需要，但是老了经常生病，钱就不够用了。我生了大病就找村里的大老板，他们一般都会资助一些。

其次是寄赖习俗维持社会关系的功能弱化。随着经济的发展，京族已经接受了市场经济规则，当需要人手时，京族人更愿意通过市场雇用临时工，工人则选择工资最高的雇主，即情感联系被雇佣关系取代。在市场经济条件下，京族人更愿意采用市场经济的规则，而不愿意附加更多人情因素，这种情况下，寄赖习俗维持社会关系的功能就被大大弱化了。当然京族人并非不需要人情关系，而是通过其他方式构建和维系一种新型的人际关系。富裕起来的京族人常通过修建歌圩、资助文化保护和传承活动、救助困难群体等来维持乡邻之间的亲情关系。生意人之间则通过在一起喝酒、娱乐建立起一种生意场上的关系网。只不过京族人不愿意在经济方面附加更多人情因素，寄赖习俗的功能就弱化了。

最后，寄赖习俗分散储存的功能消失了。经济的发展使海鲜的需求上升，本地和外地的鱼贩就等候在海边，海鲜在海边就直接被收购了，所以海鲜不需要储存了。即使需要储存，京族渔民也有了冰箱、冷库等储藏设备或设施。因此寄赖习俗分散储存的功能消失了。

产业结构变化消解了寄赖习俗所依赖的环境。随着京族产业结构的变化，只有少部分人从事渔业，“寄赖”习俗产生和维持的环境变化了，寄赖习俗自然就慢慢消解了。产业结构变化消解了寄赖习俗的互惠交换。寄赖是相互的，实际上是一种互惠交换，以大家都出海捕鱼为前提。随着边境贸易和旅游业的发展，很多京族人已经不再出海捕鱼，而是从事边境贸易业、旅游服务业、养殖业等，这就使得相互寄赖变得不可行。

经济发展破坏了寄赖习俗所依赖的熟人社会。寄赖习俗是在京族熟人社会产生和发展的。随着边境贸易和旅游业的发展，大批的外地人如游客、商人、新闻记者、学者、外来务工者等涌入京族三岛，京族渔民与外地人互不相识，这就打破了寄赖习俗所依赖的熟人社会。如果还实行寄赖，捕获的鱼不够分给寄赖者，而对渔民则无任何益处，京族渔民自然不愿意让陌生人寄赖了。

经济发展使寄赖的成本上升。京族人说，过去渔业资源丰富，到处都是鱼，随便弄个网就能抓到很多鱼，而且鱼很便宜，让人来寄赖不会损失很多，却能加深人们之间的感情，有利于以后的互利合作，所以渔民很欢迎他人来寄赖。随着边境贸易和旅游业的发展，当地餐馆对海鲜的需求大增。交通运输业的发展使海鲜很快就能销售到全国各地，甚至出口到海外，外地对海鲜的需求也大增。同时，由于过度捕捞，京族地区渔业资源逐渐枯竭，即供给下降。需求增加、供给下降推动海鲜价格迅速攀升。寄赖会给京族渔民造成很大的损失，京族人不好意思再去寄赖了。

随着经济的发展，京族人有的搞边境贸易，有的搞旅游服务，有的搞养殖，还有的外出务工，根本无暇去寄赖。所以20世纪80年代后，京族传统的“寄赖”习俗消失了。

不过，经济发展又催生了新的寄赖。一些游客对京族传统的寄赖习俗很好奇，于是每人出一部分钱请京族渔民捕鱼，渔民收网后，参与的游客纷纷去寄赖，然后拿到饭馆请人加工。但是这种寄赖是一种纯商业性活动，体现的是京族渔民与游客之间的商业关系，已经不再具有熟人社会的相关功能。

第六节　传统观念变迁

一、生育观念的变迁

（一）多子多福观念的变迁

与传统经济相适应，京族产生了多子多福的思想。20 世纪 80 年代前，京族人普遍生育很多子女。20 世纪 80 年代后，京族人一般生育两个孩子，超过两个孩子的很少。

京族人生育子女数量的减少，除了计划生育政策的影响外，也与京族多子多福的思想转变有关，而这种思想与京族的经济发展密切相关。

京族人以前以海洋捕捞为生，海洋风险很大，总是威胁着京族人的生命安全，多生育子女可以应对因失去子女所导致的老无所依的风险。20 世纪 80 年代后，伴随着经济的快速发展，京族人的从业结构发生了很大的变化，大部分人从事边境贸易、旅游服务业、养殖业、海产品加工业，从事传统海洋捕捞业的人越来越少。随着渔船的改进，先进捕鱼设备的安装，从事海洋捕鱼者能够及时获得天气信息，并在恶劣天气来临之前及时靠岸。因此，经济发展已经使京族人的工作不再面临生命安全威胁。

过去，京族人多生育子女，通过子女的血缘关系，共同获取和保卫生存资源。20 世纪 80 年代后，经济发展促进了京族法制观念的增强，京族意识到只有在遵守法律的基础上，在市场上通过公平竞争才能获取资源，依赖血缘关系用武力来获取和保卫生存资源已经没有了必要，而且还是违法的。

过去，京族孩子很小的时候就跟着家里人耙螺、挖沙虫、放牛、进行农业劳动等，能够给家里带来一定的经济收入，也不需要专门照看，养育孩子的成本很低。20 世纪 80 年代后，京族经济的发展已经极大地拉高了京族人养育孩子的成本。随着边境贸易、旅游业的发展，每天有大量的人口进出京族地区，京族人感到不能像以往那样任由孩子在外面玩耍，必须时刻照看孩子。京族人的职业特点决定了京族人不可能边工作边照看孩子，孩子也不可能对工作有任何帮助，所以必须有人在家专门照看孩子，这样家庭就少了一份收入。同时，京族人认为出海捕鱼是最辛苦、最不体面的，凡是做过生意的都不会再出海捕鱼，富裕起来的京族人不愿意让孩子继续过出海捕鱼的生活。很多富裕起来的京族人都把孩子送到外地读书，很有钱的家庭将孩子送到南宁上幼儿园，条件一般的家庭将孩子送到东兴或防城港或钦州读书，较贫穷的家庭才让孩子在当地上幼儿园。这就增加了养育孩子的成本，多生育一个孩子就比别人少一份收入，多一份养育孩子的成本，其生活水平就比其他人低很多，其在村里的地位就会无形地下降，其孩子以后在成婚等各方面都会面临困难。

案例：

访谈对象：万尾村的村民，45 岁左右

我是家里的老小，我父母 40 多岁才有我，我有四个姐姐，一个哥哥。那时候很穷呀，都没有吃的，开放后经济条件就好了，想吃什么就吃什么，都住楼房。你看我这房子，我花了 60 多万元，装修都是请越南人来装修的，带有一些法式风格。我有两个孩子，大的是男孩，今年“十一”结婚，他女朋友在东兴土地局上班，他岳父是巫头的，做煤炭生意，一年收入有几十万元吧！结婚后准备到云南旅游，我们也去。我女儿是 1997 年出生的，正在上高中。我们这边一般都是两个孩子，我们虽然经济条件好了，但也不想多要孩子，养是养得起，但很辛苦。

（二）偏好生育男孩观念的变迁

为了便于比较京族生育性别偏好观念的变化，笔者查阅了国家统计局主编的《中国 2010 年人口普查资料》中京族分年龄的人口数。其中，0 岁对应的是 2010 年出生的人口，1 岁对应的是 1999 年出生的人口，其他类推。将有关京族生育状况的数据列表，并计算出出生性别比。其中“小计”、“男”、“女”的数据直接来源于《中国 2010 年人口普查资料》，出生性别比为笔者计算所得，计算公式为：

出生性别比＝男婴数/女婴数×100

计算结果见表 3-1。

表 3-1　京族出生性别比（1980—2010 年）

年份	年龄/岁	小计/人	男/人	女/人	出生性别比
2010	0	540	300	240	125
2009	1	542	297	245	121. 22449
2008	2	489	273	216	126. 38889
2007	3	529	305	224	136. 16071
2006	4	489	265	224	118. 30357

续表

年份	年龄/岁	小计/人	男/人	女/人	出生性别比
2005	5	451	252	199	126. 63317
2004	6	476	259	217	119. 35484
2003	7	433	239	194	123. 19588
2002	8	426	248	178	139. 32584
2001	9	479	285	194	146. 90722
2000	10	408	231	177	130. 50847
1999	11	356	203	153	132. 67974
1998	12	364	222	142	156. 33803
1997	13	367	231	136	169. 85294
1996	14	368	210	158	132. 91139
1995	15	513	295	218	135. 3211
1994	16	476	249	227	109. 69163
1993	17	523	268	255	105. 09804
1992	18	441	238	203	117. 24138
1991	19	462	242	220	110
1990	20	614	334	280	119. 28571
1989	21	587	296	291	101. 71821
1988	22	549	283	266	106. 39098
1987	23	576	275	301	91. 362126
1986	24	596	311	285	109. 12281
1985	25	511	259	252	102. 77778
1984	26	504	266	238	111. 76471
1983	27	442	218	224	97. 321429
1982	28	441	230	211	109. 00474
1981	29	422	210	212	99. 056604
1980	30	461	215	246	87. 398374

(数据来源：中华人民共和国统计局. 中国 2010 年人口普查资料[M]. 北京：中国统计出版社，2012.)

由表 3-1 可知，京族出生性别比具有先上升后下降的趋势，反映出京族生育性别偏好观念的变化。

京族过去以海为生，而做海非常辛苦，只能依靠男人，男性是家庭的主要收人来源，所以京族偏好男孩。京族又认为灵魂不灭，家家户户都在堂屋供奉祖先神位，祖先保佑子孙幸福，子孙供奉祖先衣食。京族是男权社会，供奉先人的只能是男性后代，女性后代出嫁后只能供奉其夫家的祖先。如果没有男孩，就没有人供奉祖先。所以京族人具有重男轻女的观念。

过去，京族可以通过多生育子女来保证家中有男孩，出生婴儿的性别由自然规律决定。京族过去以海上捕捞为生，做海是男性的工作，海上风险很大，很多京族渔民因此而丧生，京族男性死亡率偏高。做海的劳动强度大，劳动条件差，京族渔民经常患病，京族男性平均寿命很短。过去京族妇女挖沙虫、耙螺、挑鱼到市场销售、农业劳动等都是重体力劳动，“体力劳动增加了体液的肌酸，使体液酸化，故生女的多”①。因此，过去虽然京族有偏好男孩的观念，但京族女性人数仍然高于男性，京族性别比偏低。据 1982 年人口普查，广西京族人口中男性占 47.8%，女性占 52.2%，性别比仅为 91.57，大大低于全区平均数据 107.30。②

随着计划生育管理的日益严格，京族只能生育 2 个子女，由于此时京族偏好生育男孩的观念并没有变化，所以京族只能选择生育男孩。当时鉴定未出生婴儿性别的技术已经出现，使京族选择生育男孩的观念变成现实，表现为京族出生性别比迅速提高。2000 年，防城港市京族出生性别比已经高达 143.06③，京族成为广西出生性别比最高的民族。

随着经济的进一步发展，很多京族人已经不再出海捕鱼，而是从事边境贸易、旅游服务业等。无论男性、女性都可以从事这些行业，有些岗位女性更为合适，女性的收入甚至高于男性。随着捕鱼技术的进步，出海捕鱼也变得轻松和安全，妇女也可以出海捕鱼了。所以无论男孩还是女孩，对京族获取收入的影响已经不明显了。经济的发展也使科学知识广泛传播，京族人掌握了更多现代科学知识，思想日益开放。京族结婚的各种花费，比如建房的花费等，仍然主要由男方家庭承担。多生育一个男孩，会导致日常开支增加、收入下降，平均到每一个男孩身上，平均收入下降得更快，这就会引起社会地位下降。随着经济的发展，土地显得更为稀缺，宅基地审批更为严格，难以申请到新的宅基地，商业用地价格也越来越贵，多生育男孩有可能陷入无地建房和无钱买房的困境。收入和地位下降及获取

① 邵邻相.试析自然因素对出生性别比的影响[J].人口与经济，1998(3).

② 莫龙，王春林.广西京族人口特点浅析[J].广西民族研究，1990(3).

③ 广西壮族自治区人口普查办公室，广西壮族自治区统计局.广西壮族自治区 2000 年人口普查资料[M].中国统计出版社，2002.

房产的困难使京族男子娶妻变得困难，所以京族偏好男孩的观念开始变化，这表现为出生性别比的下降。

应当注意的是，这种观念的变迁是相对的，即与过去强烈偏好男孩的观念相比，经济发展使这种观念变弱了。从数据看，京族的出生性别比仍然高于100，也高于出生性别比正常值的上限107，这说明京族仍然比较偏好生男孩。这是因为京族仍然由儿子养老，祖先神位仍然供奉在儿子家里，仍然由父亲的民族成分决定子女是否正宗的京族人。另外，经济发展提高了京族妇女的社会地位，"妇女社会地位对出生性别比升高有着很重要的影响"①。经济发展使京族女性受教育程度提高，京族妇女在经济发展过程中吸收了大量的现代知识。"农村妇女的出生婴儿性别比则随教育程度的上升而上升"②。经济结构的改变使许多京族妇女不再从事农业劳动，也不再挑鱼到很远的市场去卖，体力劳动下降，不会造成体液酸化。这些因素也有可能是导致京族出生性别比居高不下的重要原因。

二、万物有灵观念的弱化

20世纪80年代后，京族人虽然也相信神灵、尊敬神灵，哈节祭祀活动还很隆重，但京族人并不迷信，京族人更重视科学。家里人生病了，首先去卫生所看病、抓药，只有那些连医院都无法治好的人才去求助于神灵。养殖鱼虾的遇到问题，赶紧求助于饲料商或虾苗场，或向其他养殖户请教，或查询有关资料，而不再认为是触犯了神灵，到寺庙请神灵保佑。出海捕鱼更注意天气预报，更相信导航仪、卫星定位系统等先进仪器设备的指示，而不再仅仅依靠占卜。

案例：

访谈对象：DFZ，对虾养殖户，万尾京族人

笔者正在虾苗场与经理访谈，一养殖户去购买虾药。

DFZ：今年雨水太大，连续下了十多天，虾都出问题了。

经理：是什么样的症状？

DFZ：虾都集中在岸边，不久就死了。

经理：是重金属超标吗？

DFZ：找人化验过了，没超标。

① 蔡菲，黄润龙，陈胜利. 影响出生性别比升高的社会经济文化背景研究——2000年全国人口普查县级资料多因素分析报告[J]. 人口与发展，2008(2).

② 高凌. 我国人口出生性别比的特征及其影响因素[J]. 中国社会科学，1995(1).

经理：有毒的藻类，像蓝藻等化验过吗？

DFZ：也都化验过了，都没问题。

经理：塘底泥化验过吗？

DFZ：这个没有化验过。

经理：回去把塘底泥化验一下，一般有几种情况：一是重金属中毒，症状是……二是蓝藻暴发，症状是……还有就是细菌超标，症状是……注意投放饲料的量，如果投得太多，虾吃不完的饲料就会沉底腐烂，产生毒素。

笔者：你们在哪学习的养虾技术？

DFZ：没跟谁学，看别人养殖，就跟着养殖了，如果出现问题了就问问其他养虾的，买饲料或虾药时，老板也会告诉自己。

信仰的神虽然还有很多，但这些神多是位于哈亭里的神和庙宇里的神，而不再认为神灵无处不在。即使对于哈亭内的神，很多京族人也不知其来历和神迹，对其他的神灵知道得更少。

案例：

访谈对象：RZC、SQP、RJH 等人，万尾京族人

笔者：你知道哈亭外土地庙、三婆婆庙神灵的来历和有关故事吗？

RZC：记不清楚了。

笔者：您知道镇海大王的故事吗？

SQP：不知道，小时候老人给我们讲，现在都忘记了。

笔者：您还给孩子讲吗？

SQP：不用我讲，他知道的比我多，他已经上高中了，马上就上大学了。

笔者：他从哪里知道这些故事的？

SQP：他从书上看的，还有就是听老人讲的。

笔者：你在水口大王庙祈过福吗？

RJH：是的。

笔者：你知道水口大王庙供奉哪些神灵吗？知道他们的来历或相关故事吗？

RJH：这个……说不好，那一次看过了的，记不清了。

京族人信仰神是因为相信神可以保佑他们，或给其带来其他好处，即信神的目的是利用神。过去没有科学条件，无法求助于科学来解决问题，所以京族人只好求助于神灵的保佑。经济发展促进了科技思想的传播，也使京族人有能力获得科技知识、科学方法来解决面临的问题。过去京族人生病了，不能获得医疗救治，

所以认为自己冲犯了神灵，请师傅来解犯。经济发展改善了医疗条件，附近就有诊所，生病了可以就近诊治，很快就好了，所以京族人不再认为自己冲犯了神灵。养殖时，如果鱼虾生病，求神无助于问题的解决，而向外地养殖人求教能够很快解决问题，京族人自然求助于外地养殖人，按外地养殖人传授的方法去杀菌消毒。出海捕鱼如果关注天气预报，就能有效地避免恶劣天气，这比求神更为有效，京族人自然更关注天气预报，而不是求助于神灵。边境贸易受骗时，采用科学的方法规避风险比求神更为有用，京族人会采取更为有效的方法，而不是求神、占卜。京族人在经济发展中，通过观察和模仿他人，逐渐吸收现代科学知识，已经能够运用科学手段解决很多问题。经济发展使京族人的收入提高，京族人也有能力运用科学手段来解决问题。所以京族人遇到问题时首先求助于现有的科学知识和科技手段，如果运用科学方法能够解决，京族人就不再认为是冲犯了神灵，也不会去求助于神灵。只有那些无法用科学方法解决的问题，京族人才认为有某种神灵作祟，才会请师傅作法。

案例：

访谈对象：虾苗场经理，30 多岁，汉族，湛江人

这边的虾一年两造最好，如果说三造、四造、五造等，虽然也有，但绝不是好消息。因为养虾不成功，需要重新放水、晒底、杀毒，再投入新的虾苗，这就算一造。如果说养殖多造，就意味着有多次养殖不成功，虾苗生病了或死掉了。有一个老太太，她儿子养虾，为了多获得收入，老太太就在神前上香祈祷，求神保佑其儿子每年养虾六造，他儿子知道了，气个半死。因为老太太不懂呀，还以为养殖的造数越多，收入就越多呢！

三、敬商、崇商的观念逐渐形成

20 世纪 80 年代前，京族主要以捕鱼为生，捕鱼经验很重要，所以有着丰富捕鱼经验的人很受人们尊敬，商人因不劳而获而受京族人的鄙视。80 年代后，随着经济的发展，开始经商的京族人越来越多，有的从事边境贸易，有的开设商店，还有的开设大排档、旅馆等。京族人的观念逐渐发生了变化，最受人们尊敬的不再是捕鱼经验丰富的人，而是成功的商人。

案例：

儿子即将结婚的一位京族人自豪地说：我孩子的岳父做边贸的，做煤炭生意，很有钱的，年收入几十万元。

一位边境贸易商人：我们几个做生意之前都是打鱼的，做生意后就不打鱼了，打鱼太辛苦，又没什么见识。我们这边凡是做过生意的，以后都不会再打鱼了。

一位哈头：我们这边比较有名气的商人有武卫军等，他是做煤炭生意的。还有苏明利，他最早贩卖鸡鸭，后来做边境贸易，主要做煤炭生意，还有就是开设宾馆。

商店店主：以前捕鱼、种田，家里非常穷，年年吃救济，一个月十斤米，一家人吃，天天吃稀粥还吃不饱，也没什么菜吃，经常吃咸菜，那时候的日子难过哦！开放后我就不打鱼了，地就租给了外地人养殖，每亩地一年收租金500元。我开了这家五金店，生意还不错，如果在二三月份，我就没空接待你，那时生意太忙了，很多在越南加工海蜇的老板都到我这里拿货，都是整船运过去的，我一天就可以赚好几千元。做生意比打鱼赚钱多了，我这房子就花了我60多万元，我还买了汽车，哪天有空我带你到处转转。

学生：我们这边有一个大老板，非常有钱，资产有好几个亿吧，他没有多少文化，听说小学都没有毕业。

经济发展促使大量商人到来，外地商人的到来给京族人带来诸多好处，逐渐改变了京族人对商人的态度。外地鱼贩直接在海边收购渔民的海产品，转往外地销售，渔民不用到市场上销售，还能卖出好价钱。外地收购商到此地收购海蜇，将京族人一度视为一大害的海蜇变成京族重要的收入来源之一，并传授了海蜇加工技术，带动了京族海蜇加工业的发展。饲料商除了向京族养殖户赊销饲料以外，还传授虾病防治等技术，促进了京族养殖业的发展。边境贸易商人请京族人做翻译和经纪人，京族人除了获取一份收入外，还学会了边贸的相关知识，最后独自做边境贸易。外地商人的到来还带动了当地餐饮、住宿业的发展。商人不再是从前那个压低价格、缺斤少两的负面形象，而是京族人重要的合作伙伴，使京族人受益良多，所以京族人逐渐改变了鄙视商人的思想。

很多京族人自己做生意，自己已经变成商人，而且做生意的收入普遍比出海捕鱼的收入高。在市场经济条件下收入高就意味着能力强，对京族生意人，其他人从羡慕到尊敬，认为他们有头脑、能力强。做生意的与外界联系较多，见多识广，思想开阔，很多边贸商人的故事在京族人心目中就是一个传奇。就是因为这个原因，对于京族村庄的很多事情，京族商人有较大的发言权，很多事务都交给他们做，各小队的队长、会计基本上都由京族商人担任，即京族商人在村庄的地位较高。富裕起来的京族商人也热爱京族的公益事业，很多商人向村中公共事务投入资金。比如万尾京族人孙进、苏明利为保护和传承京族文化投入了很多资金和精力。一些京族商人还资助困难群众。因为京族商人经商的成功，以及对本地经济和社会发展的贡献，很多京族商人已经成为当地的政协委员、人大代表等，这进一步改善了京族商人的形象。

四、教育观念分化

京族人传统上受教育者比较少，这是因为京族当时没有条件接受教育，而传统上京族人也是渴望接受教育的。京族的民间传说中有很多关于中状元的故事，比如“田头公”就是因为喜欢读书，最后考取了状元，然后在朝廷做官。《宋珍和陈菊花》中的宋珍也是最后考取了状元，皇上欲把公主嫁给他。这从侧面说明京族人从内心里是渴望接受教育的，只是苦于当地没有学校，家里又穷，所以不得不放弃学习的念头。

京族的村规民约也反映出京族过去尊师重教。

江龙乡恒望村规约

第三条 关于就学之人应当爱重，若本户何人有男子年至十八，尚在求学户内，应免一切夫役，但徒名求学而在家做工者，户内令其负担夫役不再宽免，并学生之父母有得罪先生，或学生有得罪先生，会长即依照本规约第五条处罚以分师生、尊卑之别也。①

20世纪80年代后，京族人的收入大为增加，完全有能力为子女提供更好的教育条件。京族地区也开办了中小学，教育条件大为改善，但普通京族人对教育并不很重视。京族人忙于自己的生意，无暇照顾孩子，更没有时间辅导孩子。有的让孩子看店，有的让孩子为客人买烟酒，有的让大孩子照看小孩子。

案例：

这是一家京族生意人，男主人开了一家海蜇加工厂，女主人开了一家饭馆，男主人的妈妈在门外做烧烤生意。他们有两个孩子，一个男孩，一个女孩。房间里没有孩子的书桌，孩子放学回来只好在餐馆的饭桌上写作业，客人来了就换另一张桌子，如果客人太多就到旁边一家餐馆的桌子上写作业。家长很忙，没时间过问孩子的作业。

---

① 广西壮族自治区编辑组，《中国少数民族社会历史调查资料丛刊》修订编辑委员会. 广西京族社会历史调查[M]. 北京：民族出版社，2009：95.

在京族学校小学部遇见三个玩耍的孩子，一个男孩，一个女孩，八九岁的样子，上小学三年级，还带着一个两三岁的孩子，没有大人照看。中午这三个孩子到学校附近一家米粉店各吃了一碗米粉，然后继续到外面去玩耍，孩子说他们的父母收购海鲜。

京族人是否重视教育与教育能否提升自身的社会地位相关，普通京族人之所以不重视教育是因为教育并不能提升其社会地位，甚至可能会降低其社会地位，下面对此进行详细分析。

社会地位对京族人是至关重要的，如果社会地位较低，就会面临一系列问题，尤其是子女婚配面临困难，这是任何京族人都不愿意承受的。普通京族人提升社会地位的途径主要有两种方式：一是努力提高自己的收入；二是子女能够出人头地。其中，子女出人头地比高收入更能提升社会地位。那么怎样才能出人头地呢？主要有两个途径：一是考上大学，找到好工作；二是积累丰富的社会经验或挣更多的钱。

普通京族人家的孩子主要在京族学校（包括小学部和初中部）就读，京族学校虽然硬件设施较好，但教学水平很低，这是因为京族地区虽然经济发展了，但毕竟还是农村，各种条件远远赶不上城镇。工资由财政拨付，与京族经济发展无关。农村的教师工资水平很低，所以优秀的师资不愿意到京族学校任教。① 教师收入微薄，与当地村民相比显得寒酸，这挫伤了教师教学的积极性，一些越南语教师甚至辞职去做翻译或做边贸生意去了。这样，虽然京族孩子付出了更多精力，但是学习成绩也难以达到城市一般水平，这导致京族孩子的学习意愿不足。经济发展使京族地区游乐场所增多，京族地区有好几家网吧，有些孩子经常到网吧上网、打游戏，这也使京族孩子精力分散。京族老板住高级别墅、开豪车、穿名牌，经常赞助村中的各项事务，在村中有很高的威望。这对京族孩子有很强的示范效应，京族孩子崇拜本村做生意的大老板，也希望像村中的老板那样到外面闯荡。由于历史原因，京族的大老板多数文化程度较低。有一位京族学生说他们村有一位大老板，只有小学三年级文化，大一点的数字都算不好，现在资产好几个亿。所以京族孩子认为收入与学习无关。这些原因导致京族学生的学习成绩普遍较差。为了照顾京族，普通高中降低 30 分录取京族学生，但京族学校的学生能够考上高中的很少，大部分学生初中毕业后就辍学了，考上大学，找到好工作更是无望。通过子

① 这是京族人普遍的观点。

女考上大学来提升社会地位的这一途径就被堵死了。

京族的经济虽然发展了，但京族的产业大多处于低端水平，社会经验和社会网络在其中仍发挥着重要作用，京族学生在学校所学知识在这些产业根本用不上，京族学生在学校读书就无法积累社会经验和拓展社会网络，所以读书时间越长的京族孩子，越难以适应京族现在产业的要求，就越难以找到合适的工作，收入水平就越低。京族结婚普遍较早，一般男子20岁左右就结婚了。读书时间越长的京族孩子越接近结婚年龄，但由于刚出校门不久，在社会上显得比较幼稚，收入水平也较低，难以找到合适的对象。因此，为积累社会经验、拓展社会关系网络，早点离开学校，尽快接触社会是最好的选择，这也导致普通京族人对教育不很重视。

既然通过教育无法提升自己的社会地位，京族人只好通过提高收入来提升社会地位。为了提高收入，一般的京族家庭从事两种或两种以上的工作。有的家庭女主人开大排档，男主人收购和加工海蜇。有的家庭女主人摆太阳伞，男主人搞养殖。所以京族人非常繁忙，无暇照顾孩子，更没时间辅导孩子的作业。生意忙不过来，还要让孩子帮忙看店，帮顾客买烟酒等。有些孩子没人照顾，只好进入网吧上网。这些因素导致京族学生的学习成绩普遍较差，反过来又强化了京族人学习无用的观念，更加不重视教育。

但是，并非所有的京族人都不重视教育。相反，有些京族人对教育非常重视。从幼儿园开始，他们就将孩子送到城里读书，学习成绩很好。有些京族学生大学毕业后找到了很好的工作，其家人对此非常自豪。

案例：

访谈对象：SGF，万尾京族人，边境贸易商人

我有两个儿子。大儿子小时候就很聪明，他看到街上的老虎机挺好玩，就开始琢磨，把人家的老虎机破解了，老虎机不但不吞钱，还吐钱出来。老板亏大了，就求他别去玩了。高中的时候我托关系让他到南宁最好的高中学习，他也争气，每次都考得很好，本来想报考清华大学的，但高考的时候发挥得不好，最后被北京航空航天大学录取了。现在已经毕业了，在中央电视台工作，年薪20多万元。小儿子不争气，上了个财经学校，回来帮他岳父做生意。他岳父是巫头的，做煤炭生意的，比我的生意大多了。不让孩子上学，即使挣个金山回来有什么意思呢？你说是吧？

重视教育的一般是有钱的生意人、教师、政府工作人员。有钱的生意人已经很富有了,再多挣一些钱并不能显著提升其社会地位,所以他们愿意多花一些时间培养孩子,对孩子抱有很高的期望。从幼儿园开始,他们就送孩子到城里上学,接受高质量的教育。孩子也知道父母的期望,学习也很努力,学习成绩自然就很好,很多已经考上大学,毕业后找到了很好的工作,让父母很有面子。教师和政府工作人员知道教育的重要性,他们对子女要求比较严格,工作之余常会辅导孩子。他们一般不从事边境贸易、旅游等工作,所以他们也不需要孩子帮着他们做事情。孩子如果过早离开校门,也不能在社会上做什么事情,不仅不能带来收入,还让父母担心。即使能够获得收入,也会让人感觉他们教子无方,社会地位也会下降。所以教师和政府工作人员对孩子的学习要求较高,在条件许可的条件下,他们也会送孩子到城市接受较高的教育,他们的孩子一般都上过大学。

因此,随着经济的发展,京族的教育观念出现分化,一般的京族人不太重视子女的教育。这是因为,他们的收入虽然有所提高,但还不足以让他们的子女接受较高质量的教育,只能在教育质量不高的京族学校接受教育,而这种教育又几乎让他们子女上大学的梦想无法实现,学校里学到的知识在工作中又用不上,花费精力学习也不能获得什么,还会使自己丧失获得收入的机会。但收入较高的京族生意人对教育非常重视,他们有能力让孩子接受高质量的教育,所以他们的孩子也比较容易实现上大学的梦想。事实上他们的孩子很多确实考上了大学,让他们很有面子,他们的社会地位无形中得到提升。

总之,经济发展虽然显著提高了普通京族人的收入,但并不足以让他们的孩子接受高质量的教育,从而导致他们孩子上大学的梦想无法实现。如果京族的经济能够获得极大的发展,让他们也能送孩子到城市接受高质量的教育,或者能够吸引优秀的教师前去任教,能够显著改善办学条件,让他们的孩子通过努力也能实现上大学的梦想,自然地,他们也会重视教育。说到底,普通京族人之所以不太重视教育,是因为经济有了一定的发展,但发展尚不充分造成的,只有进一步发展经济,才能让所有的京族人重新重视教育。

第七节　语言、文字变迁

新中国成立前,京族主要以京语为交际语言。万尾、巫头、山心三地因与大陆阻隔，京族三岛的京族与其他民族的交往不多，“这三地京族人民在解放前都是以讲京语为主，只有与汉人接触时，如在赶集中与汉人做买卖时才讲上几句汉语”①。

新中国成立后，到了1980年，京族与汉族、壮族的交往日益密切，尤其是20世纪60年代和70年代的围海造田，使京族三岛先后与大陆相连成为半岛，京族与汉族、壮族的交往更为频繁，越来越多的京族人学会了汉语（白话）。“这三个大队的京族，一般来说，六十岁以上的老人仍以讲京语为主；四十岁至六十岁的人兼用京、汉两种语言，但运用汉语不如京语熟练；二十岁至四十岁的人兼通京、汉两种语言，其中有不少人还会讲汉语普通话；十岁至二十岁在校学习的青少年，在家以讲京语为主，在校则以讲汉语为主；十岁以下的儿童在家主要讲京语，能听懂汉语中的一些生活用语，读小学之后，逐步学会汉语。至于嫁到京族家庭的汉族女子，一般在一年之内学会京语，跟家庭成员讲京语；京族女子嫁与汉族丈夫，跟家人及其他汉人都讲汉语。此外，文化娱乐活动如歌咏、节目表演、唱戏等通用粤方言，放电影时也用粤方言翻译对话（有一部分人能听懂戏曲、电影中的汉语普通话道白）。京族有京语歌谣，这些歌谣除了少数五六十岁老人会唱之外，其他的京族人都不会唱了”②。

1980年后，随着京族经济的发展，全国各地的游客、边贸商人、投资商、小商贩、农民工、学者等纷纷进入京族三岛，京族不仅与当地汉族、壮族等的交往日益密切，而且与全国各地的人们交往也越来越频繁，京族的语言也随之发生了很大的变化。这种变化主要表现如下。

一是说白话的京族人越来越多，白话已经逐渐成为当地的主要交际语言。当地的京族人、汉族人、壮族人，甚至在此地经商的外地人都用白话交流。

二是京语里吸收的汉语（白话）词汇越来越多，尤其是现代商品、政府组织等的词汇都是直接借用白话。

案例：

访谈时间：2015年7月

访谈对象：DFC，男，京族，48岁，哈头负责人

可以这样说吧，京语里五个字里面有两个或三个白话，比如我跟我儿子说：“你看电视呀！”其中“电视”这两个字已经是白话了。我跟儿子说越南语他就不

① 欧阳觉亚，程方，喻翠容．京语简志[M]．北京：民族出版社，1984：3．

② 欧阳觉亚，程方，喻翠容．京语简志[M]．北京：民族出版社，1984：4．

懂，比如我说："你去看电视。"越南语就是……其中 DV 就是 TV 的意思，来源于英文。越南语吸收了很多外来词汇。再比如我跟我儿子说："你吃饭了没有呀?"用越南语这样说……用京语就是……一半是越南语，一半是白话。

三是越来越多的京族人会说普通话。现在 60 岁以下的京族人一般会三种语言：京语、白话、普通话。一般与人交流时用白话，若发现听者没听懂就改用普通话。做边境贸易的还会说越南语。相互通婚的京族人一般教孩子汉语。

四是单纯说京语的人越来越少，一般是七十岁以上的老年人。据京族人讲，万尾村还有三个小队(共二十三个小队)的京族人日常交际用京语。有些京族人的语言也会发生变化，一段时间普通话很好，一段时间后又变得不太好了。原因就是当他经常与外地人用普通话交流时，这段时间他的普通话就很好；当他与外地人交流比较少时，再说普通话就没有以前流利了。现在重视京语的京族人越来越多，因为很多方面要用到京语。哈节期间唱哈、祭祀礼仪用语、敬酒、唱桃等全用京语。京族人组团演出要用京语演唱。歌圩对歌用京语。京族人参加电视台音乐比赛也要用京语演唱。所以从事这些方面工作的京族人都要学习京语。随着经济的发展，越来越多的游客希望欣赏京族歌舞，外地甚至国外的相关单位还经常邀请京族人去演出，京族人也经常去部队进行慰问演出，赈灾演出，义演等，所以希望学习京语的人也越来越多。

京族的文字被称为喃字，认识喃字的人很少，以至于有些学者认为京族没有文字。① 喃字是仿照汉字所造的文字，一般由两个汉字构成，一个汉字表示京语的意思，再用另一个汉字表示京语的读音，因此喃字既表意又表音。随着经济的发展，市场对京族艺术的需求增加，为满足该需求，越来越多的京族人开始学习京族歌舞。市场需要原汁原味的京族歌舞，所以不能用白话演唱，也不能用普通话演唱，只能用京语演唱。学习京族歌舞就必须学习京语，京语需要通过喃字来学习。所以万尾开办了喃字培训班，编写了喃字培训教材，专门对京族艺人、哈节工作人员、哈妹、喃字爱好者进行培训。苏维芳还挖掘整理了《京族喃字史歌集》、《金银翘传》等京族喃字典籍。2013 年，在万尾成立了"喃字文化传承研究中心"，设主任、秘书长、副秘书长、顾问、成员等，办公地点设在武明志家二楼，平时由武明志负责管理。2015 年，"喃字文化传承研究中心"成立了党支部，武明志任书记。认识喃字的京族人开始增加。

① 欧阳觉亚，程方，喻翠容．京语简志[M]．北京：民族出版社，1984：5.

第八节　京族音乐舞蹈变迁

以前京族人演奏独弦琴是自娱自乐，演奏地点可能是在家里，也可能是在树下或他人家里。据阮志成介绍，过去，他爷爷阮世和就在夜深人静之时点着油灯演奏独弦琴。有时到歌圩给对歌之人伴奏。因为是自娱自乐，不可能为演奏独弦琴投入很多资金，所以传统的独弦琴由演奏者自己制作，在住所周围寻找合适的木材或竹子，砍伐需要的部分，再自己加工成独弦琴。所以传统的独弦琴看起来都比较粗糙，带有明显的个人特点。过去有名的京族独弦琴艺人阮世和的独弦琴就是他自己制作的，因为他是左撇子，为适合演奏，他的独弦琴与一般的独弦琴有很大的不同。传统的独弦琴常用麻绳、竹篾等做琴弦。独弦琴只有一根弦，依靠手指摇动摇杆产生泛音来演奏。男人手指更为有力，所以传统上京族独弦琴多由男性演奏。采用拨片挑动琴弦演奏，声音很小，需要在夜深人静之时演奏。家庭传承，传男不传女，通过手把手传授。乐曲没有歌本，演奏者全凭声音、记忆演奏。

20 世纪 80 年代后，演奏独弦琴成为舞台上的商业表演，对独弦琴的外形、音色有更高的要求。所以京族人不再自己制作独弦琴，而是请专业的乐器制作人制作，还有的直接在市场上购买。为了更好地展现舞台效果，独弦琴的材料不再采用普通的木材或竹子，而是用红木、紫檀木等高级材料制成。琴体外形变化很大，有的琴长数米，有的短小精悍。独弦琴形状各异，外形考究，有龙头形、凤凰形等。琴弦不再采用麻绳、竹篾，而是用古筝弦、扬琴弦或吉他弦。为了演奏方便，不再采用拨片挑动琴弦演奏，而是戴上指套，像弹古筝一样弹奏。传统的独弦琴声音很小，在舞台上演出，下面的观众难以听见，演奏效果不好。为了提高音量，后来的独弦琴加装了电扩音装置。因男性演奏独弦琴的舞台效果不如女性，更不如年轻的女性，京族男性逐渐失去了学习独弦琴的兴趣，反而是女性越来越感兴趣，所以现在学习独弦琴的都是清一色的京族年轻女性。随着独弦琴艺术的舞台化，京族男子不愿意学独弦琴，现在的京族家庭出现了相反的趋势，传女不传男。由于学习独弦琴的京族女子比较多，苏春发等还开了独弦琴艺术培训班，传承方式从家庭传承走向公开传承。

近年来，市场需要原汁原味的京族独弦琴艺术，古老的竹琴更能体现原汁原味，所以京族的独弦琴出现了复古的趋势。如传统的竹管形的独弦琴又出现在舞台上，有些比较专业的京族艺人请专业乐器师调音，制作由自己来完成。为了更能体现原汁原味，有些艺人甚至放弃了扩音装置。由此可见，京族独弦琴艺术随着市场需求的变化而变迁。

京族是一个能歌善舞的民族。新中国成立前，京族在不同的场合下表演不同的歌舞，实现相应的文化功能。哈节在哈亭唱哈歌以娱神，恋爱时唱情歌，婚礼上唱“迎送亲歌”、“拜堂贺喜歌”、“敬槟榔歌”，劳动时唱劳动歌，男客人来了敬酒唱“敬酒歌”，女客人来了敬茶唱“敬茶歌”。

农隙时，择定地点，于月白风清之夜，邀集邻人，以资娱乐。其所唱之歌，乃系民歌，俗称山歌。参加者分为两部，一部为男性，一部为女性。两方均有谙熟山歌者二三人，名曰歌屯。男方择一歌喉清脆之男童，名曰歌郎；女方亦择一歌喉清脆之女童，名曰歌娘。男女相距五六丈，由歌屯将歌逐句低声口授，歌郎或歌娘循声高唱，一问一答，声调和谐，其乐盎然。①

新中国成立初期，生产力较落后，生产资料不能满足需要，造成很多京族渔民没有生产资料，劳动力与生产资料相分离，造成生产资料和劳动力的闲置和浪费。从1952年开始进行社会主义改造，将土地和较大型的农具、网具逐步公有化，实现了生产资料和劳动力的结合，促进了农业和渔业的发展。京族传统民歌与集体化运动所要求的积极向上的文化不相符合，于是传统民歌陷入低谷。

田汉对村干部阮成珠等人说：“为什么传统流行的民歌不唱了？”阮成珠回答说：“旧民歌旧的东西太多，不提倡流行了。”②

为了与社会主义集体化运动相一致，京族地区成立了“农村业余文艺宣传队”，其成员白天干活，晚上排练、演出。他们自编、自导、自演，创作了很多反映那个时代的新的文艺节目，如《拦海之歌》、《我们村里好事多》、《计划生育好》、《长征组歌》、《飒爽英姿》等。这个时期，京族歌曲的主要特点如下。①组织性：不再是村民个人唱，而是组成宣传队统一演出。②义务性：走村串巷，义务演出，不收取费用。③时代性：内容既反映了京族人民劳动的场景，又宣传了党的方针政策。④融合性：内容来源于生活，生动活泼，既丰富了京族人的生活，又宣传了党的方针政策。

改革开放后，京族的歌舞又出现了新的变化。

---

① 宗贤.京族的哈[J].中国民族，1980(10)：49.

② 中国人民政治协商会议广西壮族自治区委员会.京族百年实录[M].南宁：广西民族出版社，2015：204-205.

（1）功能商业化。京族歌舞的很多传统功能丧失，比如在京族婚配中具有至关重要功能的求爱歌、做媒歌、盘问歌、感恩歌、迎送亲歌等几近消失，京族歌舞逐渐出现商业化的倾向，演出的目的是赢利，而且根据市场需求程度定价，价格低于预期，则他们不愿意去表演。

案例：

访谈对象：SXQ，男，哈亭工作人员

我请他们到我这里表演，主要目的是想宣传我们京族的传统文化，但他们要价很高，钱给少了他们不来。

2015年9月，海迎门京族文化度假村成立，其中京族以京族传统文化入股，京族文化正式成为海迎门京族文化度假村的资产和商标，京族歌舞成为该度假村重要的业务之一，承办各类商业演出。即使哈节期间在哈亭表演的哈妹，也有额外的补贴。

（2）内容复古化。到京岛旅游的游客最希望欣赏到京族独特的文化，为了满足游客的需求，京族将民族文化中的一些元素融入到京族歌舞之中。京族传统歌舞是为了满足日常需要，没有专门的服饰，而京族现代歌舞的服饰是专门定做的演出服饰。演出服饰由江平汉族人樊文英设计制作或到越南采购，其中女式服饰近似于越南的民族服饰——奥黛。为了显示京族民歌的民族性，京族哈妹等表演人员开始学习喃字，用京语演唱。

（3）形式多样化。京族歌舞的表演形式呈现多样化的趋势。每月逢初十、二十日、三十日，京族老年人在哈亭歌圩对歌，歌曲既有传统的，也有现代的，既有用京语演唱的，也有用白话演唱的；京族人家独弦天籁艺术团受邀到各地巡回演出；京族年轻人则参加电视大奖赛。例如2010年1月，8个京族哈妹组团参加了中央电视台第十四届青年歌手电视大奖赛，并获取团体优胜奖；苏海珍等还录制了《海韵魅影》等唱片专辑。

（4）服装道具市场化。京族表演所用的服装是统一采购的，有时向江平镇樊文英定做，有时向越南采购，近年来主要向越南采购。究其原因，京族人说向越南订购的更便宜，同样一套服装，向越南订购只需要80多元，在本地订购则需要200多元。京族表演所用的道具也是统一从市场购买的，还采购了音响、电脑等设备。

（5）地域广阔化。京族歌舞表演不再仅仅局限于京族三岛，而是到全国甚至到国外演出。

苏春发、苏海珍、唐小媛等人多次在北京、上海、广州、香港、澳门、台湾等地表演，还到美国、法国、日本、挪威、越南等10多个国家进行了演出。①

（6）娱乐化。京族现代的歌舞更趋向于娱乐化的趋势，传统的文化功能越来越弱化。

① 中国人民政治协商会议广西壮族自治区委员会. 京族百年实录[M]. 南宁：广西民族出版社，2015：197.

第四章　现代观念逐渐形成

经济发展使京族人从传统的渔民转化为边境贸易商人、旅游服务业商人、新型养殖户等，相应地，京族人产生了与现代经济相适应的观念。

第一节　市场观念的形成

一、利润最大化观念

新中国成立前，京族物质资料匮乏，很多人解决不了温饱问题。京族人为了生存，生产活动以获取物质资料最大化为目标，即以实物最大化为目标。出海捕鱼时以捕捞到更多的鱼为目标，挖沙虫时以获得更多沙虫为目标，耙螺时以获得更多螺为目标。《京族喃字史歌集》记载京族向神仙请求“鱼虾满仓”①而不是请求金山、银山，就是这一意识的反映。

那时京族人对市场不很关注，不重视销售，认为销售不创造财富，是不重要的，所以常让体力较弱的妇女、老人去销售产品。京族人认为捕捞能够直接增加获得的海鲜数量，因而是最重要的，所以京族成年男子要出海捕捞，而不愿意去销售。由于不重视市场，捕捞到的鱼虾多时，市场售价下降得更快，而粮食等生活物资更贵，换回的粮食有时没增加反而下降了。所以虽然京族人虽然每年都辛苦捕捞，但捕捞的鱼虾换成粮食还不够吃。

新中国成立后到改革开放前，实行计划经济体制，大家集体劳动，产品集中分配，单个人没有经营决策权。当时为了解决京族人民的吃饭问题，集体以生产更多粮食为目标，当时市场被认为是资本主义的，是有害的，因而也是不允许的。

20 世纪 80 年代以后，京族的经济发生了转型，从以海洋捕捞为主转为边境贸易、水产养殖、海洋捕捞、海产品加工、旅游服务等多产业共同发展的格局。在这

① 陈增瑜.京族喃字史歌集[M].北京：民族出版社，2007：11.

样的产业发展中，京族人逐渐形成了市场观念，开始以利润最大化为目标，即以获得的货币的数量最大化为目标，而不再以实物数量为目标。

收益等于实物数量乘以价格，实物数量最大并不等于收益最大，所以京族人不仅关注实物数量，而且开始关注市场，按市场价格决定生产什么、生产多少。以前海洋捕捞时，海上有什么就捕捞什么。进入20世纪90年代后，京族人则根据市场价格选择捕捞对象，哪种海产品收入高就捕捞哪种海产品。例如，以前捕捞海蜇的人比较少，海蜇的产量也比较低。20世纪90年代末，外地市场对海蜇的需求突然增加，很多京族人开始选择捕捞海蜇，海蜇一度成为京族人最主要的捕捞对象。海蜇捕捞量的增加带动了京族海蜇加工业的发展，并成为京族最主要的加工业。

案例：

访谈对象：京族渔民，男，万尾京族人，50岁左右

以前捕鱼没有计划，想起捕捞什么就拿什么网去捕，结果每年的收入很低。后来我改变了捕鱼方式，根据市场价格决定捕捞什么鱼。农历一至三月份海蜇大量爆发，海蜇价格也最高，捕捞海蜇收入最多，我就去捕捞海蜇。过了三月份海里花蟹多了，价格也上升了，我就去捕捞花蟹。这样一来收入就比以前增加了不少。

京族人逐渐学会根据市场供求来确定价格，以使自己的利润最大。万尾金滩是旅游胜地，夏秋季节是旅游旺季，很多游客前来万尾金滩游泳、玩沙等，对饮食、住宿就产生了强烈的需求，京族开设的小饭店、小旅店在夏秋季节都会涨价。冬季时天气凉了，游客不能到海里游泳了，游客就少了，对饮食、住宿的需求就下降了，京族开设的饭店、旅店在这些季节就会降价。夏季，在工作日，游客不是很多，定价较低，而在周末，附近的人，如东兴、防城港等地的人会前来游泳，京族人就会提高价格。哈节是京族人的重大节日，会吸引四面八方的游客前来观看，所以哈节时宾馆、饭店一律涨价。其他假日，如五一节、国庆节等他们也会涨价，而在其他日期则会降价。即京族人灵活掌握了需求和供给的规律，随时涨价和降价以增加自己的收入。

案例：

访谈人员：宾馆老板，万尾京族人，45岁左右

老板：明天要涨价了，至少要涨三倍。

笔者：为什么？

老板：明天是周末，有很多人来，已经有一个旅游团预订了。平时我们定价

低，不赚钱，保本就行。旺季的时候我们就涨价，我们就靠旺季赚点钱。我们这边的宾馆都是这样，你可以去打听一下。我在这边做生意十多年了，一直都是这样做的。

二、法律观念

新中国成立前，京族制定了很多村规民约，如《封山育林保护资源的禁令和规约》、《团结御匪严禁偷盗的规约》、《有关婚嫁各项规约》、《有关祭祀、捕鱼、风俗习惯的各项规约》等，京族主要依据这些村规民约来处理民间事务。这些村规民约在新中国成立后仍然长期存在，并发挥了相应的功能，“1949 到 1952 年万尾就有 63 人因为违反规约而被罚款”①。进入 20 世纪 80 年代后，随着边境贸易和旅游业的发展，京族的视野逐渐开阔，京族人开始学会运用法律来解决矛盾和纠纷，依照法律争取自己的权利。例如，1993 年万尾的土地依较低的价格被征收 5000 亩，后来由于长时间没有使用，土地上已经长出了本地树种木麻黄。万尾京族人认为当时只给了土地补偿费，而没有对树木给予补偿，应当按地上附着物给予补偿。现在，还有很多京族人认为，按照有关规定，长时间未开发的土地应当无偿收回，所以要求收回未使用的土地。很多京族人已经学会对照法律条款来争取自己的权利。

案例：

访谈对象：渔民，男，万尾京族人，50 岁左右

海边这些土地是 1993 年征用的，从海边算起 60 米，地虽然被征用了，但地上的树是我们的，当时没有给我们补偿，法律有规定的，应当给予补偿。法律还规定，征用的土地如果 20 年没有使用，则应当无偿退还。已经 20 年了没有使用，应该退还给我们了，我们还想要我们的土地进行耕种。

京族商人一开始法律观念不强，以为与越南人买卖商品是合法的，所以就像在国内买卖商品那样不办理任何手续。后来受到了惩罚，他们逐渐了解了边境贸易的有关法律、法规，树立了法律观念，运作也就越来越规范。

案例：

访谈对象：WWJ，巫头京族人，边境贸易商人

---

① 广西壮族自治区编辑组，《中国少数民族社会历史调查资料丛刊》修订编辑委员会. 广西京族社会历史调查[M]. 北京：民族出版社，2009：81.

我一开始在潭吉港做煤炭生意，当时做煤炭生意很辛苦，全部需要人工将煤炭挑出来，满头满脸都是煤，赚的钱也少。他们认为做煤炭生意太辛苦，于是都去做边贸了。那时候管理得比较松，越南人摇着船就过来了。你拿手电筒呀、毛巾呀、啤酒呀等商品与他们换就行了，也不需要办理什么手续。从越南人那边买过来，转手就可以卖给广东人，东兴那边有专门收购的。那时候生意好做，所以当时很多人都在做这种生意。他们都笑话我，说我赚得少。后来管得严了，说这是走私，有的船都被扣了，有的甚至坐牢了。我坚持做合法的煤炭生意，后来成立了公司，运作就更加规范了，与越南的几个大型国有公司签订了合同，生意慢慢好起来了。

京族人的法律观念还体现在契约观念上。新中国成立前，京族主要在亲戚、朋友或邻居之间交往，常常是以赠送、借贷等形式相交换。这些交换都是互惠的，赠送并不讲求回报，借贷是无息的，而且根本不立契约，基于熟人社会内部的规则，赠送一般都能得到回礼，借贷都能得到偿还。新中国成立后到20世纪90年代前，京族人一直保持着这种交换，交换不立契约已经成为京族人的习惯。

20世纪90年代，京族人从事边境贸易仍然不签合同，结果就有很多人受骗上当，货款被卷走，人不见踪影，损失惨重。访谈发现，很多京族人在做边境贸易时都有受骗的经历，如罗秀强、苏春发、刘福珍、武卫军等都有几十万元、上百万元甚至几百万元货款追不回来。吃一堑长一智，京族人明白了市场经济是法制经济，通过契约明确各主体的权利和义务，以法律手段强制执行，传统熟人社会的规则不适用了。一般选择信用好的大公司，每单生意都签订合同，受骗的就少了。

三、现代分工思想

20世纪80年代前，京族人常常包揽所有的工作任务，他们认为如果付钱请人，他人就赚了自己的钱，自己就吃亏了。

80年代后，京族人发现，如果把自己不擅长的工作任务外包给其他人，自己就可以腾出时间和精力从事自己最擅长的工作，收入反而会增加。渔民把捕捞和销售进行了分工，只从事自己最擅长的捕捞工作，而把销售工作外包给了鱼贩。做边贸生意，请人运输，自己专门进行采购和销售，生意越做越大。另外一些京族人发现自己不擅长采购和销售，但擅长搞运输，于是放弃了采购和销售，专门从事运输业务，生意也越来越红火。京族的游船也是分工合作的，有的专门招揽客人，有的负责载人到海里旅游。

案例：

访谈对象：游船老板，万尾京族人，60 岁左右

我们只负责招揽客人，船老板负责载客人到海里观光、捕鱼，如果收入 300 元，我们得 100 元，船老板得 200 元，因为他还要提供船，要送客人到海里旅游，所以分得多一些。

京族还与外地人之间形成了分工合作关系。80 年代以后，有很多外地鱼贩来万尾收购海鲜，一些京族渔民也开始收购海鲜，京族鱼贩就与外地鱼贩形成了竞争关系。为了争夺生意，京族鱼贩和外地鱼贩竞相提高海鲜收购价格，导致大家的利润都非常低，最后发展到抢地盘。渔民也不知所措，生怕得罪了哪一方。京族鱼贩在收购方面有优势，即与京族渔民非常熟悉，渔民对其非常信任。信任对于海鲜收购是非常重要的，京族渔民不知道市场行情，怕外地鱼贩出的收购价格太低。外地鱼贩收购用的是杆秤，京族渔民又担心其在杆秤上动手脚，所以京族渔民更愿意将海鲜销售给京族鱼贩。京族鱼贩有一个劣势，即对物流网络和销售网络不熟悉，资金量也比较小，从而导致销售成本很高，外地鱼贩恰好在这方面有优势。后来，京族鱼贩不再把收购的海鲜运到外地销售，而是就地销售给外地鱼贩。外地鱼贩也不再直接向渔民收购，而是从京族鱼贩手中收购。这样，外地鱼贩和本地鱼贩就形成了分工合作的关系，即都只做自己擅长的工作，把不擅长的一块交给他人完成，双方都发挥了自己的优势，对双方都有利。京族经营餐饮业也是如此。

京族人又把分工扩展到生活方面。以前京族建房要么自己动手建，要么邀请亲朋好友一起建。后来京族人发现这太消耗精力，建造的房屋也不怎么好，于是开始请专业的建筑队来建造，而把省下的时间和精力用于从事边贸、海蜇加工、旅游服务业。京族的食品如风吹饼、粽子等也全由自己动手做，后来京族人发现自己做太消耗时间和精力了，而另外一些京族人则擅长做这些食品。京族人于是进行了分工，擅长做一种食品的专门做这种食品用于销售，不擅长的自己就不做了，而是利用节省下来的时间和精力去从事其他生意，食品则到市场上购买。随着京族经济的发展，京族生产和生活的分工越来越细，效率提高了，每个人都感到方便和自由了，收入也增加了。

四、现代借贷观念

传统上，京族人遇到困难一般向亲戚、朋友借贷，借贷是基于亲情。京族人认

为收取利息是赚取亲戚朋友的钱，是极不光彩的，所以借贷不支付利息，也不办理任何手续，完全凭亲情关系作为保证。京族人在万不得已的情况下才向他人借贷，他人是指提供高利贷者，利息极高，借贷之后常常难以还清贷款，弄得倾家荡产。所以京族人认为借贷是败家的行为，是极不光彩的。借贷的目的是为了解决家庭吃饭、穿衣的需要，解决暂时的困难，而不是用于投资获利。

20 世纪 80 年代尤其是 90 年代以后，经济的发展使京族人经常与银行等金融机构打交道，如到银行存款，兑换货币等。在与金融机构的交往过程中，京族人的借贷观念发生了变迁。向亲戚朋友贷款时也要支付利息，因为债务人知道如果亲戚朋友不把钱借给他，放在银行里也能获取利益，所以收取利息不再被认为是不光彩的事情。京族人也开始向金融机构借贷融资，融资的目的不再是为了消费，而是为了投资赚钱。只有能力强、信誉好的人才能从银行等金融机构获得贷款。能够获得贷款是一种荣耀，是对能力的一种肯定，京族人不再认为向金融机构借贷是不光彩的事情。90 年代以后，边境贸易、海蜇加工业兴起，京族人为了扩大投资，常常向银行等金融机构贷款。

案例：

访谈对象：海蜇加工厂老板，万尾京族人，45 岁左右

2000 年，我看到海蜇加工厂很赚钱，我也想办一个海蜇加工厂，当时我手里只有 5 万元，我想向亲戚借，但他们也在做生意，钱全投生意上了，也没钱。我又到江平、东兴信用社去贷款，但我没有什么东西可以抵押，信用社不向我贷款。那些有能力的都能获得贷款。由于资金不足，我就去动员另外两个朋友一起开海蜇加工厂，后来每家都出了 5 万元，向村里租了块地就建了现在这个加工厂。这个加工厂太小了，我想扩大规模，现在没有地方了。

五、效益观念

20 世纪 80 年代前，京族生产经营活动的目的都是满足家庭需要。很多京族人认为捕鱼、种田才是正业，做生意等是不务正业。

20 世纪 80 年代后，京族人逐渐接受了市场观念，开始根据效益选择从事哪种生产经营活动，而不再固守传统的海洋捕捞业。此时生产经营活动的目的不再仅仅是为了获取必需的生活物资来满足家庭成员生活的需要，而是为了获取利润，哪种行业收入高，京族人就选择哪种行业。

1989 年，当边境贸易兴起时，边境贸易收入更高，所以很多京族人放弃了传统

的海上捕捞,而去做边境贸易。当时70%的万尾京族人和30%的巫头、山心京族人去做边贸,每个京族家庭都从边境贸易中获利。

1996年,边境贸易政策收紧和京族的传统优势丧失时,边境贸易的收益下降,而旅游服务业的收益上升,很多京族人又放弃了边境贸易,转而从事旅游服务业。

随着海鲜价格的上升,海水养殖变得有利可图,很多京族人开始从事海洋捕捞和海水养殖业。

一些没有资本从事边境贸易、旅游服务业等的京族人选择到海蜇加工厂、宾馆等打工,具体到哪家打工,不再局限于血缘、朋友、邻居关系,而是选择到工资高的加工厂或宾馆打工。工资就是劳动的价格,自己的劳动也已经成了商品,谁出价高就卖给谁。

案例:

访谈对象:米粉店老板,万尾京族人,37岁

笔者:你怎么不开个海鲜大排档呢?那边有很多开大排档的。

老板:我们这边是季节性的,天气热的时候和节假日游客很多,像五一、端午节、六一、哈节、十一等游客就很多,大排档生意就好。冬天就不行了,人很少,赔本。开大排档的太多了,在旺季也不怎么赚钱了。开大排档需要很大的地方,还要买很多东西,还要雇人,投资很大。我一想开个米粉店算了,投资少,这边离学校和哈亭都比较近,顾客也较为稳定,也不用那么操心。

20世纪80年代后,京族原本面向家庭的生产经营活动也开始面向市场,风吹饼、粽子、白头粑等自己制作、自己食用的食品也开始走向市场。

京族人还根据收益的多少和风险的大小来处置自己的资产。过去京族人在自己田地里种植粮食、蔬菜,其目的不是用来销售获得货币收入,而是为了满足家庭的需求。20世纪90年代以后,鱼虾价格上涨,养殖有利可图,但京族人害怕风险不敢养殖。后来看来外地人养殖收入很高,京族人于是把农田改造成鱼塘,此时对农田利用的性质发生了变化,这种利用是为了获得货币收入而不再是为了满足家庭需求。京族人还在鱼塘经营上做出抉择,有的选择出租给外地商人,有的则自己经营。不管哪种选择,京族人都是从货币收入角度考虑的。京族人可以自己用鱼塘养殖,也可以从事其他产业,如果养殖的收益低于出租的租金和从事其他产业的收益,京族人就选择出租,反之则自己经营。早期一些京族人看到养殖收益高,就自己养殖。因为技术不足,鱼虾生病,损失惨重,有的京族人放弃了自己经营,把鱼塘承包给外地商人。后来,京族人逐渐掌握了鱼虾的养殖技术,于是

又开始进行渔业养殖。

六、营销观念

新中国成立前,京族营销观念不强,鱼贩说什么价格就是什么价格。新中国成立后到改革开放前,由于是计划经济时期,京族也不可能有营销观念。进入20世纪80年代后,为了获得更多利润,京族人逐渐养成了营销观念,京族人开设的宾馆、饭店都会挂上精心制作的招牌,以吸引顾客。京族人还在新闻记者采访时,有意突出自己的店名,以达到宣传的效果。京族人还利用互联网等媒体宣传自己的店名、业务和地址、电话等联系方式。京族人还印制了一些名片,广为散发,以提升自己的知名度,吸引顾客。有很多京族人在海边摆有烤鱼摊位,见到有人来就主动前去招揽客人,劝说游客消费。京族游船老板都印有名片,分发给游客。笔者调查时,一些做生意的京族人特意多给笔者几张名片,让笔者帮他做宣传,有一家开商店的京族人特意多给笔者几个塑料袋,笔者本不想要那么多,他指着塑料袋上的图案和文字说:"不是给你的,你看上面印有店名、电话等,是让你帮我做宣传的。"

案例:

访谈人员:游船老板,男,万尾京族人,55岁

游船老板:老板,坐船出海玩玩,很好玩的。

笔者:不敢出海,怕掉海里了(故意开玩笑)。

游船老板:不会的,我们安全做得很好,有救生衣,海况我们非常熟悉,到哪个地方需要注意什么我们都会提醒的。这是我的名片,拜托你帮我宣传宣传。你的老乡呀,同事呀来玩的话你就让他们坐我的船,我给他们最优惠的价格。你是哪个地方的?

笔者:河南信阳的。

游船老板:我非常熟悉的,我坐火车经过那地方,信阳、漯河、郑州……

笔者:你坐火车去做什么呀?

游船老板:我在河北当了6年兵,你说我熟悉不?

笔者:您是京族吗?

游船老板:是的,我就住在哈亭后,我们这边也有很多河南人,平顶山的,他们跟我的关系很好。

笔者:他们在这边做什么?

游船老板：什么都做，别人需要人工，他就去帮忙，来打工的。（来了两个人，招呼过来）他们就是你老乡，平顶山的。

案例：

访谈人员：餐饮店老板，男，万尾京族人，45岁左右

老板，来和我们喝一杯，我见过你，我的店在海边，观景台西边第二家，以后多去照顾生意哈！

案例：

访谈人员：KXD，男，万尾京族人，45岁

笔者到海边了解京族捕鱼的有关情况，看到几个京族人正在解网。由于阳光强烈，为了避免阳光晒坏皮肤，他们戴着传统的尖顶葵笠，穿着厚实的衣服。笔者上前一看，原来他们正在将螃蟹从网上解下来，然后用绳子将螃蟹捆起来，这样做是为了防止螃蟹在海滩上打洞逃走。捆好后将螃蟹放进旁边的小水洼中，以防螃蟹死掉。

笔者：您好，请问这是什么蟹呀？

KXD：是花蟹。

笔者：为什么颜色还不同呢？

KXD：这种是公的（脚是蓝色的，色彩鲜亮），那种是母的（颜色灰暗）。

笔者：在哪捕的蟹呢？

KXD：就在近海，用那种竹排（指给笔者看，是划桨的传统小竹排）。老板，买一点蟹吧，我们这蟹是最新鲜的，刚打上来的，纯天然的，没有任何污染，你在其他地方肯定吃不到。

笔者：可我们没地方煮呀？

KXD：海边有很多地方可以帮你煮，你看那边有很多大排档，都可以煮的。花蟹很好煮的，不需要加任何东西，水也不用加，它本身的水就能将它蒸熟。

一抬头，发现是我。

KXD：是你呀，你又来了，还是来了解京族文化吗？需要我帮助你吗？

笔者：是的，非常感谢，上次您就帮了我很多忙。

KXD：这是我父亲打的，我是来帮父亲的。你怎么没戴帽子呢？这阳光太强了，别晒坏了，赶紧找个帽子戴，有事情打我手机。

笔者：好的，谢谢！

由此可见京族人的营销意识和营销能力还是很强的。

第二节 竞争意识的形成

20世纪80年代后，边境贸易、旅游服务业、海产品加工业的发展将京族人卷入市场，京族直接面临着市场竞争。最初京族人竞争意识不强，很快遭到市场的惩罚，有的遭受损失，有的被迫离开市场。经过在商海中摸爬滚打，京族人的市场竞争意识逐渐增强。

一、边境贸易与市场竞争意识的强化

边境贸易中，京族人直接面临的竞争对手是外地商人。外地商人资金雄厚，对国内市场比较熟悉，具有边境贸易知识，而京族人在这些方面明显处于劣势。但京族人对越南的情况比较熟悉，听得懂越南话，越南人对他们比较信任，这是京族人的优势。边境贸易初期，京族人并没有意识到这种优势，只是无意识中用到该优势，取得了一定的成效。后来，为应对竞争，京族人开始有意识地利用自己的优势与外地商人进行竞争。京族人通过认亲戚等方式与越南人结成亲戚朋友关系，平时相互拜访，在哈节时相互邀请以增进感情，相互邀请在歌圩对歌。春节时相互拜年，婚礼等家庭重要事务中相互随礼参加，生病了相互探望。京族人通过巩固和扩大在越南的关系网络以增强自己的竞争优势，利用自己的渔船、渔排进行运输来降低成本。在边境贸易初期，外地商人与越南人互不信任，京族人的这一竞争手段非常有效，京族人迅速致富。后来边境贸易逐步规范，京族人的优势逐渐丧失，劣势尽显，很多京族人没有采取合适的竞争手段，被迫退出边境贸易。如有的京族人采取走私的方式来降低成本，这是非法的，当然受到有关部门的打击。另一些京族人销售假冒伪劣商品，希望借此降低成本，赢得竞争，这种不法行为受到政府的打击，他们也失去了客户的信任，只好退出市场。另外的京族人则通过学习边境贸易知识，成立边境贸易公司来弥补自己的劣势，并通过诚信经营来巩固关系网络的优势，成功应对竞争，边境贸易的规模越来越大。

案例

访谈对象：RAX，巫头京族人，边境贸易商人

20世纪90年代初期，越南生活物资奇缺，价格很高，几乎什么商品都有销路。那时候生意好做，也没想到会有什么竞争。后来外地人来得越来越多，外地老板很有钱，他们能够到外地拿到货，成本很低，我的一些客户就被他们抢去了。我开

始也很奇怪他们卖给越南人的价格为什么那么低?还能赚到钱吗?后来我才知道他们的货大多是假冒伪劣商品。我们村里的一些人发现做假冒伪劣商品很赚钱,他们都去做假冒伪劣商品了,他们也劝我去做,一起发财。我不喜欢通过这种方式赚钱,就老老实实地做自己的生意,虽然赚得少一些,但心里舒服。可能是我比较诚信吧,越南人很信任我,有时我没钱他们也愿意把货物赊销给我,慢慢地,我的生意就好了起来。那些做假冒伪劣生意的最初是赚了不少钱,但越南人上过一次当就警惕了,不愿意与他们继续做生意,他们的路就越走越窄,最后没人愿意与他们做生意了。还有一些被越南政府部门查封了,他们就不做了。我慢慢明白了,做生意最根本的是讲诚信,如果不讲诚信就没人愿意与你做生意。

为了降低风险,有些京族人专门做一种产品的边境贸易,做到小而精。由于最了解该商品的市场信息和供销渠道,因而可在一种商品中取得竞争优势。有些京族人实行多元品战略,既做煤炭贸易,还做红木贸易,有的还开办酒店、旅馆,以应对单一产品贸易衰退的风险。

二、海蜇加工业与京族市场竞争意识

最初,京族人并不懂海蜇加工,浙江、江苏、山东商人的到来使他们学会了海蜇加工技术。当时加工海蜇的京族商人并不多,基本上没有什么竞争。后来,京族人开设的加工厂越来越多,竞争压力显现,为应对竞争,京族人也采取了一些策略。海蜇加工主要是同行之间的竞争,以前开办海蜇加工厂的少,土地、劳动力、运力、海蜇、木箱等充足,京族人并未感受到竞争压力。后来海蜇加工厂越来越多,资源就紧张起来,竞争压力逐渐增加,京族人的竞争意识逐渐增强。他们通过提高收购价格、出租木排来获得足够的海蜇,通过增加工资、提高福利待遇等方式来留住熟练工人,通过提高租金等方式来获取土地,通过增加运费来请司机运输。这是他们应对竞争的手段,体现了他们竞争意识的增强。

案例:

访谈对象:RZF,男,万尾京族人,巫头加工厂老板

1993年之前我们这边加工海蜇的并不多,当时地也比较好租,海蜇也多,人也好请,后来开办加工厂的越来越多了。海蜇加工用的主要是盐和明矾,为方便排废水,厂要建在海边。海蜇加工厂多了,海边的地就少了,不好租了,有时一块好地大家都来争,互相抬价,地的租金就上去了。海蜇需要尽快加工,时间长了就会变质。为了保证品质,我请司机到海边专门运海蜇。刚开始司机还比较好请,后

来海蜇加工厂多了，大家都来请司机，司机一下子变得紧缺了，运费增加了好几倍。海蜇也没以前那么多了，为了收购到足够多的海蜇，我开始提高收购价格，但大家都提高了收购价格。以前一只海蜇收购价也就2～3元一只，现在都涨到20元一只了。我造了很多木排，平时放在加工厂里，在海蜇捕捞旺季，我把木排出租给渔民，要求渔民将捕捞的海蜇出售给我。我也不亏待他们，市场上什么价我就给他们什么价。我收很低的木排租金，从货款里面扣，渔民当然很乐意，这就保证了海蜇的来源。我们这边人本来就少，海蜇加工又都集中在农历一至三月份，加工旺季人就不好请了，只好请防城、那梭那边的人。但外地人不熟悉加工，不知道从哪下刀，也不知道怎样分类，这就会影响品质。为了保证品质，我尽量都请当地人，我给他们加工资，远一点的也包食宿。海蜇加工后要包装，以前用的都是木箱，当地产的。由于加工的海蜇太多，包装箱逐渐紧张起来，包装箱的价格也上升了，我们又从周边找了一些便宜的木箱供货商。成本上升了，利润就下降了，现在的加工厂没有以前好做了。

三、旅游服务业与京族竞争意识

随着万尾金滩旅游业的发展，京族人也纷纷参与了旅游服务业。一开始京族人并没有什么竞争意识，生意也很不好，后来京族人逐渐有了竞争意识，也开始采取一些手段应对竞争。一是按顾客需求提供针对性的服务以提高竞争力。游客到万尾都要品尝海鲜，有的在海滩上拾螺，有的乘船出海捕鱼，还有的拉大网，他们由此获得各种海鲜，还有的从渔民那里购买海鲜。这些游客有的想根据自己的喜好烹调出最合口味的海鲜。为了吸引这部分游客，有些宾馆给顾客提供厨房和炊具，甚至帮助游客配菜。夏季，游客来了就要游泳，于是有些宾馆专门配备了游泳圈等，旅客可免费使用。有些宾馆配备了电脑、Wi-Fi，以方便旅客与家人、朋友分享照片、视频、旅游感受等。还有的宾馆为旅客提供免费停车服务。二是通过安全服务来提升竞争优势。以前京族商人的安全消防观念不强，2007年万尾某假日酒店发生一起客人一氧化碳中毒死亡事故，京族人吸取教训，开始注重消防安全，安装了消防设施和通风设施，并以安全为竞争手段吸引顾客。在与顾客交流时，特意强调他们宾馆的安全和卫生。安全包括消防安全、防盗和治安等，而这也正是顾客非常重视的方面。三是对顾客进行分析，针对顾客的需求，在不同的时间段给予不同的价格。如在平时定较低的价格，在周末和节假日提高价格。除此之外，京族人还通过广告促销等方式吸引顾客。比如万尾几乎每根电线杆上都悬挂有明利宾馆的招牌，明利宾馆是万尾京族商人苏明利开设的宾馆。京族商人还利用互联网等媒体进行宣传。例如，万尾京族人利用百度全景地图进行广告促销，游客不需出门，只用点击一下鼠标就能看到宾馆、饭店、景点的实况，并可按箭头指示方向移动，犹如身临其境。京族人通过广告等方式树立宾馆、饭店等的形象，打响知名度，从而提高自己的竞争力。

案例：

访谈人员：宾馆老板，45岁左右，万尾京族人

我开始做宾馆生意的时候什么也不知道，一年四季一个价。结果旺季的时候人太多，很多人订不到房，淡季的时候又没人来，房间都空置着，还要天天打扫。房间冷冷清清，心里很不好受。后来我发现他们淡季的时候都降价了，旺季的时候又都涨价了，我也就学他们。旺季的时候，我提高价格，比如哈节的时候有很多外地人来，他们就要住在这边，我提高价格他们也不会走。他们是来旅游的，很有钱，不怎么在乎价格，却很想看哈节，涨价了他们照样住。淡季，比如冬季，这边的人就很少，来的人有的是周边的，如东兴的、防城港的等。他们开车就过来了，玩够了又开车回去了，他们不住这边。还有一些是来这边过冬的，像四川的、重庆的、贵州的等，我就降低价格，还提供做饭的地方，这就吸引了一部分人过来。虽然价格低，但多少能收回一些成本，房间也不会显得那么冷清。有一段时间我发现客人看房后感觉不满意又走了，客人少了，房间就空置了，收入少了。我了解到他们主要是看到房间没有网络，无法上网，于是我就在每一层都装了无线路由器。我又进行了一些装修，提高了价格，顾客反而增加了。

还有的京族人通过分工来应对竞争。比如游船旅游至少分成这几部分人：船主、船员、营销人员。船主一般不是渔民，一般是做生意的，他们有资金和灵活的头脑。他们发现旅游的机会，于是购买渔排并进行改装，然后雇渔民作为船员，专门负责驾船。还有一些人专门负责营销，劝说客人去旅游。一般有五六个人，见到游客来了就前去推销，有的还专门配备名片，向游客广泛散发。他们按收入的一定比例分成，通过分工，各自利用在资金、技术、营销方面的优势，提高了游船的竞争力。

四、养殖业与京族竞争意识

京族以前也有一些养殖活动，但是不普遍。后来，浙江、福建等地的人来到京族三岛租地养殖，收入很高，京族人于是也跟着搞起了养殖，养殖的主要是对虾。

虾苗厂采购种苗后孵化，再供给养殖户，于是养殖户与虾苗厂就产生了竞争关系。

案例：

访谈对象：对虾养殖户，万尾京族人，45岁左右

养虾的风险很大，就像是赌博，运气好的时候收入很高，运气不好的时候血本无归。有时候虾苗刚投放进去不久就生病了，大量死亡，几万元转眼就打了水漂。可能虾苗本身就是带菌的，找虾苗供应商，他们也不承认，他们说我们没管理好。我们也不清楚，也没有什么仪器检测，只能再换一家虾苗供应商。

由此可见，京族养殖户在与虾苗供应商的竞争中处于被动地位。供应商掌握虾苗的信息，而养殖户并不了解，也没法识别，养殖户与供应商之间存在严重的信息不对称。京族养殖户竞争的唯一手段就是放弃原来的虾苗供应商，选择另一家虾苗供应商。

虾苗供应商之间直接产生竞争。以前京族虾苗供应商没有感到竞争压力，认为虾苗的买卖与其他商品的买卖是一样的，将虾苗销售给虾农后就不用再负责了。这引起了虾农的不满，虾农不再购买他们的虾苗，他们才感到竞争压力。为了应对竞争，他们除了供应虾苗外，还提供技术指导，提高虾苗的存活率，取得了虾农的信任，提高了竞争力。京族虾苗供应商的竞争意识随之增强。

案例：

访谈对象：虾苗供应商，万尾京族人，50岁左右

虾苗生病死亡是由多种原因引起的，除了种苗以外，与养殖户的管理有很大的关系。现在的养殖都是高密度养殖，这就需要水中有足够多的溶解氧。如果溶解氧不足，虾苗肯定会生病。增加溶解氧的方式有两种。一是增氧机，这只能作为辅助，只能增加30%的溶解氧，70%的溶解氧需要藻类产生，这就需要另一种方式，即培养藻类。藻类也有很多种，有很多有害的，如红藻、蓝藻等，它们一旦爆发，溶解氧就会下降，毒素、重金属就会累积。因此需要采取措施抑制有害藻类生长，促进有益藻类生长。现在很多养殖户不懂这个，以为把虾苗投进去就万事大吉了。以前养殖户投放的虾苗生病了就找我们，说我们供应的虾苗是带菌的。我们的种苗都是从美国进口的南美白，适应性和生长性都很好的。后来为了让养殖户信任我们，我们在供应虾苗时都会向养殖户讲解有关的注意事项，有时还派人进行技术指导，虾苗生病死亡的就少了，养殖户就比较信任我们。

以前京族虾饲料供应商认为将虾苗销售给虾农就完事了。由于虾农不懂虾饲料的投放知识，有时投入多了，虾饲料变质，产生毒素。虾饲料变质又促进了有

害藻类生长，使水中溶解氧下降，虾因生病而大量死亡。有时候投入少了，虾获得的营养不足，生长很慢。虾农认为饲料有问题，就不再买他们的饲料。为了重新获得虾农的信任，京族虾饲料供应商在供应饲料时也会对虾农进行技术培训。虾农的养虾技术水平提高，虾的死亡率下降了，他们重新获得虾农的信任。京族虾饲料供应商正是通过提供技术服务来作为他们的竞争手段，这也体现了他们竞争意识的增强。

京族养殖户与收购商间也会产生竞争。以前收购商很少，把价格压得很低，京族虾农于是组织起来，自己组成收购商，收购后运到南宁等地销售。有的通过网络从广东、浙江、福建等地找到新的收购商，使收购价格大幅提高。这也体现了京族虾农竞争意识的提高。

第三节　质量意识的形成

20 世纪 80 年代前，京族人以自给自足为主，粮食完全供自己食用，京族捕捞的海鲜直接拿到市场上销售，捕捞到什么就销售什么，销售不掉的就自己食用，或加工成鱼干，或制成鱼汁。所以 80 年代前京族人没有什么质量意识。80 年代后，京族人开始从事多种职业，产品不是直接满足自己需要，而是面向市场销售给顾客。如果质量过低，顾客就不满意，产品（包括服务）就销不掉，连成本都不能收回。为了获取利润，京族人逐渐树立了质量意识。

一、边境贸易与质量意识

20 世纪 90 年代初期，越南日用品奇缺，我国商品在越南非常紧俏，所以那个时候做中越边境贸易的商人包括京族商人都没有太注重产品的质量，当时也没有什么假货。后来，有一些不法商人将一些假冒伪劣商品销售到越南，引起了越南人的注意。为了应对假货，越南商人也变得精明起来。越南实行开放革新政策，引进外资，大力发展进口替代产业，国内商品日益丰富起来，不再紧缺，所以越南人也开始挑剔起来。为了与越南人做生意，京族商人不得不接受越南商人的苛刻条件。京族商人越来越重视商品质量，质量意识逐渐增强。

案例：

访谈对象：LYM，男，万尾京族人，50 岁左右，边贸商人

我从 1990 年就开始做边贸了。那时越南商品紧缺，越南人也没那么挑剔，日

常生活用品很容易销售。后来有人弄来一批便宜货，我就去买来再转卖给越南人，那一次赚了很多钱。但是后来越南人就挑剔了，不仅讨价还价，而且反复比较。有些越南人更绝，只支付部分货款，其余的等他全部销售完再支付。如果再有质量问题他就不会再支付货款了，而且不再与你交易，我们很多人都吃过这方面的亏。为了稳住客户，我们不得不接受越南人的条件，所以我进货时非常重视商品质量，经过严格检查，确信无问题后才向越南人供货。

二、海蜇加工业与质量意识

京族人在海蜇加工业中逐渐悟出了“质量是企业的生命”这一道理。为了提高质量，他们严格把好收购关、加工关，努力提高加工技术。

案例：

从海里刚捞上来的鲜海蜇这么大，有的可达一百多斤，才十元钱一个，加工好后一斤就可以卖十几块。如果是在饭店里，一小碟就卖好几十块。我一看海蜇加工太赚钱了，也想开个加工厂，后来就筹集了一点资金盖了这间海蜇加工厂。一开始我也不懂，大大小小的海蜇收过来就加工。我自己看这些海蜇加工得都很好，可是卖给收购商时他们都不收，说我的质量不合格。最后跟收购商说了很多好话，他们才答应收购，但是给的价格很低，那一次我连成本都没有收回来。有了这次教训，我开始注意海蜇加工的质量。我请教了收购商，又向同行请教，看了一点书籍。于是我总结了一些提高海蜇加工质量的办法。首先要把好收购关。海蜇一定要新鲜，如果海蜇不新鲜，加工出来的质量就不可能好。但是海蜇很容易腐败，所以收购时要买最新鲜的，剔除掉已经腐败的，然后及时运回，及时加工，不能够拖延。加工前还要把海蜇按大小分类，以便保证品质。其次要把好加工关。加工海蜇就是用刀将海蜇身体进行分割，然后按照海蜇皮、海蜇头、大花、小花等进行分类。分类要准确，海蜇皮不能有孔洞。以前有一些生手切割的不好，分类也有些差错，后来我专门给他们培训，让他们学好后再加工。这样，他们加工得既快又好，海蜇的质量也提高了。加工海蜇是按个给工资的，加工速度快了，他们赚的钱就多了，他们也愿意到我这边来工作。还有就是脱毛，一定要反复搅拌，反复清洗。虽然这样提高了质量，但这也只是粗加工，听说外地有深加工技术，深加工后的海蜇非常贵，我也想去学习海蜇的深加工技术。

三、养殖业与质量意识

京族养殖业上游有虾苗供应商、虾饲料供应商、药剂供应商等，中间是养殖农户，下游包括收购商、加工商等。如果供应商销售的虾苗质量不合格，农户投放后虾苗很快就会生病、死亡，养殖户就会找供应商理论，虾农以后就不会再购买该供应商的虾苗了。这就促使供应商努力提高虾苗的质量，其他的供应商也处于类似的状况。

案例：

刚开始养虾的时候，很多方面我都不太懂，以为虾苗都是一样的，哪家虾苗便宜就买哪家的。结果，有的虾苗适应性差，总是生病，有的虾苗生长得慢。我逐渐明白了，虽然都是同一种虾苗，但质量是不一样的。不同虾苗场的虾苗质量是有差别的，有的技术好，虾苗质量就好，不容易生病而且生长快；有的虾苗场技术不成熟，虾苗就不好。即使同一个虾苗场的，不同批次的种苗质量也不相同。有的种苗畸形，有的瘦弱，有的种苗带有病毒，这就容易导致虾病爆发。所以购买虾苗时我特别留心，看虾苗颜色是否透明，体型是否正常，是否健壮等。要选择那些经验丰富、能够提供配套服务的虾苗场。

第四节　环境卫生意识的形成

20 世纪 50 年代前，京族人建的是竹棚茅屋，分上下两层，上面住人，下面养鸡鸭，极不卫生。他们这样做也是迫不得已。当时生产力水平低下，粮食不多，将剩饭剩菜倒掉很可惜，出海捕鱼也会捞回来一些小鱼。用剩饭剩菜和不能食用的小鱼养一些鸡鸭，不会消耗更多的资源，却能在一定程度上改善生活，缺钱时还可以拿到市场上销售换钱应急。当时食物缺乏，吃饱饭相对于卫生来说更重要，所以京族人一般都喜欢养些鸡鸭。当时，人少而野生动物多，如果鸡鸭养在外面会被野生动物吃掉。因为没有更好的办法，只好放在房间里养，所以在 50 年代前京族人的卫生意识比较差。

20 世纪 60—80 年代，茅草房逐渐废弃，被石条瓦房取代。石条瓦房只有一层，京族人在房子外面另设鸡鸭棚来养鸡鸭。这是因为当时人口已经很多，树林减少，野生动物比较罕见，不用再担心野生动物将鸡鸭咬死吃掉了，京族人可以放心地将鸡鸭放在室外，京族的卫生条件逐步改善。当时仍然烧柴，房间难免脏乱。京族人仍然饮用井水，地面也没有硬化。因此 60—80 年代，京族的卫生条件虽然有所改善，但是卫生条件仍然不十分理想。

京族人民过去卫生意识较差，注重方便和节约成本而不注意环境卫生。“京族人民过去习惯使用的厕所都是露天粪池，每逢大雨或海水决堤入村，粪便四溢，污染环境，引发多种疾病的传播”。后来有人在新房子里建卫生间时，当地村民对此举很不理解，以为卫生间就是粪池，房间肯定臭不可闻，纷纷持嘲笑态度。随着经济的发展，京族人与外界的交流越来越多，京族人发现城市里的卫生间都在室内，不仅方便，还干净卫生，于是建新房子时也纷纷建有卫生间。

一、旅游服务业与卫生意识

20 世纪 90 年代，京岛旅游业崛起，京族人纷纷开设了饭店、宾馆。在经营旅游服务业的过程中，京族人的卫生意识逐渐增强。

案例：

访谈对象：XXL，男，四川人，汉族，游客

我很早以前就来过这里，好像是 1998 年吧。那时候宾馆、饭店很少，条件也很简陋，很脏，一点都不卫生。比如菜吧，他们好像也没怎么洗，有的吃起来还硌牙。也不知道从哪弄来的水，颜色发黄，洗碗水就更脏了。脏水随意倒，垃圾遍地，苍蝇乱飞，有时候还能吃出虫子来。很多人都不敢住这边，玩过之后就到东兴去了。后来情况就越来越好了，现在已经很干净整洁了。

案例：

访谈对象：HZL，男，万尾京族人，宾馆老板

你放心吧，我们的宾馆绝对卫生，床单等我们都是手洗的。我做宾馆生意已经十几年了，当初图方便让洗衣店洗，看起来好像很干净，但有客人反映身上发痒。我后来才知道洗衣店为了使床单看起来干净，就放了很多漂白剂。我对洗衣店不放心，我们就自己洗了。你看那边就是洗衣机，每天我们都会换床单，放在那边的洗衣机里洗，然后放在楼顶上晾晒。你如果不怕累你可以爬上顶楼看看，那上面有一个大阳台，专门用于晾晒床单的。

京族人在经营宾馆、饭店的过程中，为了提高竞争力，吸引客人，逐渐增强了卫生意识。

旅游业的发展使卫生工作不再仅仅是京族村民个人的事情，而且是一个公共卫生问题，仅仅依靠村民的自觉无法解决。为适应这一变化，万尾村按月向商户收取卫生费，雇请专门的保洁人员负责清洁卫生，为此制定了《江平镇万尾村保洁

员工作制度》和《江平镇万尾村保洁人员管理办法》。

江平镇万尾村保洁员工作制度①

一、结合日常保洁工作，经常性地对村民开展卫生保洁宣传教育，增强村民保洁意识。

二、负责规定区域内村级道路的清扫，确保道路及两旁无乱堆乱放、无垃圾和污水、无杂物腐叶和悬挂物，公共场所、绿地等保持清洁美观。

三、对农户住宅周边的垃圾、白色漂流物，以及村内树枝、电线杆悬挂垃圾与墙面乱贴乱画每天进行清理；对在公共场所晾晒衣物者，予以制止并给予教育。

四、负责规定区域内村级公厕的保洁工作，做到无异味、无积水，确保公厕卫生达到干净、整洁的要求。

五、对规定区域内公共垃圾池、垃圾桶内的垃圾及时清运，做到日清日运。

六、做好垃圾分类，不将废纸、塑料瓶等可回收利用垃圾与厨房垃圾、稻草、粪便等可作肥料垃圾放入垃圾箱，实行垃圾减量化、资源化、减少垃圾运输成本。

七、对村内发生的违反卫生公约的现象进行劝阻和制止。

八、服从村环境连片整治领导小组的管理，承担村里安排的其他临时性卫生保洁工作。

江平镇万尾村保洁人员管理办法②

为全面提高我村环境卫生管理水平，保持良好的环境卫生秩序，建立和完善村卫生保洁工作机制。现制定实施办法如下。

一、职责分工

万尾村委具体负责本村内环境卫生的管理及对村级保洁员的考核工作。

二、工作标准

村组垃圾点环卫管理：

(1) 实行定区、组(路段)、定人定责管理，实行全天保洁。

(2) 保洁标准：村道路路面、垃圾堆放点做到日清、日扫、日运，实现“三无四运”，即道路无塑料袋、纸屑等“白色垃圾”，无积存垃圾，下水道或水沟无垃圾堵塞；道路净、树窝净，下水道或水沟净，桶位(果屑箱) 净，保持村容村貌整洁卫生。

(3) 保洁时间：保洁员所负责的村组(片区) 要一日清理打扫两次，早上 7:00

① 由万尾村文书孔明东提供。

② 由万尾村文书孔明东提供。

打扫一次，下午16:00打扫一次，确保早上、下午各清理一次。

(4) 三轮车管理要求：村级保洁员要在每天中午和晚上下班后将三轮车清洗干净，车子可以开回家自己保管好，但要负责三轮车的日常保养，如给车胎充气等。如因保管不力而出现车子遗失、严重损坏，使用者要赔偿必要的损失。在使用一个月后，要将三轮车开回镇环卫站检修。由镇环保工作人员负责检查，并做必要的护理，如换轮胎、喷漆等，确保三轮车保持良好的安全性能。

三、考核和奖励

村级保洁员的考核由村委负责，镇环卫站按照考核情况兑现保洁员工资及垃圾清运费。考核办法采取"每周一抽查，每月一检查，每年一终评"的形式进行。每月评选出优秀保洁员、一般保洁员、较差保洁员，对工作优秀的保洁员给予一定的奖励。

保洁员工作制度和管理办法使公共卫生环境得到了保证，在潜移默化中进一步增强了京族的卫生意识。

旅游业的发展通过多种途径促进京族人卫生意识的形成。一是竞争。游客基于自身的生活习惯，非常注重环境卫生。环境条件差就难以吸引顾客，收入就会下降。为了获取更多收入，从事旅游业的京族人只好迎合顾客的需要，不得不注意环境卫生，于是逐渐形成卫生习惯。二是凝视。游客旅游，看见不讲卫生的就心生厌恶，并通过语言、动作、表情表现出来，这就给那些不讲究卫生者一种无形的压力。为了缓解这种压力，京族人只好顺应游客的喜好，注重卫生。先富裕起来的京族人和有地位的京族人与外地人接触较多，最先养成卫生意识。于是在京族社区，卫生意识逐渐成为一种身份的象征，讲究卫生的就被视为富裕的或有地位的，不讲究卫生的就被视为困难群体。京族人对这种身份象征的追逐，最终使自身形成卫生意识。三是政府部门的强制力。政府为了发展当地的旅游业，对不卫生的行为进行惩罚，强制人们遵守新的卫生习惯。

二、养殖业与卫生意识

京族最初从事养殖业时并没有什么卫生意识，他们认为投入虾苗、定期投放饲料就行了。后来发现虾经常生病，原来是他们没有注意虾塘的环境卫生，一些污水流进虾塘，造成细菌和重金属超标，同时也使蓝藻大量爆发，导致虾生病。知道了这一信息，他们认为把鱼塘里所有的细菌都杀死是最好的，清塘时就洒下了大量的消毒药。殊不知细菌分有益菌和有害菌，过多的消毒药不仅杀死了有害菌，而且杀死了有益菌，鱼塘的生态系统就被破坏了。这就会造成重金属蓄积，水中溶解氧不足，造成虾生病死亡。后来京族人慢慢理解了其中的道理，开始注重池塘环境卫生，适当抛洒消毒药，保证鱼塘生态平衡，虾的死亡率就下降了。

过去京族农户用海水养虾并没有什么问题，一段时间后，京族人发现虾总是生病，百思不得其解，最后请高校的老师化验才知道原来是海水水质下降造成的。他们于是开始关注海水水质的变化，时时监控向海中排污的情况，保证了海水的清洁卫生，养虾的成功率就提高了。

三、海产品加工业与卫生意识

海蜇加工用的主要原料是盐和明矾。以前京族人加工海蜇时并不注意环境卫生，污水乱排放，造成重大污染。土壤污染使土地不能再生长粮食，地下水污染使居民饮用水安全受到极大的威胁，海水污染使养殖户深受其害。三轮车运送海蜇一路滴、漏，海蜇腐败之后发出恶臭，对村民造成严重影响，引起村民的反对。2010 年，京族学校学生武洪羽要赴京参加全国少代会，她的同学纷纷提议将环境污染问题当作提案交上去。开设加工厂者逐渐认识到环境卫生的重要性，开始约束自己的行为。

第五章　京族文化变迁的特点和影响

适应自然环境和社会环境，京族人经过长期实践，创造了京族的传统文化。文化是为人服务的，京族在长期实践中创造的京族传统文化当然是有利于京族整个群体的生存和发展的。京族文化产生以后，京族人就要按照京族传统文化的准则行动，否则会受到惩罚。这样，京族人按照京族文化的准则行动，行动又进一步维持了京族传统文化，使京族传统文化传承下去。文化是在一定的自然环境和社会环境下产生的。20 世纪 80 年代后，京族所面临的社会环境发生了重大的变化，为适应社会环境的变化，京族的经济首先发生了变迁，经济的变迁又助推京族文化的变迁。

第一节　文化变迁的特点

一、经济发展促进了京族文化变迁

随着经济的发展，挣钱的多少不仅关系着生活水平的改善程度，而且关系着个人社会地位的高低。挣钱多者，常常被认为能力强，头脑灵活，而且能够获得各种表彰，社会地位自然上升。如巫头村京族妇女刘福珍，她于 1982 年初中毕业后就像其他京族妇女一样耙螺、挖沙虫，没有引起人们的特别关注。20 世纪 90 年代，刘福珍投身于边境贸易，最初贩卖海鲜，后又做煤炭贸易，生意越做越大。她于 2008 年成立了东兴市福珍贸易有限公司，当年营销额就突破 1 亿元，2008—2011 年就向国家纳税 1. 2 亿元。因为成绩突出，她的公司荣获防城港市经济进出口进步奖。有了经济实力，她就经常帮助困难村民，赞助公益事业。京族人非常佩服刘福珍，经常传颂其事迹，她在当地有很高的威望。为了获得较高的收入，也为了获得较高的社会地位，每个京族人都努力挣钱。农业的收入远远低于边境贸易、旅游相关行业、海水养殖业、海产品加工业的收入，所以几乎所有京族人不再从事农业。传统捕捞业的收入也较低，部分京族人改进了海洋捕捞的技术和方法，促进了海洋捕捞的技术革新。海洋捕捞也不再是为了满足家庭成员的需要，而是根据市场行情选择捕捞哪种海鲜，这也促进了海洋捕捞的商品化。大部分京族人转向了边境贸易、旅游相关行业、海水养殖业、海产品加工业。

上述产业都是现代产业，而为了经营好这些产业，就需要各方面的变迁。以边境贸易为例，从事边境贸易，需要报关、报检、纳税，这就产生了学习报关、报检、税务等知识的需求。还需要掌握有关商品的等级、包装、交货方式、价格、运输方式、租船、保险、签订合同等相关知识，这也促进了京族人学习这些知识的需求。京族人向周围的边境贸易商人学习，利用图书、网络学习。京族人边干边学，能力逐渐提升，从事边境贸易的京族人逐渐成为合格的边境贸易商人。从事边境贸易还需要随时了解市场行情，因此，京族人还要随时关注引起市场需求变动的各种因素，如国家和世界经济形势，国家产业政策等，因此，京族的视野逐渐开阔。京族人与各方面的人打交道，于是要学习相关的语言，如普通话、广西白话、越南语等。随着经济的发展，出现了很多新的词汇，但京族语言里没有对应的词汇，京族就将这些词汇吸收进去，于是京族语言发生了变迁。传统的服饰是为了适应海洋捕捞生活，建构的是渔民的形象，而这种形象会让对方误解自己的商业能力和实力，不利于边境贸易的开展。所以从事边境贸易的京族人需要用服饰来建构商人的形象，便开始追求名牌服饰，以显示自己作为商人的实力和能力，于是京族人的服饰发生变迁。随着经济的发展，京族人的收入越来越高，于是产生了改善生活条件的需求。传统的石条瓦房低矮、潮湿、昏暗，而楼房宽敞、明亮、干净、整洁，所以富裕起来的京族人纷纷盖起了楼房。京族传统上用土灶，不但劳神费力，而且不卫生，于是，富裕起来的京族人纷纷购买了电饭锅、电磁炉、煤气灶等炊具，这使得京族的烹饪方法、饮食方式也发生了变化。为了与商人的形象相匹配，也为了便于拓展自己的业务，很多京族人购买了小汽车，京族人的出行方式也发生了变迁。为了获取更多收入，京族人挖掘哈节、音乐、舞蹈等民族文化资源，按市场方式运作，于是京族的哈节、音乐、舞蹈等相应发生了变迁。村规民约是对经济的反映，随着经济的发展，村规民约也不断发生变迁。

因此，京族从传统的海洋捕捞业转为从事现代产业，产生了文化变迁的各种需求，经济发展又为文化变迁提供了观察、模仿、培训、干中学等途径，经济发展还为文化变迁提供了资金等物质基础，从而促进京族文化的变迁。

二、文化传播与借用、涵化是京族文化变迁的主要形式

经济发展促进了京族边境贸易、旅游业、养殖业、海产品加工业的兴起，这些

产业的发展又带来了相关的知识、技术、规范、标准等向京族地区的传播。京族学习和掌握了其中的一些知识、技术、规范、标准，并将其融入自身的文化模式中。经济发展引起人员流动，在万尾，外地人口甚至超过了本地人口。京族长期与外地人口居住一起，文化逐渐涵化。

京族的文化变迁主要以下列形式呈现。

1. 替换

京族经济发展实际上是维持生计的方式的变迁，是用现代经济替换传统捕捞来维持生计。京族用现代服饰替换传统服饰来发挥保暖、建构身份的功能，用小洋楼替换茅草房来发挥居住的功能，用煤气灶、电饭锅等现代厨具和烹饪方式替换传统的土灶、土锅和烹饪方式，用白话、普通话部分地替换京语来发挥日常交际的功能，用机动渔排替换传统的帆船、小竹排，用天气预报、导航仪替换传统的经验。在医院生产的生育方式替换了传统在家生产的生育方式，与生育相关的传统习俗也一并消失了。电视、网络、KTV替换了京族传统的顶头、摸鸭蛋、捉活鸭等传统娱乐活动。自来水替换了井水，与井水相关的习俗逐渐淡化。

2. 附加

哈节吸收了麦克风、音响、电脑等现代科技产品，将哈节仪式中的各种声音，如哈妹唱哈的声音、诵读祭拜文的声音、陪祭员交接仪式的声音、祝酒歌的声音、唱桃的声音、锣鼓的声音等放大播放出来，使哈节气氛更为隆重。哈节中添加了各种文艺表演，融入了升国旗、唱红歌等元素。采用摄像机录像并通过电视、网络、微信等平台广泛发布。引入现代市场营销方式，在主要路段用大幅海报、条幅广泛宣传，并引入了赞助商。融入现代科技知识，改进了独弦琴的材料、制作方法、发声原理、弹奏方法等。

3. 融合

京族歌舞、京族的传统体育项目(如顶头、跳竹杠等)本来是京族空闲之际自娱自乐的，或是祭祀活动所用的，京族利用现代技术重新进行编排，为突出舞台效果进行改进，变成了商业化、舞台化的京族传统文化，并受邀到各地演出。京族的出海捕鱼、拉大网、高跷捕鱼等传统生计方式与现代旅游相结合，变成了具有京族海洋文化特征的旅游项目。京族新年初一闭门谢客的习俗与市场经济的“顾客就是上帝”的观念相矛盾，京族人经过改变，相互融合，形成了“不做生意的人家新年初一中午十二点前拒绝外人进入家门，十二点后可以串门，做生意的全天都欢迎外人到来”的新的习俗。

三、吸收和借鉴了越南的文化元素

我国京族是跨境民族，与越南的交往比较密切，经济发展使京族人与越南人的交往更为密切。一些京族人因经商、工作等原因长期生活在越南。很多越南人在万尾经商，越南人认为万尾做的渔船等质量好，价格便宜，所以经常到万尾采购渔船、渔网、发动机等。京族人与越南人甚至因经济交往而成为亲戚、朋友，京族人与越南人经常相互邀请对方到家里做客。在交往中，京族文化受到了越南文化的影响。

20 世纪 80 年代前，京族哈节等传统文化一度被认为是迷信而被禁止，哈歌等被认为内容低俗而不准演唱。到 1980 年，京族传统文化保留得已经不多了。80 年代后，为了发展经济，当地积极打造京族文化品牌，通过各种媒体广泛宣传京族的跨境属性，京族不自觉地开始向越南学习。京族传统文化受越南影响较深，主要表现如下。

学习越南人的做法，培养了自己的哈妹。京族传统上没有哈妹，哈节时请越南哈妹来唱哈。1985 年京族哈节开始恢复，1985—1995 年，京族因为没有自己的哈妹，所以仍然邀请越南哈妹来唱哈。后来越南的一位哈妹嫁到万尾，教京族人学哈歌、舞蹈，于是我国京族培养了自己的哈妹，红坎、山心哈节时请万尾哈妹去唱哈。从此以后，我国京族哈节就不再请越南哈妹来唱哈。哈妹本来是专门在哈亭唱哈的，是为圣神服务的，但越南已经培养了各个年龄层次的哈妹，哈妹已经走出哈亭，在舞台上演出。我国京族也开始培养年轻的哈妹，并成立了歌舞团，哈妹随团演出。

仿照越南传统服饰，设计制作了京族传统服饰。我国京族在哈节时要穿京族传统服饰，这种服饰是由樊文英设计制作的。樊文英的妈妈是红坎京族人，樊文英是汉族人。她早期跟着一位越南华侨学习制衣，然后根据中国人的身体特点，仿照越南传统服饰的样式设计制作了我国京族传统服饰。近年来，为了节省成本，我国京族人甚至请越南人制作京族传统服饰。

仿照越南的做法，哈节增加了文艺表演等内容。1995 年前，我国京族哈节没有文艺表演的内容。1995 年，万尾哈节恢复 10 周年时，来自越南的一支由 20 人组成的文艺表演队在万尾表演了一连串的歌舞节目，深受民众的欢迎。万尾此后的哈节都增加了文艺表演内容，而且节目越来越丰富。

学习越南人的做法，在哈节中融入了国家象征符号。越南哈节时，越南人打着越南国旗迎神。我国京族人参加越南哈节回来后,也在哈节中融入了国家象征符号,迎神队伍出发前先升国旗唱国歌,乡饮时唱红歌。

我国京族经常邀请越南人前来对歌,自然地京族歌曲也受到越南的影响。

我国京族的独弦琴艺术也受到越南的影响。如京族人苏海珍专程到越南河内学习独弦琴艺术,她先后向河内国家歌舞团著名的独弦琴手黄秀老师和河内音乐学院资深的独弦琴演奏家清心老师学习。

不少京族人请越南人建房或装修,使京族的房屋建筑带有越南的特点。"喃字文化传承研究中心"副秘书长武明志的房子就是请越南人装修的。之所以请越南人,是因为越南人吃苦耐劳,要求的报酬也不高,做工比较精细。

越南人以戴绿头盔为美,戴绿头盔是越南男人的典型装扮。笔者调查发现,一些京族老人有时也戴绿头盔,这说明越南文化对京族的日常服饰有一定的影响。

在万尾,有一越南小吃摊,是越南一家三口经营的,专门制作售卖越南卷粉,有很多京族人购买。这说明越南文化对京族的饮食习惯也有一定的影响。

四、文化变迁的平稳性

20 世纪 80 年代后,商业文化传入京族地区,很多外地人也涌入京族地区,并带来了各种不同的文化,越南人也带来了越南文化。京族传统文化、外地文化、越南文化相互接触、碰撞,虽然也引起了一定程度的文化不适,但没有引起严重的冲突,整个京族地区仍然保持和谐发展的状态。京族经济的发展使京族文化产生分化,生意人形成了与现代经济相适应的现代文化,京族现代文化与传统文化也产生碰撞,但这也没有导致严重的社会问题。其原因主要包括两个方面。一是现代经济与京族传统生计方式相融合。无论是边境贸易、旅游业、海水养殖业还是海产品加工业,都与京族的传统捕鱼的生计方式相关,而且这些产业的发展还能促进海鲜的销售,提高海鲜的价格,增加渔民的收入。做生意赚钱的京族人还会主动投入资金保护和传承京族传统文化,也会救济贫苦的京族人。二是京族文化具有包容性,它能够自动调整以与其他文化相融合。比如京族信仰的镇海大王等圣神,京族人并不排斥其他人信仰,允许其他民族去上香。祭祀神灵的神圣场所哈亭,京族人也不排斥外地人去参观、拍照,而是欢迎大家去参观。为了吸引游客前去,还主动拆除围墙。京族也不在乎他人信仰其他神灵。

美国社会学家奥格本①发现了社会发展中的文化失调问题，提出了文化失调理论。文化失调是指当器物层次改变太快，与人们的价值观念及新制度发展速度不一致的情况之下，可能会产生一些冲突与混乱现象。京族经济发展促进了京族物质文化快速变迁，京族传统的价值观与京族经济发展速度不一致，也曾发生了文化失调的状况。比如京族人最初做边境贸易时按传统方式交易，不签订合同，不报关，不缴纳关税，这就与边境贸易规范产生了矛盾，导致有的被罚款，有的被判刑。不过有些京族人迅速掌握了边境贸易的规则，成立了公司，另一些京族人放弃了边境贸易，转而从事旅游服务业、海水养殖业或海产品加工业，文化失调很快得到调适，没有造成严重的社会问题。

第二节　文化变迁的影响

一、部分传统文化消解

20世纪80年代，经济发展改变了京族人的角色，使京族人从思想封闭的渔民转化为思想开放的边境贸易商人、饭馆经营者、旅游商品经营者、旅馆经营者等。适应这一身份的改变，京族人的观念也变为商人的观念，即以赚钱为目标，所以京族人的逐利意识越来越强。在逐利意识的指引下，京族人开始以能否获得利润和获取利润的多少为行动指引，一些优秀京族传统文化因为暂时没有发现其市场价值而被京族人忽视。

（一）互惠合作的传统逐渐消解

京族有互惠合作的传统。过去京族有“低嗨”的传统，即某位租用鱼箔的京族人需要人手时，其他京族人会前去帮忙，不讲回报。当然，主人会给予一定的小鱼、小虾表示感谢。京族人过去农忙时，如果忙不过来，其他京族人就会主动施以援手，不要回报。过去京族家庭之间成立了“相帮会”，逢有丧事，该会成员家庭每家提供大米五斤用于资助丧家。为便于组织和管理，该会设会长一人，会长没有特权，主要负责协调、牵头组织工作，没有报酬，纯粹是义务劳动。京族传统上还

① 奥格本.社会变迁——关于文化和先天的本质[M].王晓毅，陈育国，译.杭州：浙江人民出版社，1989.

有“寄赖”的习俗。这些传统文化都是互惠的，因为你帮助了他人，当你遇到困难时他人也会同样主动帮助你。互惠合作是由当时的历史条件决定的，过去没有劳动力市场，京族人又比较贫穷，当缺乏人手时无钱请人，也无处请人，大家只好通过相互帮工解决暂时的困难。

20世纪80年代后，京族人渐渐以雇佣关系取代了互惠合作。京族人相互帮工的越来越少了，需要人手时都会到市场上招聘，而不是找人帮忙。京族人有的忙于自己的生意，有的在比较工资水平高低后选择到最合适的地方打工，无偿帮工的越来越少。之所以出现这种变化，是因为经济条件发生了变迁。20世纪80年代后，市场经济体制逐渐建立起来，京族人逐渐养成了市场经济意识。很多外地人涌入京族三岛，劳动力市场已经建立起来。京族人富裕起来，也有能力在市场上雇佣劳动力。所以当京族人需要人手时自然倾向于到市场上招聘劳动力。

互惠合作被雇佣关系取代是市场经济的必然要求，但是互惠合作传统的消解容易造成两极分化。一些经济困难群体雇不起劳动力，当他们需要人手时无人给予帮助，这就会使其雪上加霜。

（二）生态观念遭到破坏

传统上海滩属于京族人共同所有，私自占用海滩会被其他京族人所鄙视、孤立。20世纪80年代后，一些京族人为了获取高额利润而非法占用海滩养鱼虾或螺等，京族人对此已经见怪不怪，有的人甚至认为此人有经济头脑。非法养殖破坏了海滩风光，影响了旅游业。非法养殖引进了一些外来物种，外来物种与本地物种竞争，对本地海域的食物链产生了很大影响。

传统上京族人敬畏海洋，很注意保护海洋生态平衡。网眼很大，只捕捞大鱼，不捕捞小鱼，如果不小心捕捞到小鱼也会主动放生。20世纪80年代后，很多京族人尤其是年轻人不再相信神灵，不再惧怕神灵的报复，已经突破了传统的禁忌。随着海鲜价格的暴涨，为了获取更多利润，一些京族渔民将渔网的网眼织得越来越密，不管多小的鱼都加以捕捞。尤其是京族人学会了灯光捕鱼，也有资金购买相关设备，捕捞的小鱼就更多了，导致近海的渔业资源几近枯竭。

案例：

访谈对象：京族渔民，男，55岁，万尾京族人

现在海鲜值钱了，很多年轻人为了多挣一些钱什么鱼都捞，小鱼苗都不放过。

这在过去是不允许的，是会遭到报应的。一些人还用电捕鱼，大的小的全被电死了。过去有很多鱼，现在鱼很少了，船要行2～3个小时才能捕到鱼。这些地方靠近越南管控区，一不小心越界了，船就会被越南扣下。

中华鲎是国家二级保护动物。据京族人说，过去万尾海滩有成群结队的中华鲎，京族人并不喜欢食用。从1993年进行旅游开发以来，万尾金滩的游客越来越多，品尝最新鲜的海鲜是很多游客去万尾的目的之一。有些游客听说中华鲎有很高的药用价值，感到很新鲜，很想品尝一下。一些不法饭店就偷偷收购并加工销售，一些京族渔民于是非法捕捞中华鲎。随着游客的增多，中华鲎被盗捕的现象日益增加，中华鲎种群数量锐减。京族人热情好客，为了表示尊敬，总是拿最好的食物招待客人。中华鲎因稀少而显珍贵，京族人就开始用中华鲎做菜招待客人，京族人逐渐形成了用中华鲎招待客人的习惯。从万尾到潭吉，一路上可见成堆的鲎壳堆在海堤上。这使中华鲎变得更为稀少，处于濒危状态。

不过，生态观念的变迁不是直线式的，上述生态观念破坏了，另外的生态观念却竖立起来。比如，新中国成立前京族人经常用药毒鱼，但现在没人毒鱼了。

捕鱼的方法主要用“毒鱼”或“醉鱼”法。当退潮时，在海滩上较低的地方便形成小河，水深约三尺。“毒鱼”需选择水流较急的地点，放置渔具。“毒鱼”的渔具共有三种。第一种全用竹箔，置在水流的两旁，用木桩把它固定，箔高约2尺，长约22丈。“毒鱼”的药用“茶沽”（茶子饼）及花桃子调配而成，比例是5∶1。药在上游慢慢放下，鱼吃醉了顺流而下，人们便可以在下游用捞瓢捞鱼。第二种是水流两旁用竹箔，下游置网收鱼。第三种渔具较小，两旁也安置竹箔，但较短，下游放米筛，鱼醉后游入米筛，在米筛中捉鱼。①

随着经济的发展，人们认为以“毒鱼”方式捕捞的鱼有毒，对身体健康不利，不愿意购买。用这种方式捕捞的鱼销售不出去，“毒鱼”就没有任何意义了。另外，京族人已经认识到“毒鱼”对生态环境的破坏，已经形成鄙视这种行为的社会风气，“毒鱼”就会被人看不起，所以京族人不再“毒鱼”。

随着京族经济的发展，京族的收入主要来源于边境贸易、旅游服务业、渔业养殖业，不再仅仅依靠海洋捕捞生存，有很多京族人甚至不再从事海洋捕捞。这有利于制约过度捕捞，客观上有利于海洋生态环境的恢复。

---

① 广西壮族自治区编辑组，《中国少数民族社会历史调查资料丛刊》修订编辑委员会．广西京族社会历史调查[M]．北京：民族出版社，2009：13.

（三）淳朴的民风受到影响

传统上，京族民风淳朴。京族虽然有对歌、踢沙子、掷木叶等恋爱习俗，但婚姻必须找蓝媒牵线搭桥，男女青年结婚之前不能同居。如果未婚生育，则会受到严厉惩处，甚至会被赶出村外，私生子也会被杀死。一位京族老人说，他的家族以前就有人因未婚生育而被游村示众，最后被赶出村，太丢人了，整个家族长时间在村里都抬不起头。所以传统上京族人很少有未婚生育的。

进入20世纪80年代后，外地人、越南人等涌入京族地区，有些外地妇女陪人游泳，有的还从事卖淫等活动，严重带坏了当地的民风。也有些京族人为了挣钱而组织卖淫活动，后来在公安机关的严厉打击下，这种现象减少了。有一些京族男女青年未婚同居，也有未婚生育的，京族人认为这是很正常的现象，已经见怪不怪了。一些京族老人对此摇头叹息。有些做生意的赚到钱后就抛弃了妻子、孩子，夜不归宿，到外面快活去了。

京族热情好客的传统正在慢慢消失。过去京族人热情好客，家里来客人了，会热情接待并奉上糯米糖粥，以表示对客人的欢迎和尊敬。客人走时，京族人还会把家里的好东西（如晒干的咸鱼等）送给客人。进入20世纪80年代后，京族人热情好客的传统逐渐消失。为了调查风吹饼制作工艺，笔者找到了一家风吹饼作坊，向老板说明来意后，老板说付钱才能参观。笔者为了调查传统石条瓦房的制作工艺，贸然闯进了一位工匠的家，他家人看起来很生气，直接拒绝了笔者的请求。笔者正与一位京族村民访谈，来了三个人，为了尽快打牌，他们要求笔者终止访谈。这些例子说明有些京族人已经没有以前那么热情了。但并非所有人都如此，绝大部分京族人还是很热情的，经济发展只是使一部分京族人放弃了热情好客的传统。之所以会出现这种情况，是因为在边境贸易、旅游业、养殖业发展的背景下，大量的外地人到京族三岛，还有大批新闻记者、学术研究人员前来访问，如果都热情接待，时间、精力、财力都不够。还有些诈骗犯等不法分子混迹于流动人口中，京族人无法识别出来，只好直接拒绝。不热情接待陌生人已经被其他京族人视为很正常的事情，不会受到其他人的鄙视或孤立。

经济的发展，催生了京族的逐利思想。有些京族人想一夜暴富，于是去赌博，赌博风气逐渐形成。随着经济的发展，香港六合彩传入京族地区，很多京族人投入大量资金购买六合彩，损失惨重。部分京族人代理投注，形成地下投注点。

案例：

笔者看到一宾馆老板正在翻阅一本书，于是前去访谈，发现老板看的是关于六合彩的书籍。

笔者：你也买六合彩呀？

老板：我闲着没事，看着玩的。

笔者：你一般买多少钱的？

老板：我买得少，就是玩玩，过去买得多，一次买好几百，上千的也有。

笔者：这边买六合彩的人多吗？

老板：很多，现在没有以前多了，以前有很多人买。

笔者：怎么个买法呢？

老板：我们这边有代理的，就是地下赌场那种性质，那边那家就代理。他是京族人，他老婆好像是巫头的，我们都找他买，一注 2 元。为了吸引农村比较贫穷的人买，有些代理还接受 5 毛钱的投注。代理提成 10%，过去一个代理每天能够收好几千甚至上万块，他一天就能提成好几百甚至上千块，他就是那时候发起来的。六合彩两天开一次奖，不对，是一个星期开三次奖。

笔者：你怎么知道开奖信息？

老板：现在可以通过网络、电视看到开奖的情况，过去没有网络的时候他们会发短信。早期的时候，靠近香港那边的人最先知道开奖的情况，他就把消息告诉这边的朋友，朋友就去找代理去买，由于代理不知道开奖情况，他就赔了。

为到山心调查，笔者到江平找三轮车乘坐，由于乘客不足，老板要等一会才出发。笔者顺便转悠了一下，在一条街道上，笔者发现街角地上摆放着书籍一样的东西，周围有很多人围着。笔者想："是不是有关于当地风俗、文化的书籍呢？"于是挤进去翻看了一下，原来都是关于香港六合彩的。

在万尾乘坐公交车，司机是东北人，司机之间一见面就问六合彩的情况。

不仅京族人参与赌博，而且其他民族的人、外地人也参与赌博，赌博已经形成当地的一种风气。

（四）对传统文化认识的偏离

为了发展经济，京族已经被打造成当地的经济名片，宣传中过多地强调京族是跨境民族，与越南主体民族是同一个民族，而对我国京族与国内其他民族 500

多年的融合发展视而不见。实际上,京族虽然与越南主体民族有些渊源,但我国的京族与越南的主体民族并不一致。京族从1511年迁来时本地就有人居住,其后不断有越南不同地方、不同民族的人及周围的汉族、壮族人迁来此地。这些人相互交流,相互通婚,逐渐融合成我国的一个新的民族,这个民族的语言、服饰、风俗习惯等都有自己的特征,完全不同于越南主体民族。访谈时,京族传统服饰传承人樊文英特意提到了我国京族人和越南人腰身的不同,这也从形体方面说明我国京族人与越南人的不同。有些京族人还认为其祖先最初居住于福建沿海一带,后来因为捕鱼而迁到越南涂山一带,1511年时又迁到京族三岛。还有的京族人认为他们祖先从甘肃陇西迁来。这也说明京族人从意识上也认为他们完全不同于越南人。但是为了发展经济,故意突出他们的跨国性,于是形成了"京族人与越南主体民族是同一民族"的固定意识,既然如此,语言、服饰等与越南就应该相同,所以京族学校为了保护京语而开设越南语课程。实际上,京语是在融合了越南不同地方、不同民族的语言以及汉语(白话)等的基础上形成的一种新的语言,与越南语并不一致。越南语也是经历了多年的变迁,文字也变成了拼音文字,还吸收了很多西方词汇,与古老的越南语也不相同。所以教授越南语与保护京语是背道而驰的,可以说其使京语失去了保护的机会,任其流失。京族日常服饰与其他中国人并没有区别,但在哈节、表演、其他节日、新闻采访等场合,京族人却穿戴起类似越南人的服装,京族人也认可其为"京族服装"。但该服装都是出自汉族人樊文英之手,是樊文英仿照越南服饰设计制作的,传统上京族人并不穿此服装。有时为节省成本,京族还向越南订购服装。哈亭中的神像、龙椅也多采购于越南。更可怕的是,有些京族人认为他们本来就是越南人,因为划界他们才变成中国人。当地汉族及到此经商的外地人认为此地本属于越南,划界时我国用一块地与越南交换才成为我国的领土。这些都是为了发展当地经济,故意突出京族与越南主体民族是同一民族而造成的错误认识,为边境稳定、和谐发展留下隐患。

为了发展经济,突出宣传京族文化中传统的一面,而不重视京族的现代文化,导致京族人对京族文化的认识出现偏差。一些京族人对我说:"要了解京族文化,最好找老年人,他们对京族文化了解得多,我们年轻一些的已经不怎么了解京族文化了。"一些人干脆说不了解京族文化。村委会则直接带着去找传承人。这一方面说明,随着经济的发展,京族文化已经发生了很大的变迁,京族年轻人对传统文化已经不很了解了。另一方面说明京族人认为所谓的京族文化就是京族传统文化，现在的文化都不是京族文化了。无论如何，京族现在的文化仍然是京族的文化，从总体上看是京族文化的现代化，是有利于京族生存和发展的，是京族文化的发展。

总之，京族的文化变迁是适应环境变化而进行的主动变迁，更有利于京族的生存和发展，所以是京族文化的发展。但是经济发展改变了京族人的社会角色，强化了京族人的逐利意识，暂时不能带来利润的京族优秀传统文化被放弃了，为了获取利润，一些优秀的京族文化也被扭曲了。在游客、政府、外地人、新闻媒体、学者等的凝视下，京族人也被迫改变了对京族传统文化的认识。所有这些因素都有可能对京族优秀传统文化造成一定的破坏。

二、更好地适应社会变化

文化变迁使京族克服了社会失范。“失范”概念是由迪尔凯姆最先提出来的，他认为失范是社会急剧变化所引起的无规范状态。文化是一个有机的系统，在外部条件一定的条件下，文化与经济会通过人们的实践不断进行相互调适，最终会使经济与文化处于一种最优的均衡状态，没有文化失调，没有社会失范，这时的京族社会是最优的，最有利于京族生存和发展的。20 世纪 80 年代后，市场经济的发展改变了京族社会所依赖的社会环境，京族的社会均衡被打破。在市场经济的冲击下，京族社会已经不再最有利于京族的生存和发展，京族社会必然要调整。最先调整的是京族的经济，京族人顺应市场经济的发展，发展了边境贸易、旅游服务业、海水养殖业以及海产品加工业。这时京族的文化与经济产生了不一致，这种不一致主要体现在下面几个方面。一是边境贸易、旅游服务业等是京族以前没有的产业，在这些领域，京族文化缺乏相应的规范来约束人们的行为，处于这些产业的京族人处于一种没有规范约束的状态。但这些产业是现代产业，由现代产业的各种规范来调整产业内各主体的行为，如经济法、税法、商标法、行业标准、卫生标准等，但京族人又不熟悉这些规范，这就使京族人在这些产业里手足无措。京族通过文化变迁，接受并掌握了现代产业的规范，按现代产业的规范运营，克服了社会失范。二是京族文化中有规范，但这些规范已经失去了效力，如果不调整，人们就会处于一种无约束状态，就会出现一些社会问题。如村规民约、哈亭亭规等，京族人通过文化变迁，通过村委会制定村规民约，成立“哈亭民间事务管理委员会”，使社会规范与京族的经济发展保持一致，从而克服了社会失范。三是京族传统文化的规范与现代规范产生矛盾和冲突。例如，传统上京族女子嫁到外村，翁村要向其“收兰佳外古钱十五贯”①。嫁到巫头村“定收兰佳钱三贯”②。这与市场经济所要求的开放、平等、自由的观念是相冲突的，也违反了婚姻法。京族通过改变婚姻制度、婚姻习俗，实行自由恋爱、自由结婚，与主流规范一致，避免了文化冲突和社会失范。默顿认为：“失范的结构状况不仅由无规范构成，还由文化目标和制度化手段之间的结构分裂或者缺乏整合构成。”③进入20世纪80年代后，商业文化传入京族地区，市场经济保护合法的私有财产不受侵犯，鼓励人们通过诚实劳动和合法经营致富。这既给京族人确定了致富的目标，也指明了达到该目标的手段，即通过诚实劳动和合法经营致富。致富这一目标与京族人传统上追求家庭幸福的目标相一致，京族人很快就接受了致富这一目标。但京族人不懂得经济的有关法律、法规，不知道怎样经营才是合法的，所以就按传统销售鱼获、买卖日常生活用品的方式交易，目标与手段割裂，这就出现了社会失范。京族人通过文化变迁，掌握了各行业的有关规范，并按规范行动，通过自己的辛苦劳动和努力经营抓住了经济发展所带来的有利机会，实现了发家致富。这就使得目标和手段保持一致，社会失范得以消除。

文化变迁使上层建筑更好地与经济基础相适应。经济基础决定上层建筑，有什么样的经济基础，就要求有与之相适应的上层建筑，上层建筑对经济基础具有反作用。进入20世纪80年代后，京族的经济快速发展，作为上层建筑的京族文化必然要调整以适应经济的发展。如果文化不调整，或调整的速度过慢，就会阻碍京族经济的发展。京族通过文化变迁，使京族的上层建筑与经济基础相适应，进一步促进了京族经济的发展。

因此，京族的文化变迁是京族为适应社会环境的变化而调整的结果。文化变迁使京族与变化的环境相适应，避免了各种严重的社会问题，促进了京族社会和谐发展。

三、促进了当地的和谐发展

新中国成立前，京族三岛附近的汉族主要以农业为生，土地是其生存之本。

---

① 苏维芳，等《京族社会历史铭刻文书文献汇编》，2012年，内部资料。

② 苏维芳，等《京族社会历史铭刻文书文献汇编》，2012年，内部资料。

③ 罗纳德·J伯格.犯罪学导论——犯罪、司法与社会[M].刘仁文，等，译.北京：清华大学出版社，2009：148.

随着人口的增加，汉族必须不断地拓荒来扩大耕地面积。当时没有其他能源，薪柴是生火做饭的必需品。汉族人认为岛上的树林是天然长成的，是没有主人的，是公共资源，谁都可以享用，因此要去砍伐树木以作薪柴，有的甚至砍掉树木来获取耕地。岛上的树林长久以来为京族人防风固沙，使其能够安居乐业。由于树林的重要性，京族甚至把它们当作神来对待，认为树林是他们村庄的保护神，是不能砍伐的。京族人一直以来都认为该林地为他们所有，为此，还制定了相应的村规民约，设立"翁宽"进行管理。因此，新中国成立前，京族与汉族经常因为争夺土地和林地而发生矛盾。

告示①

署理防城县江平分司即补巡政厅车为严禁砍伐树木以安民居事。按据江平万尾团福安村正梁积玉同众等，联名禀称："窃村历朝以来，原禁有三婆庙、大王庙各神山一所，借以护围风水兴旺龙脉，自古以来无敢轻砍一根，前经禀请，防城县示禁在案。近因无赖之辈，贪图利己，屡向此土砍伐，甚至神前空露，地脉不兴，民等亦再三理谕容限多次，无如该恶等，仍前顽搞恃恶之极，迫得联名禀明叩秘。司主俯赐示禁，以息顽恶，而安民居事，从民沾恩不朽。"等情到厅，据此，查该村前经赴县请示禁，尔等何得仍敢砍伐该山树木，以壤地方，殊属刁顽，合行出示严禁。为此示低各村军民人等知悉，自示以后各安本分不得擅行砍伐，如有此情，准该耆民赴厅指名禀告，以凭详究，决不宽待，切切凛遵毋违特示。

光绪二十六年三月五十日告示

实贴　　晓谕

当时的冲突导致京族与汉族的关系一度非常紧张。

在佳邦村汉族群众有句俗话，过去他们迷信鬼神，久旱不雨的时候便向天示雨说："山心无雨，佳邦有雨，下雨要下大，下到沟边便转头。"山心村与佳邦村有一条水沟为村界。这句话的意思是说，求神下雨，也不要下到越族村。希望天上的神施恩惠给群众，也不要好了越族。可见当地汉族对越族的歧视情况。②

这种紧张关系一直延续到新中国成立初期。

① 广西壮族自治区编辑组，《中国少数民族社会历史调查资料丛刊》修订编辑委员会. 广西京族社会历史调查[M]. 北京：民族出版社，2009：78.

② 广西壮族自治区编辑组，《中国少数民族社会历史调查资料丛刊》修订编辑委员会. 广西京族社会历史调查[M]. 北京：民族出版社，2009：135.

成立自治乡时，东头村汉族不愿参加自治乡，说："黄牛与水牛，尾对尾，不对头。"越族也说：鸡与鸡，鸭与鸭，鸡不与鸭，越族不与汉族。"有的说："东头村的汉族过去欺侮我们，让他们参加了，便会搞坏自治乡。"过去万尾三个自然村有两所小学，因为人少办得不好，新中国成立后，合并为一所，设在中间村。成立自治乡的时候，东头汉族不肯让学生来中间村上课，要求把小学搬到东头村，随后又提出分校。结果成立自治乡时只有西头的汉族参加，东头村的汉族另成立万东乡，学校也分成了两所。山心、巫头成立自治乡时，同样发生分乡分校的情况。①

农业、渔业的社会主义改造完成以后，因为生产资料归集体所有，产品集中分配，京族与汉族无须争夺资源，因此，京族与汉族的矛盾就不存在了。

改革开放后，由于经济的发展，当地的人民，无论是京族、壮族、汉族，还是从外地迁来的其他民族都从各个方面融为一体，形成你中有我、我中有你、难分彼此的状态。具体表现如下。

经济相互依存。京族经济的发展使京族地区分工细化，产业各岗位之间相互依托，互生共赢。海洋渔业方面，渔民不再直接造船，而由造船(排)场根据渔民的需要制作相应的渔船或渔排，渔民出钱购买。渔民也不再纺麻织网，而是到江平镇购买现成的绞丝网。渔民不再到市场上销售产品，而是直接卖给鱼贩，由鱼贩运到外地销售。传统渔民的角色分别由造船场、网商、渔民、鱼贩共同分担，分工细化，效率更高，互利共赢。在各个角色中，有京族，也有汉族和壮族，难分彼此。养殖业方面，由虾苗场提供虾苗，虾苗多由外地人开办，也有一些由京族人开办。饲料厂商提供饲料，一般是先赊给虾农，收获之后再收款，并提供有关的技术服务。饲料厂多由外地汉族人开办，饲料商请司机和搬运工人，其中有些是京族人。鱼贩有京族人，也有汉族人，他们收购养殖户的成虾，运到外地销售。旅游服务业方面，有外地人开的大排档，也有很多京族人开的大排档。早晨有一些菜贩专门向宾馆、饭店配送蔬菜，菜贩多为壮族，来自江平镇。饭店与菜贩的关系十分友好，饭店只报出所需要蔬菜的种类和数量，不讲价，也不看秤，由菜贩挑选、称量后交给饭店。饭店通常并没有直接付款，由菜贩自己记在本子上，他们之间互相信任。由专门的消毒公司向饭店配送消毒餐具，消毒公司是外地人开办的。利用渔排提供出海旅游观光服务的大多是京族人，也有部分汉族人，为游船拉客的有京

---

① 广西壮族自治区编辑组，《中国少数民族社会历史调查资料丛刊》修订编辑委员会. 广西京族社会历史调查[M]. 北京：民族出版社，2009：135-136.

族的，也有汉族的，彼此合作，不分你我。海蜇加工场有京族人开办的，也有很多外地老板开办的，请的工人有本地京族人，但大多数为外地人。海蜇加工场老板请一些司机运送海蜇，司机有京族人，也有外地人。海蜇加工场从周围商店购买食盐、明矾等材料和包装箱，商店有京族人开办的，也有汉族、壮族开办的。总之，经济发展使京族的行业分工更为细致，不同民族的人处于各个岗位，相互支持，共生互利，使不同民族的人在经济上融为一体。

血缘相互渗透。20世纪80年代后，京族经济的快速发展吸引了大量的外地人，包括投资者、商人、外来务工者、游客等进入京族三岛，人员的互动交往使京族与汉族、壮族广泛通婚，大量京族妇女嫁到外地，又有很多汉族妇女嫁给京族，不同民族的血缘逐渐融合。

案例：

访谈对象：LXQ，万尾京族人，万尾第十二生产队会计，哈亭会计

改革开放以来我们这里就有一个趋势，我们京族的姑娘都嫁到外地了，大量的汉族女子又都嫁给京族，很少有京族姑娘嫁给京族人的，具体什么原因我不清楚，就是一个趋势吧。相互通婚对京族文化的保护和传承影响很大，孩子的妈妈是汉族，在孩子小的时候她不教孩子京语，孩子长大了又去上学，学校是普通话教学，孩子就没有机会学习京语了，京语的未来令人担忧。

文化相互包容和借用。经济发展使京族与其他民族互动交往越来越频繁，文化相互传播，相互包容，相互借用，不同民族的文化逐渐融为一体。相互通婚也使得京族与其他民族的文化不断融合，语言、风俗习惯等逐渐趋向于一致。在京族地区，大多数人会讲三种语言。京族家庭成员之间有时讲京语，有时讲白话，在外面交往时大多讲白话。如果对方听不懂，京族人则马上讲普通话。壮族人也是这样，平时讲白话，对方听不懂时马上转为普通话。到此地做生意的外地人日常交流居然也讲白话。笔者在京族人家做客时，一位湖南湘潭到此地做生意的汉族老板用白话与当地京族人谈笑风生。一位京族人说："白话就是我们这个地方的地方话，就像是本地方言。"这说明当地的语言已经融为一体，形成当地的白话。饮食、服饰、风俗习惯等各方面也是相互借鉴，基本上相同，差异不大。哈节时，其他民族的人都会去祝贺，周围的汉族人过节日时也会邀请京族哈妹前去表演。万东汉族人在春节前祈福，在年末还福，地点在康王庙，康王庙供奉康王，即北宋著名将领康保裔。康保裔是河南洛阳人，他率领军队抵抗契丹入侵，最后壮烈牺牲，去

世后被汉族人尊为康王，建康王庙供奉。到康王庙祈福和还福的不仅有汉族人，也有很多京族人。一些外地人也到此祈福和还福，笔者就遇到过一位来自广西龙胜各族自治县的侗族老板前来还福。红坎村哈节由京族人和汉族人共同举办，节日时有舞狮等汉族传统活动。红坎村还建有伏波庙，供奉东汉伏波将军马援，当地及附近的汉族人和京族人都信奉伏波将军。

总之，进入20世纪80年代后，京族经济的发展使京族地区各民族，无论是京族、汉族、壮族还是其他民族，从经济、血缘、文化等各方面逐渐融为一体。

案例：

访谈对象：LZY，江平镇京族人，生意人

你看我们这边的人，你能分清哪些是汉族人，哪些是京族人，哪些是壮族人吗？分不清的，都差不多，基本上都融合成一体了。甚至越南人也被融合了，这个市场有很多越南人，你能分清哪些是越南人吗？

文化交融进一步促进了京族与其他民族的联系，民族之间的互动交往更为频繁，形成了你中有我、我中有你、难分彼此的状态，促进了当地的和谐发展。

第六章　结　　语

一、京族文化变迁的本质:对现代文明成果的吸收

(一) 京族经济发展和文化变迁过程是京族吸收现代文明成果的过程

京族经济发展主要表现为边境贸易、旅游业等现代产业的形成以及传统海洋捕捞业的技术改造。现代产业是现代文明的成果,京族人在参与现代产业经营的过程中,逐渐吸收现代文明成果,文化逐渐变迁,最终形成与现代产业相适应的文化。传统捕捞业的技术改造提高了海洋捕捞的效率,而且海洋捕捞业分工细化,造船、捕鱼、收购、海产品加工等分工明确,形成了较为完整的产业链,具有现代产业性质。海洋捕捞业吸收现代文明成果,形成了一种新的经营模式。出资方购买渔船、渔网,雇佣技术熟练的渔民捕鱼。出资方向渔民支付工资,工资为基本工资加提成。基本工资是固定的,一般是每天支付100元,提成是变动的,捕鱼的收入越多,提成越多。由此可见,这种经营模式已经具备现代企业的特征。渔民捕鱼归来,常常劝说游客购买海产品,这说明京族普通渔民也在经济的发展中吸收了营销思想。海洋捕捞业与旅游业相互渗透,海洋捕捞成了旅游项目,旅游业的发展又促进了海鲜的销售。海洋捕捞业与旅游业等产业相互配合,相互促进,共同发展。由此可见,京族的海洋捕捞业也是不断吸收现代文明成果,不断向前发展的。京族哈节吸收现代企业经营管理思想,形成了新型的举办哈节的方式。举办的目的是打造京族文化品牌。采用各种现代媒介,如网络、微信、电视、报纸、广告牌等广泛宣传,努力提升京族哈节的影响力。通过拉赞助等方式获取收入。吸收现代企业的财务管理知识管理哈节的财务。京族的生产都是为了销售,消费的商品都需要从市场购买,即京族的各方面都已经卷入市场经济的洪流中,京族在此过程中不断吸收现代经营管理思想、科学技术等。

京族人在吸收现代文明成果的过程中,传统文化逐渐变迁。京族经济发展和文化变迁过程是京族吸收现代文明成果的过程。京族吸收现代文化成果使京族

社会呈现以下特征。

能源从生物能转为以无生命能源为主。20世纪80年代前，京族生产生活主要依靠人力或生物能源，渔船靠人划桨，卖鱼靠肩挑，赶集靠步行，做饭用柴草，耕地用牛拉，取暖靠烧柴，散热用蒲扇。80年代后，京族生产生活逐渐依靠油、电、太阳能等无生命能源。渔船装上了发动机，海产品加工业和造船业用机器或电动工具，养殖业用增氧机，陆路运输靠汽车，边贸运输用轮船，做饭用电或煤气，取暖或降温用空调。

生产效率全面提高。80年代前主要依靠人力，只能在近海捕鱼；80年代后主要用机器，经常到远海捕鱼。80年代前运输主要靠肩挑，肩挑的货物数量少，行走里程短；80年代后主要靠汽车、轮船等，运输量大，行驶里程远。80年代前，京族人终日劳作尚不能填饱肚子，还依靠国家救济，收入和投入不相匹配；80年代后，京族人没有以前那样辛苦劳作了，收入明显提高，衣食住行追求高档化。

社会分工细化。80年代前生产生活的各方面都要自己动手或靠亲友帮忙。80年代后分工开始细化，京族人放弃了自己不擅长的业务，只从事最擅长的业务，然后通过市场交换，换回自己所需要的各种生产和生活物资。擅长边境贸易的做边贸，擅长旅游服务业的做旅游服务业，擅长做风吹饼的专门做风吹饼，擅长做鱼汁的专门做鱼汁，等等。不管生产还是生活中，京族人只做自己最擅长的，需要的物资则到市场购买。每种经济活动分工更为细化，海洋捕捞已经细分为造船、织网、收购、加工等，风吹饼的生产与销售已经分化，其他经济活动也是如此。

社会流动性增强。80年代前京族人主要在京族三岛内活动，也很少有外地人流入京族三岛。80年代后外地边贸商人、鱼贩、养殖业老板、打工者、游客、旅游服务业老板、游客、越南人等纷纷流入京族地区。本地京族人为做生意经常离开京族三岛，如到东兴、防城港、南宁、广州、越南等地。很多京族人在东兴等城市买房，长期居住于城市。京族人与外地人的相互交流也越来越多。有的京族人应邀到高校指导学生学习独弦琴演奏，有的应邀在国内外进行演出，传播京族传统文化。

法制观念增强。80年代前资源竞争主要依靠武力，内部秩序依靠翁村组织维持。80年代后京族人逐渐树立了法制观念，土地纠纷、婚姻矛盾、经济纠纷等生产生活的各种矛盾和纠纷常常求助于法律解决。京族过去都是在熟人圈子里交往，以舆论作为保障，相互借用钱物根本不用签订任何契约。经济发展使京族人逐渐意识到市场经济是法制经济，是契约经济，是建立在契约和法律基础之上的，所以京族人逐渐成立合法的公司，以公司法人的模式进行运营，经济行为都按法律要求签订合同。如果出现问题，则通过法律手段解决。

城市化明显。道路、自来水等基础设施越来越完善，公路边装上路灯。住房、餐饮、娱乐等服务业也与城市无异。从事传统农业、渔业的人数下降，从事边境贸易、旅游服务业、海产品加工业等现代产业的人数增加。万尾实行城镇化管理，公共设施由政府提供，公共卫生由政府组织环卫工打扫，下水道由政府投资修建和管理，设有派出所、卫生所，建有老年活动中心，还有好几家快递公司，巫头村还建有养老院。

交通运输业越来越发达，公路等级越来越高，有多路公交车往返于万尾、巫头、东兴、江平、竹山等地，也有很多出租车，还有大巴车往返于万尾、防城港、南宁等地，许多京族人还购买了小汽车。因此，京族人现在出行极为方便。

通信设施越来越完善。做生意联系广泛，通信频繁，所以京族人很早就装了程控电话。如今，京族人几乎人手一部智能手机，做生意的甚至有好几部，以方便联系客户。做边境贸易的京族商人不仅拥有国内手机卡，还拥有越南手机卡，以方便与越南客户联系。万尾网络非常发达，几乎家家都安装有网络，很多人购买了电脑，Wi-Fi 信号随处可见，京族人利用网络查找信息、交流、购物、学习、传播哈节、宣传自己的业务等。

京族人的思想更为开放。新中国成立前，几乎所有京族人都从事海洋捕捞与传统农业，主要体现为自给自足。与此相适应，京族的思想也局限于海洋捕捞与农业，思想相对封闭，利用资源仅仅局限于京族三岛的海埠、土地，而这些资源是有限的，所以依靠翁村组织分配资源，对资源的利用也仅是用于海洋捕捞或农业。进入 20 世纪 80 年代后，京族人从事多种职业，资源利用远远超出了海埠和土地，而是利用各地的资源；不再依靠分配，而是通过市场手段获得，对资源的利用方式越来越多样化，如用于养殖、加工、开办酒店、边境贸易等。基于利润的考虑，京族人密切关注市场行情的变化，如关注国家边境贸易政策的变化，国家产业政策、环保政策引起的煤炭市场需求变化，国内外海鲜市场需求变化，游客需求变化，海产品加工技术的变化等。京族的视野越来越开阔，思想早已超越京族三岛，从全国乃至全球的范围观察和分析问题。80 年代前，京族传统的交往范围有限，局限于村庄，注重血缘和地缘。80 年代后，京族的交往范围越来越宽广，通过边境贸易、旅游服务业、海产品加工业、养殖业等与各种各样的人打交道,业缘关系已经成为京族人的主要交往关系。

京族社会也越来越具有包容性。来京族三岛的大多是客户、合作伙伴、劳动力等,这对京族是有利的,所以京族欢迎外地人的到来。在保持自己传统文化的同时,京族也不排斥外来文化,同时积极吸收现代文明成果,融入自己的文化之中,使京族既实现了经济的快速增长和科技、文化的进步,又保护和发展了京族传统文化。

竞争意识等增强。京族人的竞争意识越来越强,逐渐学会了对竞争对手、客户、供应商进行分析,并采取合适的竞争手段。

更加重视科学。传统上,京族人总认为人的命运是由某种神秘力量所主宰,人只能顺应这种神秘力量,任其摆布。所以京族人一遇到问题,就认为自己触犯了神灵,总是求助于神灵。进入20世纪80年代后,京族人认为人定胜天,于是凭借人力,修筑了多条拦海大堤,将咆哮的海浪挡住,围海造田,从而将京族三岛与大陆连接起来。80年代后,京族人虽然也崇信镇海大王等神灵,但京族人更加重视科学,积极吸收现代知识和技术。出海捕鱼用卫星定位仪,关注天气预报,主动学习边境贸易的相关知识。养殖户时常去向他人学习养殖技术,主动寻求培训,遇到虾病等问题请专家而不是请神灵,不懂的问题上网查资料,生病了到医院。海产品加工业人员也是主动去学习加工的各种技术。京族传统上通过言传身教的方式向子女传授海洋捕捞和农业的知识与技术,传授的范围小,效率低。80年代后,京族越来越重视科学的传授方式,如通过现代学校教育,利用现代教学手段传播现代知识;通过培训的方式获取养殖、海产品加工等知识和技术;通过边干边学的方式学习边境贸易、旅游业的有关知识和技术;利用现代信息媒介(如计算机网络)学习有关的技术。

越来越独立自由。新中国成立前,京族人身依附关系比较严重。京族人只有在哈亭履行相应仪式,才能被认定为成人,才能获得相应的权利,如分配海埠的权利等。而这些权利依附于村庄,如被逐出村庄,该权利也就失去了,就会失去所有资源。决定这些权利的是翁村组织,所以京族人必须依附于翁村组织。丧失生产资料的京族人只好到雇主那里帮工以获取生活资料,失去了雇主就无依无靠。所以失去生产资料的京族人虽然承受雇主的严重剥削,但总是依附于雇主,工作之余还帮雇主挑水、砍柴等。京族妇女没有财产分配权利,只有依附于其丈夫才能获取相应的权利，京族妇女离婚、再婚有诸多限制。80年代后，京族人的相关权利由法律赋予，翁村组织无权过问。市场经济要求各市场主体是平等竞争的主体，所以无论从事什么职业的京族人都是独立自由的，雇主无权要求雇员承担工作之外的劳动。京族妇女的地位与其丈夫的地位越来越平等，经济上不再依赖于其丈夫，婚姻自由，不受干涉和歧视。

积极迎接变化。新中国成立前，京族人希望过平静的生活，害怕变化，因为变化总是意味着灾难，如海盗抢劫，海浪冲垮堤坝，台风侵袭、洪涝灾害等。京族人总是用一切方法阻止变化，所以传统上京族社会变化非常缓慢。进入20世纪80年代后，京族人吸收现代文明成果，能够从容应对这些问题，上述问题已经不会对京族社会造成什么破坏性影响。但是，京族社会的变化越来越快，如京族经济由传统的海洋捕捞转化为现代的边境贸易、旅游服务、海水养殖、海产品加工、现代捕捞业等，京族的衣、食、住、行越来越高档化，京族地区的基础设施越来越完善，到京族地区的人越来越多，京族人的素质越来越高等，这些变化使京族人越来越幸福。此时，变化意味着发展和进步，所以京族人欢迎变化，并积极接受变化。访谈时，很多京族人自豪地说："我们京族人头脑灵活。"这就说明了京族人能够积极适应变化，迎接变化，使京族不断发展。

上述特征正是现代性的特征，是京族吸收了现代文明成果的表现。现代性是现代化的结果，说明京族正在进行现代化，京族文化变迁实际上是京族现代化的结果。

京族的衣食住行、经济、娱乐等各方面与汉族似乎越来越相似，很多人担心京族会在经济发展中被汉化，丧失民族特征。有些学者对此忧心忡忡，认为汉化使京族传统文化丧失了，主张去汉化，恢复京族传统文化的本来面貌。这些观点实际上是认为汉族文化取代了京族文化，那么是不是如此呢？京族文化变迁后确实与汉族文化在很多方面相似了，如衣食住行，所用的各种生产、生活用品等与汉族一样是通过市场购买的，京族的边境贸易、旅游服务、养殖业、海产品加工业等经营方式与汉族相同。但是这些文化是汉族文化吗？实际上，这些文化是现代文明和科技的结晶。我国为了实现现代化，实行改革开放政策，主动学习和吸收了这些成果，实现了经济的快速发展。既然汉族等各民族都享受了现代文明的成果，作为中华民族大家庭成员之一的京族当然也有权利享受现代文明成果。如果以保护京族传统文化为借口拒绝京族学习现代文明，实际上是剥夺了京族享受现代文明成果的权利，京族人民肯定不会答应的。京族吸收了现代文明成果，自然地，其文化就出现了变迁。现代文明成果是人类共享的资源，从文化上看，京族文化与汉族文化相似了，但不能因此就认为京族人汉化了。

还有些学者认为京族人学习汉字，用汉语交流，所以京族的文化变迁是汉化。汉字、汉语本来就是中华民族的共同文化遗产，中华民族的任何一个成员都有权利继承和享受，作为中华民族成员之一的京族也不例外。如果以保护京族文化的名义阻止所谓的汉化，实际上是剥夺了京族继承和享受中华民族文化遗产的权利。京族虽然有喃字，但历史上只有少数人认识，而且主要用于"师傅"经书的记载，没有记载科学文化知识的喃字典籍，如果只让京族人学习喃字而不学习汉字，京族人就无法习得现代的科学知识。京族人学习汉字，目的是利用汉字来掌握现代科技知识，这并不妨碍其学习喃字。就像汉族人学习英语，其目的不是为了西化，而是利用英语来学习西方的先进科学知识。京族人学习汉语，是为了便于与他人交流，学习他人的经验与知识，促进其经济的发展，并不妨碍其学习京语。就像在万尾做生意的越南人，他们学会了流利的普通话，就是为了便于与中国人交流，以便与中国人做生意，但这并不妨碍越南人学习越南语。因此，即使是说同一种语言，也不能认为某个民族被另一个民族同化了。

因此，京族文化变迁的过程是京族吸收现代文明成果的过程，汉化只是表象，现代化才是实质。

（二）吸收现代文明成果有利于京族传统文化的保护和传承

吸收现代文明成果不会妨碍京族人学习和掌握传统文化。经济发展促使京族人不断吸收现代文明成果，但吸收现代文明成果与保护和传承京族传统文化并不矛盾。现代文化与京族文化并不是非此即彼、相互排斥的关系，而是完全相融的关系，吸收现代文明成果，仍然可以保持民族传统文化，日本就是一个典型的例子。我国唐代经济、政治、教育等各方面非常发达，日本派遣大批留学生随遣唐使来中国，全面学习中华文化。近代，中国落后了，而西方国家随着工业革命而崛起，于是日本又开始全面学习西方文化。日本没有因学习中华文化而"中化"，也没有因学习西方而"西化"，日本仍然是日本，仍然保持着自身独有的文化。现在，京族人虽然吸收了现代文明成果，但京族人仍然可以学习和使用他们的京语、喃字、独弦琴、歌舞，仍然可以保持他们的宗教信仰、风俗习惯等，仍然可以举办哈节，而且保护和传承京族传统文化也是政府大力提倡的。事实上，京族仍然保留了本民族的诸多文化。京族生计方式虽然已经出现极大变迁，但仍然保留有传统生计方式的特征。如很多京族人仍然出海捕鱼、耙螺、挖沙虫等，其中耙螺、挖沙虫的工具、方式以及容器与过去差别不大。仍然有小型的竹排，以浆为动力，用手工制作。仍然利用小块土地种植红薯。京族的服饰虽然发生了根本性的变迁，但仍然有戴葵笠的习俗，渔民和鱼贩常戴葵笠。还有些人喜欢穿木屐，市场上也有销售木屐的。京族仍然有其特色食品，如风吹饼、京族米粉、鱼汁、白头粑等，其做法与传统做法基本相同。船仍然是重要的生产工具和交通工具。仍然保持年初祈福、年末还福的习俗。仍然在过年之前扫墓。京族每年仍然举办哈节，建有歌圩，经常对歌。京族仍然保持新年初一不拜年，初二才开始拜年的习俗。房前屋后仍然喜欢种植桂圆、黄皮果、香蕉、木瓜等果树。仍然喜欢在房前树上绑上吊床，空闲时躺在上面休息。重视保护树林，哈亭和庙宇周围更是郁郁葱葱，有很多古树。京族仍然崇拜祖先，家家户户在堂屋供奉祖先神位，每逢节日先供奉祖先，然后家人才开始过节，祭品仍然以“三牲”为主。信仰镇海大王、高山大王、广泽大王、点雀大王、兴道大王、观音菩萨、柳杏公主、德昭婆、莫大将军、白马大将军、黄马中将、六位龙王太子、海底公主、水晶公主、围珠公主、围红公主、土地神、杜光辉等多位神灵，建有很多神庙。信仰道教，宗教人员主要有师傅和降生童。师傅为人看风水、消灾祈福，师博分等级，主要是家族传承。降生童仍然是人神沟通的中介，也是家族传承。京族仍然认为“庙前穷，庙后富，左右两边是寡妇”。京族社会仍然保持了男权社会的特征，儿子是香火传人，养老由儿子承担，财产由儿子继承，祖宗神位设在儿子家，平时由儿子在家祭祀，扫墓由儿孙负责。京族女子嫁给其他民族男子后，该女子的子女就被认为不再是正宗的京族人，但京族男子如果娶其他民族的女子为妻，则该男子的子女仍然被视为正宗的京族人。京族人仍然吃苦耐劳，待人友好，具有尊老爱幼、开放包容的品质，仍然喜欢结交朋友、认亲戚等。京族仍然实行土葬，由师傅主持葬礼。

吸收现代文明成果促进了京族传统文化的保护和传承。

首先，现代文明成果为保护和传承京族传统文化提供动力。过去，京族三岛与大陆没有公路相通，京族与汉族的交往相对有限，所以京族社会相对封闭，与外界交流很少，缺乏娱乐方式。而京族的很多传统文化就是为了满足京族的娱乐需要而产生的，如京族的独弦琴等。随着社会的发展，现代的各种文化传入京族地区，可以从多方面满足京族娱乐的需要，而京族传统的娱乐文化就会显得单调、乏味，京族人自己也不太喜欢。这样，以独弦琴为代表的京族传统文化就会因传统功能丧失而失去保护和传承的动力，京族传统文化就会面临失传的危险。

独弦琴是京族传统的乐器，二三十年前万尾还有一些人会弹弄。苏善辉就是那时学会的。后来那些弹琴的人相继去世。如今当地只剩下苏善辉一个人会弹了。①

随着经济的发展，京族吸收现代文明成果，深入挖掘民族文化资源，运用商业形式运作，为京族人带来丰厚利润，这刺激了更多京族人来学习、传承京族传统文化。京族独弦琴因声音低、造型不美观、演奏困难等原因几乎一度灭绝。随着经济的发展，独弦琴艺术吸收现代商业模式，从民间走向舞台。京族人吸收现代科技成果，将独弦琴安装上声音放大装置，能够满足演出舞台的音响效果要求。改进演奏方法，由挑动演奏改为弹奏，更适合舞台演出。改进琴体造型，更能凸显舞台效果。独弦琴艺术于是获得了人们的喜爱，人们纷纷学习，会演奏独弦琴的人也越来越多，"逢有演出，必奏独弦琴"②。于是独弦琴艺术获得保护和传承。京族的歌舞同样吸收了现代商业模式，从民间走向舞台。京族人吸收现代科技来改进歌舞道具，如将花灯舞中哈妹头顶的碗改为固定的帽子，碗中的蜡烛改为蜡烛形状的电灯泡，再吸收现代声光电等科技突出舞台效果，京族的歌舞从而走出哈亭，到各地演出。演出的收入吸引了更多京族人去学习京族歌舞，京族歌舞于是得到传承。因为人们更希望欣赏到纯正的京族歌舞，所以要用京语演唱，这就促进人们学习京语。京语是用喃字记载的，所以人们又开始学习喃字。京语、喃字又采用现代的教育方式传授，京语、喃字也因此获得保护和传承。京族传统美食，如风吹饼、京族米粉、鱼汁、白头粑等吸收现代商业模式，从家庭走向市场，吸收现代科技。如用电磨替换石磨，提高了效率，从而使京族美食文化得到保护和传承。因高跷捕鱼收入低，很多京族人不再用该方法捕鱼，高跷捕鱼的技能几近失传。京族人借鉴现代旅游业经营模式，将高跷捕鱼作为一种旅游项目，既满足了游客需求，又获取了丰厚的收入，所以现在又有很多年轻人学习高跷捕鱼。万尾京族运用现代学校培训方式开办了京族高脚罾传统捕捞技艺传承培训班，其目的不是捕

---

① 广西壮族自治区编辑组，《中国少数民族社会历史调查资料丛刊》修订编辑委员会. 广西京族社会历史调查[M]. 北京：民族出版社，2009：36.

② 京族独弦琴传承人 SCF 语。

鱼，而是吸引游客。京族最隆重的节日哈节也是吸收现代文明成果而使其影响力越来越大。采用现代广告媒介和手段如广告牌、电视、网络、微信等进行广泛宣传，与各赞助企业进行商业谈判以确定哈节晚会冠名权的价格，举办时广泛采用音响、电脑等现代科技产品。由此可见，通过吸收现代科技，采用商业化的运作模式，保护和传承京族传统文化不仅可以获得丰厚收入，而且能够获取很多声誉，从而刺激京族人保护和传承京族传统文化。同时，运用现代科技成果也丰富了民族传统文化内容，提升了其表现力，不仅更能满足京族人的需要，而且能满足其他民族人们的需求，促进了京族文化的广泛传播。

其次，现代文明成果为京族传统文化提供了新的传承方式。京族独弦琴过去主要是家族传承或师徒传承，没有歌本，没有乐谱，靠的是言传身授。这使传授和学习这门艺术变得十分困难，而且传者不能获取收入，习者也没有因习得该种技艺而获取经济收入。因此，过去学习和掌握独弦琴技艺的人很少。现在，京族采用现代培训班的模式培训学员，有歌本和乐谱，传授和学习都变得简单。传者可以收取学费，使收入增加，习者可以凭习得的独弦琴技艺参加演出获取收益，而且能够在各种考试中加分，获取各种各样的荣誉等，习者就愿意花钱学习这种技艺。因此，独弦琴艺术获得人们的普遍欢迎，学习者越来越多。过去，京族喃字也基本上采用口传心授的模式，没有教材，传授和学习都很困难。现在编写了专门的喃字教材，分别用汉字、越南语标注喃字的意思和读音，采用培训班的方式教学，而且录制了音频文件和视频文件，课下可以利用手机边播放边学习，教授和学习变得简单，所以学习和掌握喃字的京族人越来越多。

最后，现代文明成果为京族传统文化的保护和传承提供了新的技术手段。过去，京族采用言传身授的方式传承京族传统文化，效率低，传播范围有限，很容易失传。现在，京族广泛吸收现代文明成果，运用现代的方式保存和传播京族传统文化。京族制作了唱片专辑，公开发行，如苏海珍于2005年发行了独弦琴CD专辑《海韵魅影》。京族通过网络广泛传播京族传统文化，如在优酷、土豆等视频网站中上传哈节盛况，广泛传播京族传统文化。京族人经常利用微信、QQ平台等现代科技与朋友分享京族传统文化、宣传京族传统文化，使京族传统文化广为传播。因为京族文化的影响力，一些京族艺人受邀到京族中学等中小学校甚至到广西艺术学院等授课，进一步使京族传统文化获得传播。京族艺人还受一些明星邀请参加公益演出等活动，不仅传播了京族的独弦琴等艺术，还传播了京族的价值观念。

京族还到全国各地演出，还应邀到越南等国家和地区演出，扩大了京族传统文化的影响力。京族还建立了京族博物馆和京族生态博物馆，通过实物、视频、音频等将京族的文化展示给观众，这就将京族的传统文化保存了下来。

由此可见，京族吸收了现代文明成果，使京族传统文化获得保护和传承的动力；改进京族传统艺术，使其更富于表现力，更能满足人们的需求；利用现代媒介和科技手段，促进了京族传统文化的广泛传播；改进了保护和传承的手段，使传授和学习变得更容易；产生了新型的保护和传承手段，使京族传统文化得到广泛传播。

现代经济的发展促进了京族的文化自觉和文化自信。为了发展经济，当地政府极力打造京族文化品牌，通过各种渠道广为宣传，每年还投入大量经费用于京族传统文化的保护和传承。经济发展还使京族传统文化作为一种资本参与经济的发展过程，增加了京族的收入。每年哈节，游客及电视台、网络媒体、学术机构等单位的人员纷纷涌入京族地区，争睹京族文化风采，并端着各式各样的“长枪短炮”进行拍照。所有这一切都使京族人意识到了他们文化的价值，唤醒了京族的文化自觉和文化自信，他们对传统文化倍感珍惜，为拥有京族传统文化而自豪，这也促进了他们自觉保护和传承京族传统文化。

现代经济的发展为京族传统文化的保护和传承提供了各种条件。传统文化的保护和传承需要一定的资金、物资、人力和技术条件的支持，京族经济的快速发展使京族人普遍富裕，京族老板捐赠、个人投入、商人赞助、游客捐赠等为京族文化的保护和发展筹集了资金，京族于是可以建造歌圩等建筑，购买独弦琴、京族传统服饰、桌椅等家具，用于京族传统文化的保护和传承。可以相互邀请对歌，也有能力举办哈节。京族经济发展了，一部分京族人不再为生计奔波，他们可以专门抽出一些时间用于京族传统文化的保护和传承。随着经济的发展，京族不断接触和吸收先进的技术成果，京族可以利用现代的科技成果，用现代科技手段保护和传承京族传统文化。

经济发展使京族社会现代化，现代化可以促进京族传统文化的保护和传承。最重视京族传统文化保护和传承的是京族政府工作人员、知识分子和商人，宣传并着手实施保护和传承的也基本上是这些人。这几类人员最先与外界接触，与外界交往最为密切。按照涵化理论，他们应当最先被强势文化涵化，失去了传统文化。从实际看，他们确实接受了现代化的观念，但他们并没有失去传统文化，而是更加珍惜京族传统文化。这说明文化的交流和传播、现代化并不一定意味着使京族人放弃了传统文化，反而使京族人更加认识到传统文化的珍贵，进而自觉保护和传承文化。

相反，与外界接触越少的京族人越渴望追求现代化的生产和生活方式，对传统文化越不重视。一些住在石条瓦房的京族人并不是因为他们喜欢传统文化，而是因为他们没有被现代化，收入较低，没有能力盖小洋楼，只好住在原来的石条瓦房内。调查发现，他们非常渴望住进楼房，一旦有了足够的钱，他们一定会毫不犹豫地推倒石条瓦房而盖起楼房。

这些例子说明现代化并不一定导致传统文化的破坏，反而可能促进传统文化的保护和传承。相反，试图保持原状态不变才真正可能导致传统文化的破坏。

借助效用函数，可以更清楚地解释现代化与文化变迁的关系。刚接触现代文化时，因拥有的外来文化和物资比较少，带着先进和科学标签的外来文化对京族人有强烈的吸引力。京族人于是放弃传统文化而追逐他者的文化，这表现为传统文化越来越偏离其正常发展路径。当京族人拥有的现代文化达到一定程度时，京族人会发现其传统文化是其他民族所没有的，是最珍贵的，于是他又会喜欢传统文化，并会主动宣传、保护和传承京族传统文化。于是传统文化又会逐渐回归到其正常发展的路径。

图 6-1 是京族选择传统文化与现代文化的效用图，为了便于比较，把两个坐标轴放在一起。MU_s表示现代文化的边际效用，MU_c表示传统文化的边际函数。最初京族人拥有丰富的传统文化，所以边际效用 MU_c很小；拥有的现代文化较少，因而 MU_s很大。$MU_c < MU_s$，京族人于是放弃一部分传统文化来追逐现代文化，在这一过程中总效用 U 增大。当达到 e^* 时，即 $MU_c = MU_s$时，效用 U 达到最大。在这一阶段表现为传统文化的消解或破坏。随着现代化的进一步发展，MU_s进一步下降，MU_c进一步上升，$MU_c > MU_s$，这时京族就会发现传统文化更为珍贵，而会去保护和传承传统文化。

这说明，当现代化不足时，京族所拥有的物质财富比较缺乏，京族人为追求更好的物质生活而对传统文化重视不足，会表现为传统文化的破坏。当现代化达到一定程度时，京族的物质生活已经很富有，传统文化因稀缺而显得尤为珍贵，人们就会开始重视传统文化。越是推进现代化，越显出传统文化的珍贵，人们就越会重视传统文化的保护和传承，现代化也使京族人有足够的资金用于传统文化的保

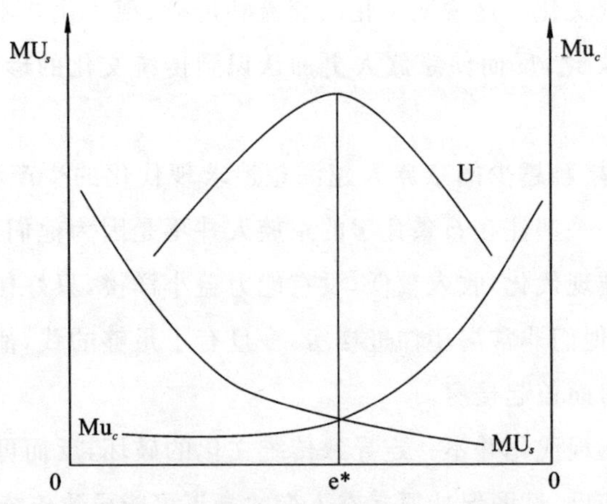

图 6-1 传统文化与现代文化效用图

护和传承，这就会推动传统文化的复兴。

京族现在已经达到了一定程度的现代化，但现代化的程度还处于较低水平，这导致部分京族传统文化的消解。而那些已经达到相当程度现代化的京族人已经意识到京族传统文化的重要性，因而着手进行京族传统文化的保护和传承。因此，为保证京族传统文化的保护和传承，应当进一步发展经济。历史已经不可能倒流，永远也无法回到传统文化所依赖的过去，停滞只会导致传统文化的更大破坏，只有加快京族经济的快速发展，才有可能推动传统文化的复苏。

京族传统文化的复苏并不是指京族传统文化一成不变。文化是为满足人类需要而产生的，人们的需要不断在变化，文化随之发生变化，一成不变的文化是不存在的。京族所处的社会环境已经发生变化，所以京族的传统文化也会随之变化，如果强行保持传统文化不变，就会影响京族的发展，京族就会抛弃传统文化。如果文化是不变的，就不用担心文化被破坏，因为只需要用现代数字技术保存就行了。因此，京族传统文化的复苏是指京族吸收现代文明成果后形成的一种新的文化，它既具有传统的特质，又符合现代化的要求，能够满足京族新的需要。日本著名学者加藤周一认为："中国文明，如果原封不动就无法发扬光大，必须在现代文明中，让古老文明再生。儒学如果原封不动是无法存活下去的，必须给它注入新的生命力。"①这句话同样适用于京族文化，京族文化只有吸收现代文明成果才

① 叶渭渠. 日本杂种文化与现代化——与加藤周一对谈录[J]. 日本学刊，2001(1).

能让京族文化焕发出新的生命力，才能使之发扬光大。

总之，京族经济发展和文化变迁的过程是京族积极吸收现代文明成果的过程，京族文化变迁是京族文化的现代性建构，是京族文化的发展。只有继续保持开放的心态，积极吸收现代文明成果，进一步发展经济，努力使京族经济、科技等获得快速推进，才能促进京族传统文化的保护、传承和进一步发展。

上述结论可以从历史上中华文化的海外传播进一步得到验证。中华文化曾经对日本、韩国、越南等产生了深远的影响。为什么会出现这种情况，就因为当时我国经济、科技等非常发达，处于世界领先水平，周边国家非常仰慕中华文化，主动学习中华文化。但由于我国清代时闭关自守，认为西方科技是奇技淫巧，不愿意吸收西方文明成果，结果，在西方列强的坚船利炮下，我国衰落了，周边国家不再以拥有中华文化而自豪，反而认为是一种耻辱，他们纷纷抛弃了中华文化。不仅如此，就连中国人自己也对传统文化产生了怀疑，到了现在，我们仍然没有完全恢复文化自信，在很多方面仍然以西方文化为衡量标准。比如，为世人治病疗伤数千年的中医，因不符合西医的理论和标准，甚至被一些人认为是伪科学。在一些方面，我国已经没有了自己的标准，完全以西方的标准为依据。

因此，京族只有努力发展经济，积极吸收现代文明成果，将自己变强，才能增强文化自觉和文化自信，才会自觉保护传统文化，其他人也才会来研究、学习京族文化，京族文化才能不断地发展、推广，这样京族文化才能真正获得保护和传承。保护传统文化不是封闭保守，如果害怕传统文化被破坏而不愿意吸收现代文明成果，为防止外来文化对传统文化的冲击而不发展经济，则只会导致经济、科技落后，就会丧失文化自信，对传统文化产生怀疑，最终会抛弃传统文化。只有努力发展经济，积极吸收现代文明成果，并在此基础上重视传统文化，才能使传统文化获得保护和传承。

试想一下，如果不积极吸收现代文明成果，京族人就没有能力参与边境贸易、旅游服务业、养殖业、海产品加工业，京族也没有能力对传统渔业进行技术改造，京族的经济将会非常落后。同样的资源产生的效益过低，外地商人就会以较高的价格购买京族的土地等资源来发展边境贸易、旅游服务业等现代产业，京族人就只能向外迁移，最后外地人会取代京族人。如果不允许外地商人购买京族人的土地等资源，由于收入过低，而邻近的广东经济发达，那么京族人就会外出打工以获取更高的收入，有些女子就可能外嫁，永远不愿意返回，就像广西边境其他村落的边民一样，那么京族村落也会变成“空心村”。“皮之不存，毛将焉附?”京族人就不在这里了，何谈京族传统文化的保护和传承？因此，只有大力发展经济，才能真正保护和传承京族传统文化。事实上，京族吸收现代文明成果，使其经济快速发展，社会、文化、教育逐渐进步，视野越来越开阔，思想越来越开放。同时，京族越来越重视京族传统文化的保护和传承，京族的特色越来越明显。因此，京族的现代化并没有消灭京族的特色，没有导致京族与其他民族的同一化，而是具有京族特色的现代化。

Berry 按照“是否保持本民族的文化特色”和“是否愿意发展与主流文化成员之间的关系”将少数民族应对文化冲击的策略归纳为以下四种类型。

(1) 整合：既重视保持本民族传统文化，又愿意与其他群体进行日常的交往。

(2) 同化：放弃本民族的传统文化，与其他群体保持频繁的交往。

(3) 分离：坚持本民族传统文化，避免与其他群体进行交流。

(4) 边缘化(最难以接受)：既不能保持民族传统文化，又不被其他群体文化所接受。

其中，整合是最理想的应对策略。

京族在经济发展中既保持了民族文化特色，又与其他民族保持密切的互动关系。在交往中接受现代文明成果，表现为文化的变迁，实际是文化上的一种“整合”，这是最理想的。

(三) 京族传统文化在吸收现代文明成果的过程中波动式发展

每个民族都会选择一定的特质，从而形成自己特殊的文化模式。博厄斯的学生本尼迪克将人类潜能看作是一个全弧，她认为“每一种文化不论多么渺小，多么原始或多么巨大，多么复杂，都是从人类巨大的弧圈中选择了某些特质，朝着自己的特殊方向发展”①。如图 6-2 所示，内部的圆表示人类发展所有特质的集合，圆上的每一个点表示一个特质。每个民族都选择圆上的一定特质，并沿着箭头所示的方向发展。这个方向是该民族文化发展的总体方向，并不表示文化沿着直线发展。事实上，受技术创新、环境变化、其他文化的影响等，每一种文化发展都是围绕着总体趋势上下波动，波浪式前进。

---

① 露丝·本尼迪克. 文化模式[M]. 何锡章，黄欢，译. 北京：华夏出版社，1987.

如图 6-2 所示，受外界环境的制约，京族选择了海洋捕捞的经济方式，由此而形成海洋捕捞文化，我们把京族选择的特质记为 a，于是京族文化就沿着箭头 OA 所示的方向发展，在正常的发展过程中，其发展路径总是围绕着箭头 OA 上下波动。

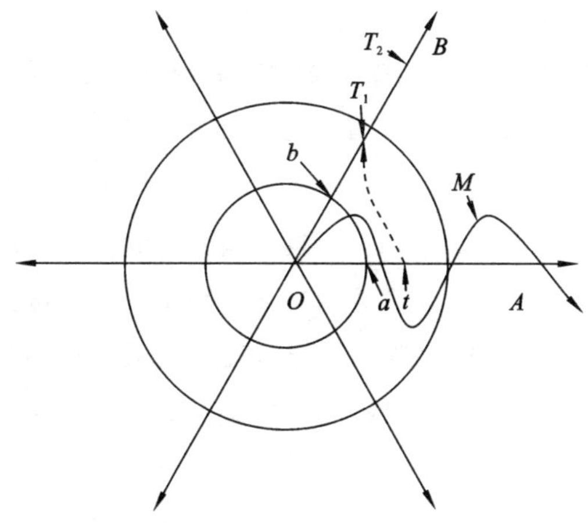

图 6-2　文化发展与文化破坏

文化的暂时波动似乎偏离了文化发展的方向，如果据此认为文化被破坏了就是一种谬误，因为文化总是波动的，这种暂时的波动最终总会返回到其总体发展方向上来。即这种文化变迁是文化发展的一种常态，并不是文化的破坏。当然，在文化的波动过程中，会与其他文化接触、碰撞，进而从其他文化中吸取营养，融入其文化模式之中，使其文化继续向前发展。

每一种文化都会沿着其特定的发展方向向前发展，因此文化变迁也可能是文化向前发展引起的。这种变迁没有改变该文化正常的发展方向，是正常的，是文化发展，不是文化破坏。

如在发展的时间点 t，由于外来的原因，它不再沿着箭头 A 所示的方向发展，而是沿着虚线箭头所示的方向逐渐偏转到箭头 OB 所示的方向发展，这就意味着该种文化正常的发展方向被打断，该民族的文化模式被另一种文化模式替代，原来的文化模式不复存在，这就是文化破坏。更为糟糕的是，因为其他文化模式本来就沿着箭头 OB 所示的方向发展，所以发展得比较快，比如已经发展到 T_2 阶段，而 OA 方向偏转到 OB 方向时只能滞后于其他文化模式，比如只发展到 T_1 阶段，该民族只能落后于其他民族发展，这就是不应当的。

20 世纪 80 年代后，经济的发展引起了京族文化的变迁，由 t 点变动到 M 点，表现为对正常发展方向 OA 的偏离，而且随着经济的发展，其偏离的方向越来越远。这是因为京族人受现代文化的影响，为追求更好的物质生活而主动吸收现代文化的结果。但是随着经济的进一步发展，京族人的物质生活会越来越丰富，其传统文化就会显得相对稀缺。“仓廪实而知礼节，衣食足而知荣辱”①，京族人就会投入一定的资金重新追求其传统文化。经济上的成功也会使京族人对自己的文化产生自豪感，京族人就会重新收集文化符号以与他者相区分。另外，京族经济的崛起也会对市场经济的规则产生影响，京族人也会参与制定相关规则，使市场经济带有京族的文化特点。这样京族的文化就会重新复兴，逐渐回归到其正常的发展路径 OA。因此，这种文化变迁是京族文化的发展，其基本的发展方向并没有发生变化，是京族从现代文明中汲取了营养，融入其文化模式之中，使京族文化更快地向前发展。这种发展使京族更容易获取所需要的各种物质资料，更有利于京族的生存和发展。如果认为经济发展破坏了传统文化，要求强行回归 t 点，这时经济会退回到 t 点的状态，但文化仍然处于偏离正常发展的轨道。而且经济的落后就会使京族人产生文化自卑，京族人就会抛弃传统文化，而去追逐他们认为的所谓先进文化，京族文化就可能跃迁到其他文化模式上去，这样京族文化反而会被破坏。

当然，当京族文化受现代化的影响导致其偏离正常发展的路径过大时，其就会失去维持和调节社会秩序的功能，这是不利的。当其波动幅度过大时，传统文化也难以及时回归到其正常的发展路径，甚至可能跃迁到其他文化发展路径上去，这就是传统文化的破坏，应当采取措施避免这种情况的发生。

经济发展使京族社会逐渐现代化，现代化有利于京族的生存和发展，京族应当快速推进现代化。但现代化也会带来一些问题，如生态环境破坏、贫富分化等，一些京族传统文化的消解正是这些问题引起的。因此，京族在积极吸收现代文明成果的过程中要采取有效措施，避免或减轻这些问题对京族社会的影响。

二、京族传统文化保护和传承的对策

京族的经济已经获得巨大成功，京族的经济仍然会继续向前发展，不会停滞

---

① 司马迁. 史记[M]. 北京：线装书局，2006：282.

不前。经济发展虽然有利于京族传统文化的保护和传承，但会引起京族传统文化的波动。为在经济发展过程中防止京族文化波动幅度过大，应当消除经济发展过程中不利于京族文化保护和传承的方面，发挥有利于京族文化保护和传承的方面。段超认为，文化传承是传者和受者、传承场、传承内容、传承方式、保障体系等构成的一个复杂系统。①在经济发展的背景下，为有效保护和传承京族传统文化，应当构建一个与经济发展相适应的传承体系。

（一）有效利用市场机制实现传承

传者传授传统文化要消耗一定的时间、精力、物资成本。喃字传承人武明志为传承喃字，购买了黑板、音响、桌椅等教具，还把自己的一间房屋腾出来用于喃字教学，另一间房屋用于办公。独弦琴传承人苏春发为传承独弦琴艺术，专门把自己楼房的一层用于独弦琴的演奏场所，在房顶上安装了高音喇叭，自己制作了独弦琴。

如果传者传授传统文化所获取的收入低于把这些资本投入其他领域所获取的收入，在市场经济条件下，传者就没有动力传授传统文化，而是去从事其他活动。所以，为激励传者传授传统文化，一方面要提高传者传授传统文化的收入，另一方面要减少传者传授传统文化所消耗的成本。

传授传统文化的收入只能来源于向受者收取的学费，其数额取决于每一受者愿意交纳的学费和受者的人数。学习该传统文化能够给受者带来的收入越多，受者愿意支付的学费也就越多。有些传统文化能够进行商业性开发，如京族的独弦琴艺术，可以进行舞台化演出，从而能够给受者带来丰厚的收入，所以很多人愿意花钱学习独弦琴艺术。因此，为激励受者学习传统文化，可以对京族传统文化进行评估，合理进行商业开发。但商业开发要注意保持传统文化的传统特征，否则一味迎合顾客需要，丧失了传统文化的本真，消费者也会抛弃该文化，该文化就不会带来收入，该传统文化就会消失。传统文化的商业开发能够带来的收入越多，不仅受者愿意交纳的学费越多，而且学习该传统文化的人数也越多，这样传者传授传统文化的收入就越多，而且越受人尊敬，就能激励传者传授传统文化。

但是，并非所有传统文化都可以进行商业化，不能商业化的传统文化不能给

① 段超. 中华优秀传统文化当代传承体系建构研究[J]. 中南民族大学学报，2012(2).

受者带来收入，受者就不愿意支付学费学习，传者当然也不会获得收入，也就没有传授传统文化的动机。对于这类文化，如果能够营造一定的氛围，让传者和受者因从事传统文化而受人尊敬，即使付出多、收入少，传者也愿意传授，受者也愿意学习。京族的很多传承人本来就是商人，如苏春发等，如果不传授传统文化，而是继续经商，能够获得大量财富。他们之所以愿意坚持下来，就是因为传承京族文化能够获得京族人的尊敬、政府的表彰、学者的关注。因此，为保护和传承京族文化，培养尊敬传者和受者的良好氛围是必要的。

为降低传者的成本，可以向传者提供传授传统文化必备的物质资料与场所。受者学习传统文化也要消耗一定的成本，比如时间、精力、交通费用、相关工具和材料等。通过给予一定的财政补贴或激励京族商人为京族文化传承提供赞助，支持传者传授京族文化，激励受者学习传统文化。目前，京族传统文化的传承政策是，对于非物质文化遗产，政府每年都会向传承人提供 2000 元到 10000 元的资金支持，学习喃字的，每人每天给予补助 20 元，用于学习喃字往返的车费和午餐费用。哈亭民间事务委员会用集资和捐赠的资金培养哈妹。一些京族商人投入资金用于京族文化的传承和保护，如京族商人苏明利投入资金兴建歌圩等。这些措施促进了京族传统文化的复苏。

对传承人进行教育、教学知识的培训。传者传授传统文化的效率受自身传授能力的影响，为传承京族文化，应当提高传承人传授京族文化的能力，这就需要对传承人进行教育能力的培养，现在，这方面做得还很不够。

（二）建构适应市场经济的京族文化传承场

自然环境和社会环境是文化生存的基础，人、自然环境、社会环境相互作用形成文化场。自然环境是民族传统文化产生和发展的基本条件，民族传统文化总是依托于一定的自然环境，自然环境构成民族传统文化传承的自然场，当自然场发生变化时，相应的民族传统文化必然发生变迁。随着经济的发展，京族活动的地域空间迅速扩大，很多京族人已经脱离了传统的生活空间，京族传统文化所依存的自然空间就不存在了。例如，京族有踢沙与掷木叶恋爱的习俗，这一习俗依存于海滩和树林，海滩和树林就是这一习俗的自然场。随着经济的快速发展，很多京族人不再捕鱼，而是从事边境贸易、海水养殖业、海产品加工业等，这部分人已经远离海洋，传统恋爱的自然场已经不存在。另外一些京族人虽然还从事海洋捕捞，但多为中老年人，而且随着旅游业的发展，海滩上到处是游客，传统恋爱的氛围已经消失。正是因为自然场的变化，京族恋爱的习俗必然要发生变迁。经济环境是民族传统文化形成的基础，是民族传统文化传承的重要的社会场，很多民族传统文化就是适应经济环境而形成和发展的。当经济环境发生变化，相应地，民族传统文化也必然发生变迁。传统上京族以海洋捕捞为生，从而形成与这一经济活动相适应的京族哈节，维护京族传统经济秩序的翁村组织和村规民约，具有海洋特色的音乐舞蹈等。随着经济的发展，京族不再以传统的海洋捕捞业为主，转而以从事边境贸易、旅游服务业、海产品加工业、海水养殖业等现代产业为主，所以相应的京族哈节、翁村组织、村规民约等也必然发生变迁。文化是人创造的，是为人服务的，当人发生变化时，为人服务的文化必然发生变迁。随着经济的发展，京族人已经从传统人转变为现代人，服务于传统人的传统文化已经不能满足现代人的需求。为了满足自身的需求，现代人抛弃或改造传统文化，这就会引起民族传统文化的变迁。抛弃传统文化就会使传统文化丧失。改造传统文化虽然会引起传统文化的变迁，但能保留传统文化的要素，使传统文化以另外一种形态展现，实际上使传统文化得以保护和传承。

传统经济和社会是京族传统文化存在的重要条件。京族的经济已经发生了很大的变化，京族社会也发生了巨大的变迁，京族传统文化所依赖的环境条件已经发生了巨大的变化，传统文化已经不再适应这种环境。有些学者主张返回原来的场，以保护原生态的文化，即要求保持京族的经济和社会不变。这种观点从主观上看是自私的，自己享受现代文明成果却要京族人保持传统的贫穷状态。这从客观上看也是不可能的，京族人为更好地生存和发展，必然要求发展经济，如果他们发现传统文化阻碍了他们经济的发展，他们就会破坏传统文化，这就会导致最终结果与保护和传承京族文化的初衷相反。另外，经济不发展就会导致京族人远走他乡打工，京族村落就会变成“空心村”，京族传统文化就会失去传承的自然空间和社会空间，京族传统文化就会加速瓦解。因此，试图返回原来的场来保护京族传统文化是不可行的。只有顺应京族经济的发展，挖掘京族传统文化的功能，创建满足现代要求的传承场，才能保护和传承京族传统文化。

文化只有发挥一定的功能才能传承下来，如果完全失去了功能，该文化就没有存在的必要，迟早会灭亡。经济发展改变了传统文化生存的环境，使传统文化的某些功能丧失。但文化的功能是多方面的，传统上只是发挥了其某些方面的功能，挖掘传统文化适应现实条件的功能，并创造能够发挥该功能的合适的场，才能真正保护和传承京族文化。传统的高跷捕鱼等生计文化因捕鱼技术的进步而濒临灭绝，但捕鱼的场景是优美的，是游客希望欣赏的，即它捕鱼的功能丧失，但它作为旅游资源的功能显现出来。对于这类文化，就要挖掘其作为资源的功能，并创造合适的场，使传统文化在该场中能够充分发挥该种功能。但是，京族并没有创建发挥传统文化作为资源功能的完善的场。一位游客很想欣赏高跷捕鱼，专程到万尾旅游，却找不到会高跷捕鱼的人，向笔者打听，于是笔者把她引荐给京族高跷捕鱼者，双方都很高兴。如果能够创建民族文化旅游公司等，通过公司的推广，游客就能很容易欣赏到民族文化，相关的人也能获得一定的收入，从而能够投入资本保护和传承京族传统文化，高跷捕鱼等民族传统文化就能够继续传承下去。但由于该类传承场没有很好地建立起来，导致高跷捕鱼收入低，没人愿意学，而游客想花钱欣赏却又找不到人，陷入恶性循环怪圈。

喃字之所以能够流传下来，就在于创建了合适的场，在这样的场中，喃字能够发挥其功能。哈节作为重要的旅游资源，其规模越来越大，哈节的祭拜文、哈妹唱哈、哈头交接仪式、降生童训话等都是用京语，要懂京语就要学习喃字。喃字因哈节的发展，其功能得到发挥，于是传承了下来。京族组建了艺术团，艺术团经常受邀到各地演出，演出的语言必须用京语，这也需要认识喃字。独弦琴艺术作为一种独特的艺术，很受欢迎，京族独弦琴艺人经常受邀到各地表演，独弦琴传统曲目用喃字记载，与独弦琴相伴的哈歌也要用京语演唱，这就需要认识喃字。虽然喃字已经丧失了记载科学文化知识的功能，但能在这样的场中发挥记载京语的功能，因此得以传承下来。因此，只要挖掘京族传统文化的新的功能，并创建合适的场，使传统文化在新的场中发挥其新的功能，就能将京族传统文化传承下来。具体而言，可以创造如下传承场。

（1）旅游传承场。发展旅游业是京族增加收入、提高生活水平的需要，京族参与旅游业还能不断地学习旅游业相关的知识和技能，促进京族人力资本的提升。未来相当长的一段时期内，京族必然继续发展旅游业。因此，可以顺应旅游业的这一发展趋势，有目的地创建京族传统文化的旅游传承场，实现京族传统文化的有效传承。例如，京族哈节、京族歌舞、京族独弦琴艺术等都很有特色，如果在发展旅游业的过程中有意识地融合京族的这些传统文化，从事京族传统文化业的人不仅能够增加收入，还能提高其声誉，这就能有效地激励京族人学习和传承京族歌舞、独弦琴艺术等传统文化，相应地，京族歌舞需要的京族传统服饰和京语也会得到保护和传承。但是，应当注意的是，旅游传承场的建立是以京族传统文化能够促进旅游业的发展为前提。如果为了传承京族传统文化而不顾旅游业的发展，使从事旅游的效益降低，旅游从业者就没有动力在旅游业中添加京族传统文化要素。如果强迫京族人在旅游业中传承京族传统文化，则京族人发展旅游业的竞争力下降，无力与其他人竞争，最后只好退出旅游业。因此，如果京族传统文化不能促进旅游业的发展，旅游传承场就不能真正建立起来。要使传统文化促进旅游业的发展，首先要了解游客需求。如果不了解游客需求，凭借主观想象，盲目打造京族文化项目，这些项目就可能因无法吸引游客而失败，传统文化的传承就会变成空谈，甚至会成为他人的笑柄。而要了解游客需求，就需要了解游客需求的有关理论和知识，掌握游客需求调查和测量的有关方法，这就要求京族人进一步学习和掌握现代知识和技能。其次要根据游客需求，利用京族传统文化打造符合游客需要的文化产品。京族的传统文化虽然是原生态的，但原生态的文化并不一定能够满足游客需要。游客需要的是文化商品而不是原生态的文化，这就需要将京族的传统文化要素，根据游客需要进行合理组合和加工。例如，京族人过去喜欢嚼槟榔，而将残渣直接吐在地上。如果让京族人恢复嚼槟榔的习俗，因槟榔汁液是红色的，吐出的残渣有碍观瞻，让游客反感，不仅不能推动旅游业的发展，反而会影响当地旅游业的形象，京族传统文化也不会得到传承。而如果把京族的槟榔文化融入京族传统故事之中，打造独具特色的节目，向游客传递京族优秀的传统价值观念，引起游客共鸣，就会提升当地旅游业的形象，京族传统文化随之而得到传承。打造旅游商品需要旅游规划等相关的知识和技能，这也需要京族人进一步吸收现代知识和技能。再次，在旅游中融入京族传统文化要素，形成具有京族特色的旅游业。如将京族传统的热情好客、淳朴善良、尊老爱幼等传统文化价值观念融入旅游经营之中，不仅能促进这些价值观念的传承，更能使旅游带有京族的特色，打消游客顾虑，提升游客满意度，能够吸引更多游客前来旅游。最后，要善于营销，将京族传统文化旅游项目以合适的媒体和方式传递给游客，引起轰动效应。这就需要京族人掌握旅游营销的相关理论知识和技术。因此，挖掘京族传统文化，根据游客需要打造具有京族特色的旅游项目，才能在与北海银滩、海南三亚等旅游景区的竞争中保持自己的竞争优势，才能推动京族旅游业的快速发展。京族特色旅游业的发展一方面能够重新展现京族传统文化，促进京族传统文化的传播，另一方面也能激励京族人保护和传承京族传统文化，从而使旅游业的发展与京族传统文化的传承相互促进，良性发展。而这一切都需要京族人进一步吸收现代文明成果。

(2) 生活传承场。京族的生活已经发生了变迁，不可能再返回原始的状态。不过，可以通过将京族的传统文化融入到京族的日常生活之中，构造京族传统文化的生活传承场，实现京族传统文化的有效传承。例如，过去京族女子出嫁，要唱哭嫁歌，唱词多是感谢父母的养育之恩、感谢叔伯兄嫂的照顾之情、感谢姐妹的陪伴之谊等。现代京族认为结婚应该喜庆，哭是不吉利的。如果能够将京族传统的哭嫁形式转化为喜庆的唱词，这就能传承京族的这一传统文化，还能使所有参与婚庆的京族人进行一次感恩教育。如果能够将京族传统的踢沙与掷木叶恋爱习俗、蓝媒传歌对花屐习俗、敬槟榔歌习俗改编成节目，融入京族的现代婚礼之中，必将使京族的婚礼更为喜庆，变成京族特色的婚庆形式，甚至可以变成重要的旅游项目。在这一过程中，就能使京族的传统婚姻文化得以传承。

(3) 学校传承场。过去，家庭是京族传统文化重要的传承场，京族孩子从小在家庭中通过耳濡目染习得民族传统文化，并不断传承下去。目前，京族孩子从三岁起就开始上幼儿园，孩子大部分时间在学校学习和生活，在家的时间比较少。即使在这很少的时间内，京族孩子还要完成家庭作业，很少参与京族社会事务，所以不能像过去那样通过家庭将民族传统文化一代代传承下去。但民族传统文化传承的希望在于孩子，如果孩子不传承，民族传统文化将会断层，所以有必要将学校创建为京族传统文化的传承场。学校传承民族文化也有其优势。学校老师都受过相应的师范教育，掌握了教育学、心理学等专业理论知识，能够根据学生特点进行传授，能够降低学生学习的困难程度，从而提升传承的效率。但是，学校不会自动成为京族传统文化的传承场，需要创建一些条件，才能使学校变成京族传统文化的传承场。首先，民族传统文化的学习不能干扰正常的学习活动。如果传承京族传统文化影响了京族学生的学习，学生家长会反对，老师会反对，学校领导也不会支持。这样，老师没动力教，学生也没动力学，学校就不会成为京族传统文化的传承场。如果将京族传统文化融入学生的教学之中，如京族的竹竿舞具有重要的体育价值，将其融入体育教学之中，既能达到体育锻炼的目的，还能增加体育课的趣味性。京族的独弦琴、传统民歌、舞蹈具有重要的音乐艺术价值，将其融入学校的音乐课、舞蹈课中，也能达到同样的教学目的。京族的传统价值观念、京族的传说故事可以融入京族的思想品德教育及语言教育之中。京族关于海洋的知识可以融入地理教育、物理教育之中。京族关于海洋生物的知识可以融入生物教育之中。这样，既可达到教学目的，也不会占用学生的时间。京族学生之前或多或少接触了一些民族传统文化，这样教学，学生更容易掌握，没有增加学生的负担，还增加了学习的趣味性，学生当然愿意学习。教学效果提升，教师也会愿意采用这种方式，还增加了学校的特色，学校领导当然也会满意。这样，京族传统文化的学校传承场就建立起来了。其次，使京族学生感受到京族传统文化的重要性，这样才更能激发学生的学习兴趣，学校传承场才更牢固。由于学生可以在哈节等活动中表演，学生不仅能够获得一定的收入，还能够提高其声誉，有些京族学生甚至可以到全国各地演出。京族学生已经感受到了独弦琴、京族歌舞的重要性，所以独弦琴、竹竿舞等京族特色文化已经在学校得到有效传承。但是，对于其他民族文化，因为没有为京族学生带来利益，学生不愿意学，就没能得到有效传承。如果对京族民族文化进行商业性开发，京族学生学习之后能够获得一定的经济利益，或者以后能凭此获得工作，这样可以极大地激发京族学生学习京族传统文化的兴趣，学校传承场就能稳固地建立起来。

(4) 学术传承场。通过对京族传统文化的研究，一方面可对京族传统文化进行挖掘整理，从而抢救和保存一些京族传统文化；另一方面，学术研究可以使京族意识到京族传统文化的重要性，增强其文化自觉和文化自信，从而自觉保护和传承京族传统文化。东兴市京族字喃文化传承研究中心主任苏维芳，就是从《救救京族字喃，留住京族文化》的文章中感受到京族传统文化的重要性，于是回到家乡发掘和整理京族传统文化。在他的带动下，很多京族人也加入京族传统文化的保护和传承中来。由此可见，学术研究也可以成为京族传统文化的传承场，因此需要进一步研究京族传统文化。

（三）选择适应现代社会的传承方式

不同的京族文化需要不同的传承方式，对于有经济价值的，可以通过经济开发的方式进行生产性传承。比如哈节、风吹饼、鱼汁、京族米粉等。

对于没有经济价值，又失去了相应功能的文化，如京族传统的服饰技艺、京族茅草房和石条瓦房建筑技艺等，可以通过博物馆、图书、音像资料等进行静态保护。

对于师傅、降生童的技艺等，在目前仍然发挥一定功能的京族传统文化，要根据其特点，选择相应的传承方式。京族师傅给人看风水、择日子、驱邪、主持丧礼、做“对年”等，在京族社会仍然能够发挥一定的功能。降生童仍然是人神之间的中介，神灵的旨意通过降生童之口说出来。京族相信神灵，遇到难解之事仍然通过降生童与神灵沟通，降生童仍然能够发挥一定的功能。这类文化，只要能发挥一定的功能，就仍然可以传承下来。降生童、师傅由于具有神秘性，目前主要通过家庭传承。苏维坤、苏春发等都准备将师傅之位传给其儿子。据京族人说，他们的儿子必须传承，否则会带来灾祸。但是，当社会发生变迁，其不能再发挥一定功能时，应当采取音像、图书等方式实现静态保护。

随着经济的发展，会不断涌现新的传承方式和传承手段，因此，除传统的传承方式外，还应当为京族传统文化的保护和传承探索新的保护和传承方式及手段。最根本的措施是制定合适的政策，以促进京族经济的持续快速发展。

参 考 文 献

一、国内文献

（一）著作

［1］《京族简史》编写组.京族简史［M］.北京:民族出版社,2008.

［2］柏贵喜.转型与发展当代土家族社会文化变迁研究［M］.北京:民族出版社,2001.

［3］陈增瑜.京族喃字史歌集［M］.北京:民族出版社,2007.

［4］邓佑玲.民族文化传承的危机与挑战土家语濒危现象研究［M］.北京:民族出版社,2006.

［5］段超.土家族文化史［M］.北京:民族出版社,2000.

［6］防城县志编纂委员会.防城县志［M］.南宁:广西民族出版社,1993.

［7］符达升,等.京族风俗志［M］.北京:中央民族学院出版社,1993.

［8］广西壮族自治区编辑组,《中国少数民族社会历史调查资料丛刊》修订编辑委员会.广西京族社会历史调查［M］.北京:民族出版社,2009.

［9］何思源.中国京族［M］.银川:宁夏人民出版社,2012.

［10］黄有第.京族文化的传承与发展:防城港市京族文化研讨会论文集［M］.南宁:广西人民出版社,2008.

［11］李澜.巫头村调查［M］.北京:中国经济出版社,2014.

［12］梁漱溟.乡村建设理论［M］.上海:上海人民出版社,2006.

［13］林耀华.民族学通论［M］.北京:中央民族大学出版社,1997.

［14］刘小明.中国京族高脚罾［M］.南宁:广西人民出版社,2015.

［15］陆德泉,朱健刚.反思参与式发展发展人类学前沿［M］.北京:社会科学文献出版社,2013.

［16］吕俊彪.京族人的族群认同与国家认同［M］.北京:社会科学文献出版社,2014.

[17] 马居里,陈家柳.京族:广西东兴市山心村调查[M].昆明:云南大学出版社,2004.
[18] 欧阳觉亚,等.京语简志[M].北京:民族出版社,1984.
[19] 潘天舒.发展人类学概论[M].上海:华东理工大学出版社,2009.
[20] 司马云杰.文化社会学[M].太原:山西教育出版社,2007.
[21] 苏润光,等.京族民间故事选[M].北京:中国民间文艺出版社,1984.
[22] 苏维芳,等.京族海洋文化[M].南宁:广西人民出版社,2015.
[23] 苏维光.京族民歌选[M].南宁:广西民族出版社,1988.
[24] 田广,罗康隆.经济人类学[M].银川:宁夏人民出版社,2013.
[25] 王先明.变动时代的乡绅与乡村社会结构变迁(1901—1945)[M].北京:人民出版社,2009.
[26] 吴满玉,冼少华.当代中国的京族[M].南宁:广西人民出版社,2005.
[27] 徐勇.乡村治理与中国政治[M].北京:中国社会科学出版社,2003.
[28] 央吉.中国京族毛南族人口研究[M].北京:中国人口出版社,2003.
[29] 于建嵘.中国农民问题研究资料汇编:第1卷(1912—1949)上[M].北京:中国农业出版社,2007.
[30] 于建嵘.中国农民问题研究资料汇编:第2卷(1949—2007)下[M].北京:中国农业出版社,2007.
[31] 袁凤辰.毛南族、京族民间故事选[M].上海:上海文艺出版社,1987.
[32] 袁少芬.民族文化与经济互动[M].北京:民族出版社,2004.
[33] 张鸣.乡村社会权力和文化结构的变迁(1903—1953)[M].西安:陕西人民出版社,2008.
[34] 张永东,张登.中国京族文化史略[M].南宁:广西人民出版社,2012.
[35] 周建新,等.从边缘到前沿 广西京族地区社会经济文化变迁[M].北京:民族出版社,2007.
[36] 朱国宏.经济社会学[M].上海:复旦大学出版社,2003.
[37] 朱新山.乡村社会结构变动与组织重构[M].上海:上海大学出版社,2004.

(二) 期刊文章

[1] 把多勋,王俊,兰海.旅游凝视与民族地区文化变迁[J].江西财经大学学

报,2009(2).

[2] 蔡果兰,徐世英.中国各民族人口规模增长趋势的可持续发展[J].中国少数民族人口,2014(3).

[3] 陈锋.京族传统翁村制村民自治的现代考察[J].广西社会科学,2013(9).

[4] 陈凤贤.京族的乡约与林木保护[J].中央民族学院学报,1983(1).

[5] 陈贵春,黄剑.京族海洋民俗体育文化探究[J].产业与科技论坛,2012(1).

[6] 陈家柳.从传统仪式到文化精神——京族哈节探微[J].广西民族研究,2008(4).

[7] 陈丽琴,徐少纯.论京族饮食习俗及文化内涵[J].广西师范学院学报(哲学社会科学版),2013(2).

[8] 陈丽琴.京族独弦琴艺术生态研究[J].广西民族大学学报(哲学社会科学版),2013(2).

[9] 陈鹏,刘玉芳.京族人产业模式的变化及其对教育的诉求[J].黑龙江民族丛刊,2010(1).

[10] 陈时见.京族近现代教育的发展及其特点[J].广西民族研究,1995(3).

[11] 程成.80年代以来京族的从业取向[J].广西民族研究,1999(3).

[12] 邓如金.京族民歌的艺术特色[J].民族艺术,1993(4).

[13] 邓小艳,田敏.困惑与选择:文化空间的旅游化生存实践探析[J].资源开发与市场,2014(5).

[14] 邓学文.京族民歌[J].中国音乐,1984(1).

[15] 窦开龙.旅游开发中西部边疆民族文化变迁与保护的人类学透析[J].宁夏大学学报(人文社会科学版),2008(1).

[16] 杜树海.人口较少民族生产方式转型的模式研究——以环北部湾广西京族为例[J].黑龙江民族丛刊,2013(2).

[17] 段超.保护和发展少数民族特色村寨的思考[J].中南民族大学学报(人文社会科学版),2011(5).

[18] 范西姆.一根弦上的颤音[J].中国民族,1980(10).

[19] 方钰婷.广西京族哈节及传统祭祀歌舞的现状研究[J].华章,2012(36).

[20] 高婕,田敏.民族旅游的困惑与选择——中国民族旅游与少数民族传统文化保护能否双赢的思考[J].西南民族大学学报(人文社科版),2009(6).

[21] 广东少数民族社会历史调查组京族分组. 京族的渔业生产[J]. 民族研究,1959(7).
[22] 海路,李芳兰. 京族学校校本课程开发的影响因素分析[J]. 湖南师范大学教育科学学报,2010(2).
[23] 何洪. 独弦琴与京族民歌关系考[J]. 艺术探索,1988(2).
[24] 何政荣. 京族独弦琴形制研究[J]. 歌海,2011(2).
[25] 胡牧. 侗族河歌与京族情歌审美风格的比较分析[J]. 广西民族大学学报(哲学社会科学版),2013(4).
[26] 黄安辉. 中国京族哈亭研究[J]. 广西民族研究,2011(1).
[27] 黄全. 京族独弦琴的制造和演奏[J]. 艺术探索,1998(S1).
[28] 黄译乐. 论京族哈节与民族文化传承的关系——基于对广西东兴市京族地区的调研[J]. 传承,2012(4).
[29] 黄羽. 非物质文化遗产视域下京族独弦琴的保护与传承[J]. 民族艺术研究,2013(6).
[30] 黄志豪. 独弦琴的形制与改良[J]. 艺术探索,2008(6).
[31] 黄志豪. 民间乐器多样性的保护与开发——谈京族独弦琴的"活态传承"[J]. 中国音乐,2009(3).
[32] 吉莉,张龙. 论京族独弦琴的改良[J]. 歌海,2010(5).
[33] 吉莉. 京族独弦琴传播现状调查与研究[J]. 艺术探索,2010(5).
[34] 纪兰蔚. 京族"哈节"[J]. 瞭望周刊,1984(21).
[35] 纪泽. 乐器改革新成果[J]. 中国音乐,1984(4).
[36] 赖世娟. 浅析独弦琴的"三个独特"[J]. 民族音乐,2013(2).
[37] 蓝武芳. 海洋文化的重要非物质文化遗产——京族哈节的调查报告[J]. 民间文化论坛,2006(3).
[38] 蓝武芳. 京族海洋文化遗产保护[J]. 广东海洋大学学报,2007(2).
[39] 黎树式. 沿海边疆少数民族地区生态经济发展探析——以京族为例[J]. 海洋经济,2012(6).
[40] 李甫春. 在改革开放中走向富裕的中国京族——对广西东兴市江平镇万尾、巫头、山心的考察[J]. 广西大学学报(哲学社会科学版),1999(1).
[41] 李吉和. 古代少数民族迁徙与文化变迁[J]. 天府师范学院学报,2003(4).

[42] 李静媛.访京族民间歌圩日[J].中国民族博览,2000(9).

[43] 李澜.人口较少民族经济发展模式转型研究——以广西壮族自治区京族经济发展模式为例[J].学术论坛,2007(5).

[44] 梁宏章.京族“降生童”的权力象征——以广西防城澫尾岛“哈节”为例[J].柳州师专学报,2012(6).

[45] 梁鲁晋.结构洞理论综述及应用研究探析[J].管理学家(学术版),2011(4).

[46] 廖翠荣.仪式·性别:京族哈节的人类学研究[J].钦州学院学报,2007(2).

[47] 廖国一,白爱萍.从哈节看北部湾京族的跨国交往[J].西南民族大学学报(人文社会科学版),2011(5).

[48] 廖世雄,韦文忠,旭泉.谈京族哈节舞蹈[J].民族艺术,1987(2).

[49] 廖彦博,李坤,郑连斌,栗淑媛,梁明康,蒋葵,刘鹏.广西京族体质人类学研究[J].人类学学报,2010(1).

[50] 刘娣.京族独弦琴传承的模式和原则[J].神州,2013.

[51] 刘建平.京族唱哈节初探[J].广西民族研究,1992(03).

[52] 刘伦文.现代化背景下土家族社会文化变迁——景阳河社区调查[J].湖北民族学院学报(哲学社会科学版),2003(05).

[53] 刘玉芳,陈鹏.京族学校教育发展的现状、困境与对策[J].基础教育,2009(10).

[54] 卢克刚,杨秀昭,何洪.独弦琴的发音原理及其二声部探[J].乐器,1984(3).

[55] 卢克刚.京族民歌研究[J].歌海,2010(5).

[56] 卢克刚.京族唱哈祭仪及其音乐研究[J].艺术探索,1997(S1).

[57] 罗群才.京族海洋文化特色的语文校本课程的开发[J].中学文科,2008(8).

[58] 吕宛青.基于旅游产业视角的文化变迁主源构成及其解读——以纳西族集聚地丽江市为例[J].思想战线,2008(6).

[59] 马木池.边缘族群的认同——十九世纪以来广西边境上的京族社区[J].历史人类学学刊,2014,12(1).

[60] 马伊.城镇化进程中基诺族特懋克节的文化变迁[J].云南社会主义学院学报,2014(3).

[61] 密宋华,王涛.一弦定乾坤独弦巧创新——浅评陈坤鹏《独弦琴教程》兼论少数民族特色艺术教育[J].人民音乐,2009(10).

[62] 密宋华.京族独弦琴的演奏手法及其独特魅力[J].艺术探索,2008(6).
[63] 倪根金.京族历史上的护林公约[J].中国林业,1994(1).
[64] 庞国权.浅析京族音乐的结构和特点[J].星海音乐学院学报,1991(Z1).
[65] 任才茂.京族海洋民俗探论[J].贺州学院学报,2012(1).
[66] 任才茂.试论京族三岛的海洋民俗[J].钦州学院学报,2012(1).
[67] 沈嘉.京族民歌的演唱特色[J].中央民族大学学报,1997(4).
[68] 宋唐.京族独弦琴考察与研究[J].歌海,2007(3).
[69] 孙杰远,范良辰.京族独弦琴文化及教育价值[J].当代教育与文化,2009(4).
[70] 覃乃军.京族民歌的哼鸣与正规唱法的关系[J].中国音乐,1992(2).
[71] 覃泽宇,范良辰,温雪.京族"哈节"的教育意蕴[J].基础教育,2008(12).
[72] 谭智.独弦琴之韵律美[J].艺术探索,2008(3).
[73] 田敏,撒露莎,邓小艳.民族旅游开发与民族村寨文化保护及传承比较研究——基于贵州、湖北两省三个民族旅游村寨的田野调查[J].广西民族大学学报(哲学社会科学版),2012(5).
[74] 田敏.民族社区社会文化变迁的旅游效应再认识[J].中南民族大学学报(人文社会科学版),2003(5).
[75] 王健.旅游接待地社会文化保护问题新论[J].旅游学刊,2009(9).
[76] 王利娟.论京族哈节的网络传播[J].艺术探索,2012(2).
[77] 王林.传统经济转型背景下民族村寨的文化变迁及景观建构——以湖南省河路口镇为例[J].旅游研究,2014(2).
[78] 王能.京族独弦琴乐曲的写作与表现[J].歌海,2006(3).
[79] 王绍辉.略论广西京族语与汉语及越南语的交流现状[J].东南亚纵横,2005(12).
[80] 王小龙,何思源.京族文化传承的呼唤与京语教育的回应[J].教育文化论坛,2011(5).
[81] 王小龙,田俊雄,吴京日.论京族海域使用习惯法与现行海域使用权制度的冲突和调适[J].钦州学院学报,2011(5).
[82] 王小龙.民族文化"国家化"的侧影:族规中国家意识的凸显——以广西京族《澫尾哈亭亭规》为例[J].原生态民族文化学刊,2013(1).
[83] 王延明.现代化冲击下的西北地区回族传统文化变迁[J].西北师大学

报(社会科学版),2010(1).

[84] 韦家朝,韦盛年. 京族语言使用与教育情况调查报告[J]. 中央民族大学学报,2003(3).

[85] 韦树关. 中国京语的变异[J]. 广西民族学院学报(哲学社会科学版),2006(2).

[86] 文萍,梁贞巧,李静. 广西京族、毛南族中学生的知识价值观探析[J]. 广西师范大学学报(哲学社会科学版),2009(3).

[87] 夏沛永. 激荡在碧海潮头上的歌——访京族歌会[J]. 中国青年科技,1999(1).

[88] 熊黎明. 现代化进程中的云南民族文化变迁[J]. 云南行政学院学报,2006(1).

[89] 熊斯霞. 京族哈节传统歌舞的民俗解析[J]. 剑南文学(经典教苑),2013(5).

[90] 徐少纯. 京族喃字史歌生态研究[J]. 柳州师专学报,2013(4).

[91] 薛熙明,叶文. 旅游影响下滇西北民族社区传统生态文化变迁机制研究[J]. 贵州民族研究,2011(5).

[92] 杨冬燕. 京族舞蹈的海洋性特征与社会意义[J]. 歌海,2009(5).

[93] 杨军. 京族经济发展模式变迁及启示[J]. 桂海论丛,2009(1).

[94] 杨清震,覃茂福. 边境民族地区全面小康建设的模式选择——广西东兴京族三岛小康建设的调查研究[J]. 中南民族大学学报(人文社会科学版),2004(6).

[95] 杨盛龙. 京家歌潮漫三岛[J]. 中国民族博览,2000(1).

[96] 杨振之. 前台、帷幕、后台——民族文化保护与旅游开发的新模式探索[J]. 民族研究,2006(2).

[97] 余文活."京族三岛"教育的巨变——广西东兴市京族教育 60 年发展纪实[J]. 中国民族教育,2009(10).

[98] 张虎生,陈映婕. 反思西藏社会现代化中的文化变迁[J]. 西藏大学学报(社会科学版),2010(4).

[99] 张永东. 京族海洋文化的多彩元素及丰富内涵[J]. 当代广西,2012(05).

[100] 张兆和. 中越边界跨境交往与广西京族跨国身份认同[J]. 历史人类学学刊,2004(1).

[101] 周艺,袁丽红.传统社会组织与京族地区和谐社会建设[J].广西地方志,2007(4).
[102] 朱沁夫.旅游与旅游目的地文化变迁[J].旅游学刊,2013(11).
[103] 朱斯芸.民俗旅游影响下的少数民族节日庆典——以东兴市澫尾村京族哈节为例[J].传承,2013(13).
[104] 宗贤.京族的“哈节”[J].中国民族,1980(10).
(三) 学位论文
[1] 麦麦提明·赛麦提.新疆农村城镇化进程与社会文化变迁研究[D].乌鲁木齐:新疆大学,2012.
[2] 白爱萍.中越边境跨界京族的民间交往研究[D].南宁:广西师范大学,2012.
[3] 蒋彬.四川藏区城镇化进程与社会文化变迁研究——以德格县更庆镇为个案[D].成都:四川大学,2003.
[4] 刘超祥.民族旅游村寨的人口移动与文化变迁[D].北京:中央民族大学,2012.
[5] 栾靖.中国京族文化的社会教育传承研究[D].南宁:广西大学,2013.
[6] 谭岗凤.京族非物质文化遗产保护若干法律问题研究[D].北京:中央民族大学,2011.
[7] 谭密.广西东兴市万尾村京族中学课堂文化研究[D].南宁:广西民族大学,2012.
[8] 张灿.中越独弦琴音乐文化比较研究[D].南宁:广西艺术学院,2011.
[9] 张凤喜.论人口较少民族的文化现代化选择[D].北京:中央民族大学,2013.
[10] 周永梅.京、壮、汉族高中生数学学习自我监控能力的差异分析[D].南宁:广西师范大学,2012.
二、国外文献
(一) 著作
[1] 皮埃尔·布迪厄.实践感[M].蒋梓骅,译.南京:译林出版社,2003.
[2] 皮埃尔·布迪厄,华康德.实践与反思[M].李猛,李康,译.北京:中央编译出版社,2004.

[3] LA 怀特序,等.文化与进化[M].韩建军,商戈令,译.杭州:浙江人民出版社,1987.

[4] 露丝·本尼迪克.文化模式[M].何锡章,黄欢,译.北京:华夏出版社,1987.

[5] 丹尼逊·纳什.旅游人类学[M].宗晓莲,译.昆明:云南大学出版社,2004.

[6] C 恩伯,等.文化的变异——现代文化人类学通论[M].杜杉杉,译.沈阳:辽宁人民出版社,1988.

[7] 怀特.文化科学——人和文明的研究[M].曹锦清,等,译.杭州:浙江人民出版社,1988.

[8] 克莱德·M 伍兹.文化变迁[M].何瑞福,译.石家庄:河北人民出版社,1989.

[9] 克利福德·格尔茨.文化的解释[M].韩莉,译.南京:译林出版社,2008.

[10] 兰德尔·柯林斯.互动仪式链[M].林聚任,王鹏,宋丽君,译.北京:商务印书馆,2009.

[11] 罗纳德·伯特著.结构洞:竞争的社会结构[M].任敏,李璐,林虹,译.上海:格致出版社,2008.

[12] 乔治·赫伯特·米德.心灵、自我与社会[M].霍桂桓,译.北京:华夏出版社,1999.

[13] 唐纳德·L 哈迪斯蒂.生态人类学[M].郭凡,邹和,译.北京:文物出版社,2002.

[14] 瓦伦·L 史密斯.东道主与游客 旅游人类学研究[M].张晓萍,何昌邑,等,译.昆明:云南大学出版社,2002.

[15] 秋道智弥,市川光雄,大冢柳太郎.生态人类学[M].范广融,尹绍亭,译.昆明:云南大学出版社,2006.

[16] B 马林诺斯基.科学的文化理论[M].黄剑波,等,译.北京:中央民族大学出版社,1999.

[17] 埃德蒙·利奇.文化与交流[M].郭凡,邹和,译.上海:上海人民出版社,2000.

[18] 拉德克利夫-布朗.社会人类学方法[M].夏建中,译.北京:华夏出版社,2002.

[19] 马凌诺斯基.文化论[M].费孝通,译.北京:华夏出版社,2002.

[20] 维克多·特纳. 仪式过程:结构与反结构[M]. 黄剑波,柳博赟,译. 北京:中国人民大学出版社,2006.

[21] 奈仓京子."故乡"与"他乡"广东归侨的多元社区、文化适应[M]. 北京:社会科学文献出版社,2010.

[22] 埃瑞克·G菲吕博顿,鲁道夫·瑞切特. 新制度经济学[M]. 孙经纬,译. 上海:上海财经大学出版社,1998.

[23] 马克斯·韦伯. 民族国家与经济政策[M]. 甘阳,等,译. 北京:生活. 读书. 新知三联书店,1997.

[24] Pierre Bourdieul. Outline of a theory of practice[M]. Cambridge: Cambridge University Press, 1977.

[25] Carree M A, Thurik A R. Industrial structure and economic growth [M]. Cambridge: Cambridge University Press, 1999.

[26] Devijver P A, Kittler J. Pattern recognition: A statistical approach [M]. London: Prentice-Hall, 1982.

(二)期刊文章

[1] Adams V. Tourism, Sherpas Nepal. Reconstruction of reciprocity[J]. Annals of Tourism Research, 1992 (3) :534-554.

[2] Angeles L. Institutions, property rights, and economic development in historical perspective[J]. Kyklos, 2011, 64(2): 156-176.

[3] Bangwayo-Skeete P F, Rahim A H, Zikhali P. Does education engender cultural values that matter for economic growth? [J]. The Journal of Socio-Economics, 2011, 40(2): 163-171.

[4] Berg A, Ostry J D, Zettelmeyer J. What makes growth sustained? [J]. Journal of Development Economics, 2012, 98(2): 149-165.

[5] Binns T, Nel E. Beyond the development impasse: the role of local economic development and community self-reliance in rural South Africa[J]. The Journal of Modem African Studies, 1999, 37(3): 389-407.

[6] Caffyn A, Lutz J. Developing the heritage tourism product in multi-ethnic cities [J]. Tourism Management, 1999(2):213-221.

[7] Chavoshbashi F, Ghadami M, Broumand Z, et al. Designing dynamic model formeasuring the effects of cultural values on Iran's economic growth[J]. African Journal of Business Management, 2012, 6(26): 7799-7815.

[8] Chen C C, Peng M W, Saparito P A. Individualism, collectivism, and opportunism: a cultural perspective on transaction cost economics[J]. Journal of Management, 2002, 28(4): 566-583.

[9] Cohen E. The impact of tourism on the hill tribes of northern Thailand[J]. Annals of Tourism Research, 1979 (4): 684-687.

[10] Connell J. Island dreaming: the contemplation of Polynesian Paradise [J]. Journal of Historical Geography, 2003(4): 554-581.

[11] Flanagan S C, Lee A R. The new politics, culture wars, and the authoritarian-libertarian value change in advanced industrial democracies [J]. Comparative Political Studies, 2003, 36(3): 235-270.

[12] Ger G, Belk R W. Cross-cultural differences in materialism[J]. Journal of economic psychology, 1996, 17(1): 55-76.

[13] Gullete G S. Development economics, developing migration: targeted economic development initiatives as drivers in international migration [J]. Human Organization, 2007(4): 366-379.

[14] Haberstroh S, Oyserman D, Schwarz N, et al. Is the interdependent self more sensitive to question context than the independent self? Self-construal and the observation of conversational norms [J]. Journal of Experimental Social Psychology, 2002, 38(3): 323-329.

[15] Harrison D. Tourism, farm abandonment, and the " typical "Vermonter: 1880-1930[J]. Journal of Historical Geography, 2005(3): 478-495.

[16] Inglehart R. Globalization and postmodern values[J]. Washington Quarterly, 2000, 23(1): 215-227.

[17] Joseph C A, Kavoori A P. Mediated resistance Tourism and the ill Host community [J]. Annals of Tourism Research, 2001 (4): 998-1009.

[18] Keefer P, Knack S. Polarization, politics and property rights: links between inequality and growth[J]. Public choice, 2002, 111(1-2): 126-154.

[19] Kuhn M H, McPartland T S. An empirical investigation of self-attitudes [J]. American Sociological Review, 1954: 68-75.

[20] Lew A A. Tourism management on American Indian lands in the USA [J]. Tourism Management, 1996(5):355-365.

[21] McNaughton D. The"host" as uninvited"guest", hospitality, violence and tourism[J]. Annals of Tourism Research, 2006(3):645-665.

[22] McSweeney B. Hofstede's model of national cultural differences and their consequences: a triumph of faith-a failure of analysis [J]. Human relations, 2002, 55(1): 89-117.

[23] Notzke C. Indigenous tourism development in the arctic[J]. Annals of Tourism Research, 1999(1):55-76.

[24] Van Den Berghe P L. Marketing Mayas: Ethnic tourism promotion in Mexico[J]. Annals of Tourism Research, 1995 (3):568-588.

[25] Vanberg V. Innovation, cultural evolution, and economic growth[J]. Explaining Process and Change, 1992:105-21.

[26] Wang Y, Wall G. Administrative arrangements and displacement compensation in top-down tourism planning—a case from Hainan Province, China[J]. Annals of Tourism Research 2006(3):645-665.

[27] Wolf C. Institutions and economic development[J]. The American Economic Review, 1955: 866-883.

[28] Yoo B, Donthu N. Developing and validating a multidimensional consumer-based brand equity scale[J]. Journal of business research, 2001, 52(1):1-14.

后　记

本书是在笔者的博士论文的基础上修改完成的，由黔南民族师范学院出版基金资助出版。

感谢我的母校中南民族大学，校园繁花似锦，学校领导、老师宽宏仁厚，各地同学互帮互助，老师、同学笃信真理、孜孜以求，图书、资料、设备应有尽有。这样的环境和氛围催我奋进，不仅增长了知识，而且净化了心灵。感谢民族学与社会学学院，老师们渊博的知识、和蔼的笑容、严谨治学的态度无时不在感染我，丰富的图书资料、先进的设施设备为我们的学习和研究提供了诸多便利。学院还经常邀请一些学者做讲座，这给了我很多启迪。

感谢我的导师段超先生。三年前，段老师不嫌鄙人愚钝，将我收于门下，我深感荣幸。很早就知道段老师在学术界是一位知名学者。在我的想象中，他应该是一位高高在上、只可仰视而无缘接近的人物，没想到能够这么幸运成为其弟子，得以亲耳聆听其教诲，实在是福气不浅。随着与段老师的深入接触，发现段老师并非想象中那样居高临下，生活中的段老师总是那么和蔼可亲，对每一位学生都那么慈爱，总是为我们着想，想方设法帮助我们解决困难。在学术上，段老师真正显现了知名学者的本色，治学非常严谨，容不得半点马虎。段老师常常告诫我们要德才兼备、实事求是、知行合一。其中德是第一位的，德是方向，只有方向正确，才能成为对社会有用的人。如果方向错误，就会危害社会。段老师不仅用言语教导我们，更是身体力行，用实际行动告诉我们应该如何做。由于工作繁忙，段老师常常牺牲自己的周末时间和假期为我们上课，有时为不耽误我们，甚至没吃饭就赶来为我们上课，让我们感动不已。他不仅让我们学会了知识，更让我们懂得了如何做一个对社会有用的人。在以后的日子里，我们必将受益匪浅。或许是因为民族学的知识不够扎实，或许是受之前学术场域惯习的影响，脑子总是不开窍，选题和写作过程中走了不少弯路，让段老师操碎了心，有时我也在心中暗骂自己："我怎么那么笨呢?"后来在段老师的悉心指导下，总算慢慢走上了正轨。尽管如此，本书中仍然难免存在一些问题，让我深感惭愧，对不起段老师对我的殷切期望和悉心教诲！

感谢田敏老师、柏贵喜老师、哈正利老师、孟凡云老师在开题时给予的悉心指导，让我对本书的选题和写作进行了更细致的梳理，为本书的完成奠定了基础。

感谢田敏老师、柏贵喜老师、李吉和老师、许宪隆老师、哈正利老师、谭必友老师等，他们的悉心教导让我受益匪浅。田敏老师、哈正利老师等不但允许我去“蹭课”，还耐心地给我讲解，我收获的不仅有知识，还有感动。

感谢京族朋友们。我先乘火车，再乘汽车，然后乘公交车和摩托车，几经辗转，终于到达了京族三岛。站在陌生的土地上，举目无亲，忐忑不安，不知道会出现什么结果。幸好京族朋友们的热情打消了我的顾虑，万尾村支书苏明芳、文书孔明东为调研提供了大量帮助。我不小心将照相机落在了村委办公室，文书孔明东还亲自将其送来。京族独弦琴传承人苏春发，著名京族独弦琴艺术家阮世和的孙子阮志成，哈妹黄玉英、苏秋萍，京族服饰传承人樊文英，喃字传承人苏维芳，喃字文化传承研究中心主任阮贤友、副秘书长武明志，京族博物馆工作人员黎珍珍，东兴边防检查站大队长程成军，江平小学退休教师范老师，京族学校小学部老师皇老师等，热情接待了我并提供了大量资料。还有许许多多不知名的京族朋友为调研付出了大量的劳动，特此致谢！

感谢李志强、杨晋校友，他们在百忙之中抽出时间帮我联系调研事宜。

感谢民族学与社会学学院资料室高红老师，她为了我们常常提前上班，推迟下班，为我们的学习提供了诸多方便。

感谢我的硕士生导师余石先生。余老师经常到宿舍看望我，与我促膝谈心，从他身上我学到很多，感激之情难以言表。

华中科技大学出版社的张馨芳女士为该书的出版付出了艰辛的劳动，特此致谢！

本书是学术著作，此书中的观点是一种探讨性的观点，其目的是提出观点，引起其他学者的讨论，在讨论中加深对事物的理解和认识。因此，本书的观点不代表任何政治含义、民族偏见等，如有不同观点，欢迎参加学术讨论，但禁止贴上各种标签。

本书写作过程中参考了相关学者的研究成果，在此表示感谢，虽然脚注、参考文献等有所标注，但难免有所疏漏，敬请谅解！

作者

2017 年 3 月